Yeonmi Park
mit Maryanne Vollers

Meine Flucht aus Nordkorea

Aus dem Englischen
von pociao, Sabine Herting
und Jörn Ingwersen

GOLDMANN

Die Originalausgabe erschien unter dem Titel
»In order to Live« bei Penguin/Random House UK, London.

Die gebundene Ausgabe
ist unter dem Titel »Mut zur Freiheit« erschienen.

Alle Fotos im Innenteil enstammen dem Privatbesitz von Yeonmi Park.

7. Auflage
Taschenbuchausgabe Dezember 2016
Wilhelm Goldmann Verlag, München,
in der Penguin Random House Verlagsgruppe GmbH
Neumarkter Str. 28, 81673 München

Umschlaggestaltung: UNO Werbeagentur, München
Umschlagfoto: Beowulf Sheehan
KF · Herstellung: Str.
Druck und Bindung: GGP Media GmbH, Pößneck
Printed in Germany
ISBN: 978-3-442-15913-0
www.goldmann-verlag.de

Besuchen Sie den Goldmann Verlag im Netz

Für meine Familie
und für alle Menschen auf der ganzen Welt,
die für die Freiheit kämpfen

»Wir erzählen uns Geschichten, um zu leben.«

- Joan Didion

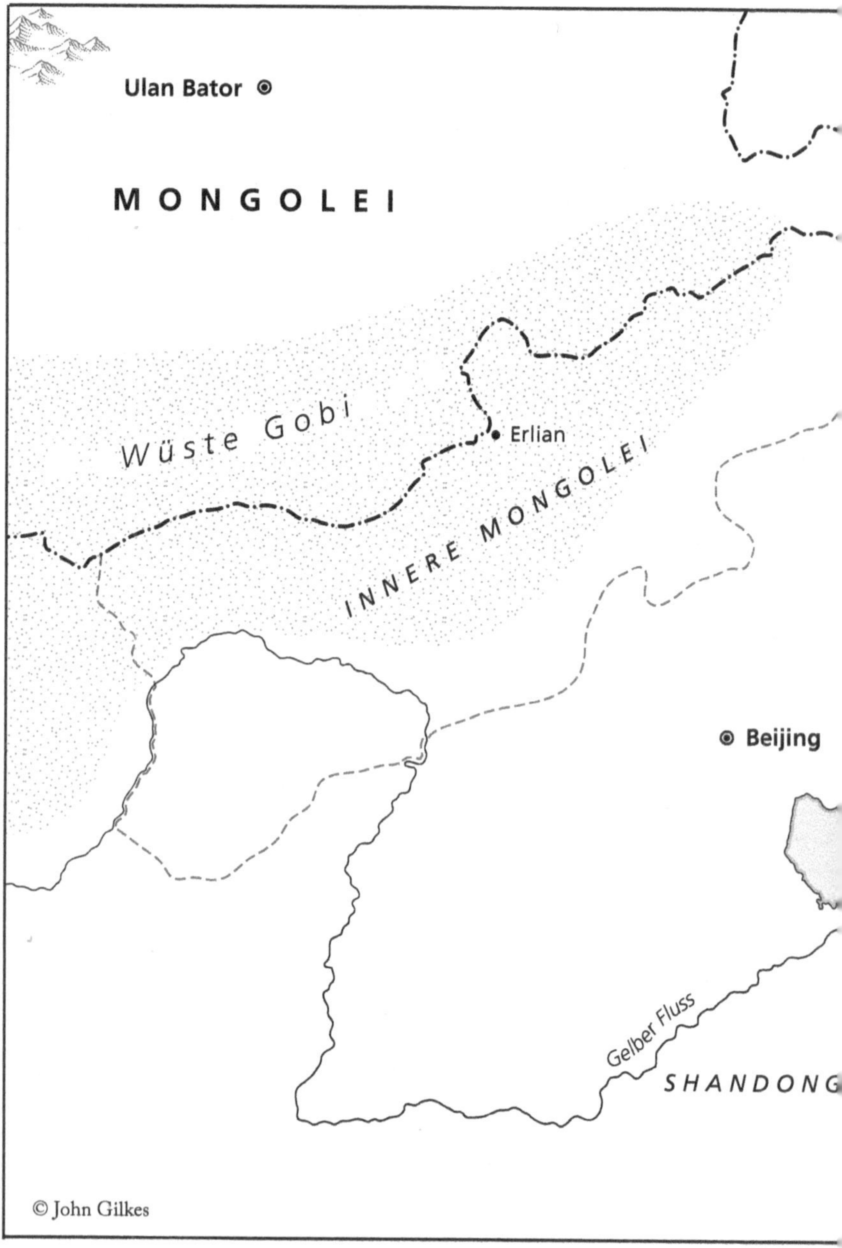
Ulan Bator
MONGOLEI
Wüste Gobi
Erlian
INNERE MONGOLEI
Beijing
Gelber Fluss
SHANDONG
© John Gilkes

N
W
O
S
0 50 100 150 200
Kilometer
CHINA
RUSSLAND
Changchun
Wladiwostok
Hunchun
Onsong
Yanbian
Changbai
Yangshanzhen
Chaoyang
Shenyang
Chongjin
Hyesan
Jinzhou
NORD-
KOREA
Huludao
Jalu
Hamhung
Kowon
Songnam-ri
Japanisches
Meer
Pjöngjang
Wonsan
Dalian
Korea-
Bucht
Seoul
Incheon
SÜD-
KOREA
Cheonan
Asan
Qingdao
Gelbes
Meer
JAPAN
Jeju

INHALT

VORWORT

Es war eine kalte, schwarze Nacht, als meine Mutter und ich am 31. März 2007 das steile Felsufer des Jalu hinunterkletterten, der Nordkorea von China trennt. Über und unter uns waren Patrouillen, und alle hundert Meter standen auf beiden Seiten des Flusses Soldaten, die auf jeden schossen, der die Grenze zu überqueren versuchte. Wir wussten nicht, was uns bevorstand, aber wir wollten um jeden Preis ans andere Flussufer, denn drüben in China hatten wir zumindest eine Chance zu überleben.

Ich war dreizehn und wog siebenundzwanzig Kilo. Eine Woche zuvor hatte ich noch im Krankenhaus meiner Heimatstadt Hyesan gelegen mit einer heftigen Darminfektion, die die Ärzte irrtümlicherweise für eine Blinddarmentzündung gehalten hatten. Ich hatte immer noch starke Wundschmerzen und war von dem Eingriff so schwach, dass ich kaum gehen konnte.

Der junge nordkoreanische Schleuser, der uns über die Grenze brachte, hatte darauf bestanden, dass wir in der Nacht aufbrachen. Er hatte einigen Wachposten ein paar Scheine in die Hand gedrückt, damit sie wegschauten, doch alle Grenzsoldaten in der Gegend konnte er nicht bestechen. Wir mussten also sehr vorsichtig sein. Ich folgte ihm in der Dunkelheit, war aber so wacklig auf den Beinen, dass ich die Böschung auf dem Po hinunterrutschen musste und kleine Steinlawinen auslöste, die den Hang herabstürzten. Er drehte sich um und zischte mir wütend zu, ich solle nicht so viel Lärm machen. Doch es war zu spät.

Schon sahen wir die Silhouette eines nordkoreanischen Soldaten, der vom Flussbett aus zu uns hinaufkletterte. Es schien keiner der bestochenen Grenzwächter zu sein.

»Zurück!«, rief der Mann. »Verschwindet!«

Unser Fluchthelfer kletterte zu ihm hinunter, und wir hörten, wie sie sich leise unterhielten. Anschließend kehrte er allein zurück.

»Los, weiter«, befahl er uns. »Beeilt euch!«

Es war Anfang Frühling, es wurde allmählich wärmer, sodass der zugefrorene Fluss an manchen Stellen bereits aufgetaut war. Dort, wo wir ihn überqueren wollten, war er schmal und das Wasser nicht allzu tief. Tagsüber war die Stelle vor der Sonne geschützt, das Eis war also noch fest genug, um unser Gewicht zu tragen – zumindest hofften wir es. Unser Helfer rief mit seinem Handy jemanden auf dem chinesischen Flussufer an, und dann zischte er leise: »Los!«

Er ging voraus, doch meine Füße rührten sich nicht vom Fleck. Wie gelähmt vor Angst klammerte ich mich an meine Mutter. Der Schleuser kehrte zu uns zurück, packte meine Hände und zerrte mich über das Eis. Als wir festen Boden unter den Füßen hatten, liefen wir schnell los und blieben erst wieder stehen, als wir außer Sichtweite der Grenzposten waren.

Das Flussufer war dunkel, doch die Lichter von Changbai auf der chinesischen Seite leuchteten hell vor uns. Ich drehte mich um und warf einen letzten Blick auf das Land, in dem ich geboren worden war. Die Stromversorgung war wie üblich unterbrochen, sodass ich nur den schwarzen leeren Horizont sah. Kurze Zeit später erreichten wir eine kleine Hütte am Rand einiger flacher unbestellter Felder, und erst da spürte ich, wie mir das Herz in der Brust pochte.

Als ich aus Nordkorea flüchtete, träumte ich nicht von der Freiheit. Ich wusste nicht einmal, was es bedeutete, frei zu sein. Ich wusste nur, dass wir sterben würden – an Hunger, an einer Krankheit oder den unmenschlichen Bedingungen in den Arbeitslagern –, wenn meine Familie in Nordkorea blieb. Der Hunger war unerträglich geworden: Für eine Schale Reis war ich bereit, mein Leben zu riskieren.

Doch unsere Reise bedeutete mehr als nur Überleben. Meine Mutter und ich waren auch auf der Suche nach meiner älteren Schwester Eunmi, die wenige Tage zuvor nach China geflohen war und von der wir seitdem nichts mehr gehört hatten. Wir hofften, dass sie auf der anderen Flussseite auf uns warten würde. Stattdessen empfing uns ein glatzköpfiger Chinese mittleren Alters. Der Mann war Koreaner, so wie viele Leute in dieser Gegend. Er sagte etwas zu meiner Mutter, dann führte er sie um das Gebäude herum. Von dort, wo ich wartete, hörte ich, wie sie ihn anflehte: »*Aniyo*! *Aniyo*!« Nein! Nein!

Da wusste ich, dass etwas Schreckliches im Gange war. Wir waren an einem schlimmen Ort angekommen, vielleicht noch schlimmer als der, den wir verlassen hatten.

Für zwei Dinge bin ich zutiefst dankbar: dass ich in Nordkorea geboren wurde und dass ich aus Nordkorea geflüchtet bin. Beides hat mich geprägt, und ich würde es niemals gegen ein gewöhnliches, beschauliches Leben eintauschen wollen. Doch zu dem Menschen, der ich heute bin, hat mich noch viel mehr gemacht.

Wie Zehntausende anderer Nordkoreaner kam ich nach meiner Flucht nach Südkorea, wo wir als Staatsbürger anerkannt werden, so als hätten eine unüberwindbare Grenze und ein fast siebzig Jahre alter Konflikt mit all seinen Spannungen uns niemals getrennt. Die Menschen im Norden und Süden haben dieselben ethnischen Wurzeln, und wir sprechen dieselbe Sprache – nur dass es im Norden keine Worte wie »Einkaufszentrum«,

»Freiheit« oder gar »Liebe« gibt, jedenfalls nicht so, wie der Rest der Welt sie kennt. Die einzig wahre »Liebe«, die wir empfinden dürfen, ist die Vergötterung der Kims, einer Dynastie von Diktatoren, die seit drei Generationen über Nordkorea herrscht. Das Regime blockiert jegliche Informationen von außen, verbietet Videos oder Kinofilme und stört Radiosender. In Nordkorea gibt es weder das World Wide Web noch Wikipedia. Die einzigen Bücher sind voller Propaganda, die uns weismacht, dass wir im großartigsten Land der Erde leben, obgleich mindestens die Hälfte aller Nordkoreaner in extremer Armut dahinvegetiert und an chronischer Unterernährung leidet. Meine frühere Heimat nennt sich nicht einmal Nordkorea – sondern Choson, das wahre Korea, ein perfektes sozialistisches Paradies, in dem 25 Millionen Menschen nur dafür da sind, um dem Obersten Führer Kim Jong-un zu dienen. Viele Flüchtlinge nennen sich selbst »Überläufer«, weil wir uns weigern, unser Schicksal anzunehmen und für den Führer zu sterben. Das Regime nennt uns Verräter. Sollte ich jemals zurückkehren, würde ich hingerichtet.

Die Informationsblockade funktioniert in beide Richtungen. Die Regierung versucht nicht nur, ihre Untertanen von ausländischen Medien fernzuhalten, sondern tut auch alles, damit der Rest der Welt nicht erfährt, was in Nordkorea tatsächlich los ist. Das Regime des sogenannten »Einsiedlerreiches« versucht, sich unsichtbar zu machen. Nur wir, die geflohen sind, können beschreiben, was hinter der undurchdringlichen Grenze wirklich vor sich geht. Allerdings haben unsere Geschichten bis vor Kurzem nur wenige Menschen erreicht.

Ich kam im Frühling 2009 in Südkorea an, mit fünfzehn Jahren, ohne einen Cent in der Tasche und schulisch auf dem Stand eines Zweitklässlers. Fünf Jahre später studierte ich Polizeimanagement an einer der angesehensten Universitäten von Seoul, und spätestens da wurde mir klar, wie dringend das Land, in dem ich zur Welt gekommen bin, ein rechtsstaatliches System braucht.

Ich habe die Geschichte meiner Flucht aus Nordkorea unzählige Male erzählt. Wie meine Mutter und ich von Menschenhändlern über die Grenze nach China gelockt wurden, wo meine Mutter alles tat, um mich zu beschützen. Sie opferte sich und ließ sich sogar von einem Kerl vergewaltigen, der es ursprünglich auf mich abgesehen hatte. In China suchten wir vergebens nach meiner Schwester. Meinem Vater gelang ebenfalls die Flucht über die Grenze, er starb aber nur wenige Monate später an einem unbehandelten Krebsleiden. 2009 wurden meine Mutter und ich von christlichen Missionaren gerettet, die uns zur chinesisch-mongolischen Grenze brachten. Von dort marschierten wir in einer endlosen Winternacht durch die eisige Gobiwüste und folgten den Sternen in die Freiheit.

All das ist wahr, aber es ist nicht die ganze Geschichte.

Bis heute wusste nur meine Mutter, was in diesen beiden Jahren geschah – von dem Tag an, als wir den Jalu überquerten, bis hin zu unserer Ankunft in Südkorea, wo für uns beide ein neues Leben begann. Anderen Überläufern und Menschenrechtsanwälten hatte ich kaum etwas über meine Zeit in China erzählt. Irgendwie glaubte ich, dass das Unaussprechliche von selbst verschwinden würde, wenn ich darüber schwieg. Ich redete mir ein, dass vieles davon niemals geschehen war, und versuchte, den Rest zu vergessen.

Doch als ich anfing, dieses Buch zu schreiben, wurde mir bewusst, dass mein Leben ohne die ganze Wahrheit ohnmächtig bliebe und keinen wirklichen Sinn hätte. Mit Hilfe meiner Mutter kehrten die Erinnerungen an unser Leben in Nordkorea und China zu mir zurück wie Szenen aus einem längst vergessenen Albtraum. Manche Ereignisse brachen mit schrecklicher Klarheit wieder hervor, andere blieben verschwommen und durcheinander wie ein Kartenspiel, das über den Boden verstreut ist. Schreiben wurde für mich zu einem Prozess des Erinnerns, und es war zugleich der Versuch, diesen Erinnerungen einen Sinn zu verleihen.

Auch Bücher haben mir geholfen, meine Welt zu ordnen. Kaum war ich in Südkorea angekommen, stürzte ich mich auf die wichtigsten Werke der Weltliteratur. Erst in koreanischer Übersetzung, später dann auf Englisch. Und als ich anfing, dieses Buch hier zu schreiben, stolperte ich über eine berühmte Zeile von Joan Didion. »Wir erzählen uns Geschichten, um zu leben.« Obwohl sie und ich aus unterschiedlichen Kulturen stammen, spürte ich, wie die Wahrheit dieser Worte in mir widerhallte. Manchmal können wir mit unseren eigenen Erinnerungen nur leben, wenn wir sie in Form einer Geschichte mit anderen teilen und dabei versuchen, in Ereignissen, die unerklärlich scheinen, einen Sinn zu erkennen.

Während meiner Odyssee habe ich mit eigenen Augen gesehen, zu welchen Grausamkeiten Menschen fähig sind, ich habe aber auch Akte der Nächstenliebe und der Aufopferung erlebt und zwar dort, wo ich es am wenigsten für möglich gehalten hätte. Ich weiß, dass uns ein Teil unserer Menschlichkeit abhandenkommen kann, wenn wir ums blanke Überleben kämpfen. Aber ich weiß auch, dass der Funke menschlicher Würde niemals ganz erlischt und wieder aufflackert, sobald man ihm den Sauerstoff der Freiheit und die Kraft der Liebe zuführt.

Dies ist die Geschichte der Entscheidungen, die ich traf, um zu überleben.

TEIL 1

Nordkorea

KAPITEL 1

Selbst Vögel und Mäuse können dich flüstern hören

Wie der Schwanz eines Drachens schlängelt sich der Jalu auf seinem Weg zum Gelben Meer zwischen Nordkorea und China entlang. Im Changbai-Gebirge fließt er durch ein Tal, und dort breitet sich die Stadt Hyesan mit ihren 200 000 Einwohnern aus, zwischen sanften Hügeln und einem hohen Plateau, das von Feldern, Hainen und Gräbern bedeckt ist. Der Fluss, zumeist flach und zahm, ist im Winter, der fast das ganze Jahr andauert, zugefroren. Es ist der kälteste Teil Nordkoreas mit Temperaturen von bis zu 40 Grad unter null. Hier überleben nur die Stärksten.

Für mich war Hyesan mein Zuhause.

Direkt auf dem gegenüberliegenden Ufer liegt die chinesische Stadt Changbai; hier gibt es viele Menschen mit koreanischen Wurzeln. Die Familien zu beiden Seiten des Ufers treiben seit Generationen Handel miteinander. Als Kind stand ich in der Dunkelheit, starrte über den Fluss auf die Lichter von Changbai und fragte mich, was jenseits unserer Stadtgrenze vor sich ging. Es war aufregend zu sehen, wie an Feiertagen oder zum chinesischen Neujahrstag die bunten Feuerwerkskörper am samtschwarzen Himmel explodierten. Auf unserer Seite des Flusses gab es so etwas nicht. Manchmal, wenn ich mit meinen Eimern zum Fluss ging, um Wasser zu holen, und der feuchte Wind aus der richtigen Richtung kam, stieg mir der Duft ihres köstlichen Essens in die Nase, ölige Nudeln und Teigtaschen, die in den Küchen auf der anderen Seite zubereitet wurden. Derselbe Wind trug auch die Stimmen der chinesischen Kinder zu uns herüber, die am anderen Ufer spielten.

»He, ihr da drüben! Habt ihr Hunger?«, riefen die Jungs auf Koreanisch.

»Nein! Haltet den Mund, ihr fetten Chinesen!«, rief ich zurück.

Dass ich keinen Hunger hatte, stimmte nicht. Ich hatte sogar großen Hunger, aber es hatte keinen Zweck, mit ihnen darüber zu diskutieren.

Ich kam viel zu früh auf die Welt.

Meine Mutter war erst im siebten Monat schwanger, als die Wehen einsetzten, und so wog ich bei meiner Geburt am 4. Oktober 1993 nicht einmal drei Pfund. Der Arzt im Krankenhaus von Hyesan erklärte meiner Mutter, ich sei so klein, dass sie nichts für mich tun könnten. »Kann sein, dass sie überlebt, kann aber auch nicht sein«, sagte er. »Wir wissen es nicht.« Ich musste es also aus eigener Kraft schaffen.

Egal, in wie viele Decken meine Mutter mich wickelte, sie konnte mich nicht warm halten. Deshalb erhitzte sie einen Stein und steckte ihn zwischen die Decken; so blieb ich am Leben. Ein paar Tage später brachten mich meine Eltern nach Hause und warteten ab.

Meine Schwester Eunmi war zwei Jahre zuvor zur Welt gekommen, und dieses Mal hatte mein Vater Park Jin-sik gehofft, es würde ein Junge werden. Im patriarchalischen Nordkorea zählten eigentlich nur die männlichen Nachkommen. Doch rasch hatte er seine Enttäuschung überwunden. Meistens ist es die Mutter, die eine starke Bindung zu ihrem Kind aufbaut, doch bei uns war es mein Vater, der mich tröstete, wenn ich weinte. In seinen Armen fühlte ich mich geborgen und geliebt. Beide, meine Mutter und mein Vater, ermutigten mich von Anfang an, stolz auf mich zu sein.

Als ich noch klein war, wohnten wir in einem einstöckigen Haus an einem Hang über den Bahngleisen, die sich wie eine verrostete Wirbelsäule durch die Stadt schlängelten.

Unser Haus war eng und zugig, und da die Wand an die des Nachbarhauses grenzte, bekamen wir immer mit, was dort drüben vor sich ging. Außerdem hörten wir, wie nachts die Mäuse quiekend durchs Dachgebälk huschten. Trotzdem war es für mich ein Paradies, weil wir dort als Familie alle zusammen waren.

Meine frühesten Erinnerungen handeln von Dunkelheit und Kälte. Während der Wintermonate war unser Lieblingsplatz im Haus eine kleine Feuerstelle, in der Holz oder Kohle brannte, je nachdem, was wir gerade auftreiben konnten. Wir kochten auf dem offenen Feuer, und unter dem Zementboden verliefen Schächte, durch die der Rauch zu einem Schornstein aus Holz auf der anderen Seite des Hauses gelangte. Dieses traditionelle Heizsystem sollte den Raum warm halten, aber gegen die eisigen Nächte kam es nicht an. Am Ende des Tages breitete meine Mutter eine dicke Decke vor dem Feuer aus, und wir krochen darunter – zuerst meine Mutter, dann ich, meine Schwester und schließlich mein Vater an der kältesten Stelle. Wenn die Sonne unterging, konnte man so gut wie nichts mehr sehen. In unserem Teil des Landes war es normal, dass man Wochen und Monate keinen Strom hatte, und Kerzen waren sehr teuer. So spielten wir im Dunkeln. Manchmal neckten wir uns auch unter der Decke.

»Wem gehört dieser Fuß?«, fragte meine Mutter und stieß uns mit ihrem Zeh an.

»Das ist meiner!«, rief dann Eunmi.

Im Winter und manchmal auch im Sommer sahen wir morgens und abends, wie der Rauch aus den Schornsteinen aufstieg – überall, wohin man auch blickte. Unser Viertel war klein und überschaubar; wir kannten jeden, der hier wohnte. Wenn kein Rauch aus dem Haus eines Nachbarn kam, gingen wir hin und klopften an die Tür, um nachzusehen, ob alles in Ordnung war.

Die ungepflasterten Straßen zwischen unseren Häusern waren für Autos zu schmal, was aber nicht weiter schlimm war, denn es gab ohnehin nur ganz wenig Verkehr. In unserem Viertel ging man zu Fuß, nur wenige Leute konnten sich ein Fahrrad oder gar ein Motorrad leisten. Nach dem Regen füllten sich die Wege mit Schlamm und waren glitschig, und das war dann die schönste Zeit für die Kinder aus der Nachbarschaft, um Fangen zu spielen. Ich war kleiner und langsamer als die anderen Kinder meines Alters, und es fiel mir schwer mitzuhalten.

Als ich in die Schule kam, musste mich Eunmi gelegentlich gegen die älteren Kinder verteidigen. Auch sie war nicht besonders groß, aber gewitzt und flink. Sie beschützte mich und spielte mit mir. Wenn es schneite, trug sie mich einen der Hügel hinter unserem Viertel hinauf, setzte mich auf ihren Schoß und schlang die Arme um mich. Dann hielt ich mich an ihr fest, während wir lachend und schreiend auf dem Hintern den Hügel hinunterrutschten. Ich war einfach froh, sie zu haben.

Im Sommer gingen alle Kinder zum Fluss hinunter und spielten im Wasser, bloß ich lernte nie schwimmen. Ich saß immer nur am Ufer, während die anderen herumplanschten. Manchmal merkten meine Schwester oder meine beste Freundin Yong-ja, dass ich allein dasaß, und brachten mir ein paar hübsche Steine mit, die sie am Grund des Flusses gefunden hatten. Und manchmal trugen sie mich auf dem Arm ein paar Schritte ins Wasser und brachten mich dann ans Ufer zurück.

Yong-ja und ich waren gleich alt und wohnten im selben Viertel. Ich mochte sie, weil wir beide eine blühende Fantasie hatten und uns unsere Spielsachen selbst bastelten. Auf dem Markt gab es richtige Puppen und anderes Spielzeug zu kaufen, aber das war meistens viel zu teuer. Stattdessen nahmen wir Ton und formten daraus kleine Schalen und Tiere, manchmal sogar winzige Panzer. Selbstgemachte Militärfahrzeuge standen in Nordkorea hoch im Kurs, doch Yong-ja und ich machten lieber Papierpuppen und verbrachten Stunden damit, sie aus Pappe auszuschneiden oder aus Papierresten Kleider und Schals für sie zu kreieren.

Manchmal bastelte meine Mutter uns Windrädchen. Die befestigten wir auf dem Metallgeländer der kleinen Brücke, die über die Gleise führte und die wir die Wolkenbrücke nannten. Jahre später, als das Leben viel härter und komplizierter wurde, kam ich manchmal an dieser Brücke vorbei und dachte daran, wie glücklich wir gewesen waren, wenn wir zusahen, wie die Rädchen sich im Wind drehten.

Früher kannte ich keinen Hintergrundlärm wie jetzt in Südkorea oder in den Vereinigten Staaten. Es gab weder das Scheppern von Müllabfuhrlastern noch das allgegenwärtige Hupen von Autos und auch keine klingelnden Telefone. Ich hörte nur Geräusche, die von Menschen stammten: Frauen, die Geschirr spülten, Mütter, die ihre Kinder riefen, das Klirren von Löffeln und Essstäbchen auf Reisschalen, wenn sich die Familien zum Essen setzten. Manchmal bekam ich mit, wie eine meiner Freundinnen von ihren Eltern ausgeschimpft wurde. Damals plärrte keine Musik im Hintergrund, und es gab keine Smartphones, die einen ständig ablenkten. Dafür waren die Menschen sich näher, es existierte eine Vertrautheit, die aus der modernen Welt, in der ich heute lebe, weitgehend verschwunden ist.

In unserem Haus in Hyesan wurde oft das Wasser abgestellt, sodass meine Mutter unsere Wäsche normalerweise zum Fluss hinuntertrug und sie dort wusch. Wenn sie sie zurückbrachte, breitete sie sie zum Trocknen auf dem von der Feuerstelle gewärmten Boden aus.

Auch Strom war selten in unserem Viertel, und wenn die Lichter angingen, waren die Leute so froh, dass sie jubelten und in die Hände klatschten. Sogar mitten in der Nacht standen wir auf, um es zu feiern. Wenn man nur wenig hat, können einen Kleinigkeiten glücklich machen – und das ist eines der wenigen Dinge, die ich wirklich vermisse. Natürlich blieben die Lichter nie lange an. Wenn sie flackernd erloschen, sagten wir »Das war's« und legten uns wieder schlafen.

Aber selbst wenn es Strom gab, war er so schwach, dass viele Familien Spannungsverstärker besaßen, um die Haushaltsgeräte in Gang zu halten. Diese Teile fingen ständig Feuer, und eines Abends im März, als meine Eltern nicht da waren, passierte es auch bei uns. Ich war damals noch ganz klein und kann mich nur erinnern, dass ich schreiend aufwachte, als mich jemand durch Rauch und Flammen wegtrug. Ich weiß nicht, ob es meine Schwester oder eine Nachbarin war, die mich rettete. Als jemand meiner Mutter von dem Feuer erzählte, lief sie schnell nach Hause, aber da waren Eunmi und ich bereits bei den Nachbarn in Sicherheit. Unser Haus wurde durch das Feuer zerstört, doch mein Vater baute es mit seinen eigenen Händen sofort wieder auf.

Später legten wir in unserem kleinen eingezäunten Hof einen Garten an. Meine Mutter und meine Schwester hatten kein Interesse daran, aber mein Vater und ich waren begeistert. Wir pflanzten Kürbisse, Kohl, Gurken und Sonnenblumen. Am Zaun entlang wuchsen wunderschöne Fuchsien. Es gab für mich nichts Schöneres, als meine Ohren mit den langen zarten Blüten zu schmücken und so zu tun, als wären es Anhänger. Meine Mutter fragte meinen Vater, warum er den kostbaren Platz für Blumen verschwendete, aber er hörte nicht auf sie.

In Nordkorea sind die Menschen noch eng mit der Natur verbunden, und so entwickeln sie allerlei Fähigkeiten, um das Wetter vorhersagen zu können. Wir hatten kein Internet und konnten wegen der Stromknappheit auch nicht den Wetterbericht im Staatsfernsehen sehen. Also mussten wir uns mit unseren eigenen Beobachtungen behelfen.

In den langen Sommernächten versammelten sich unsere Nachbarn vor den Eingängen ihrer Häuser. Stühle gab es nicht, die Leute saßen einfach auf dem Boden und betrachteten den Himmel. Wenn wir Millionen von Sternen sahen, sagte ein Nachbar: »Morgen scheint die Sonne«, und alle murmelten zustimmend. Wenn es aber nur Tausende von Sternen gab, sagte vielleicht ein anderer: »Sieht ganz danach aus, als würde es morgen wolkig.« Das war unsere örtliche Wettervorhersage.

Der schönste Tag im Monat war der Nudeltag, wenn meine Mutter frische, feuchte Nudeln kaufte, die mit einer Maschine in der Stadt hergestellt wurden. Wir wollten, dass sie so lange wie möglich hielten, deshalb breiteten wir sie auf dem warmen Küchenboden zum Trocknen aus. Für meine Schwester und mich war es wie ein Feiertag, denn wir konnten ein paar Nudeln stibitzen und sie essen, während sie noch weich und süß waren. In den ersten Jahren meines Lebens, bevor die schlimmste Hungersnot Mitte der 1990er-Jahre auch unsere Stadt fest im Griff hatte, kamen unsere Freundinnen zu uns, und wir teilten die Nudeln mit ihnen. In Nordkorea wird erwartet, dass man alles teilt. Doch später, als die Zeiten für unsere Familie und das Land härter wurden, sagte meine Mutter, dass wir die anderen Kinder fortschicken müssten. Jetzt konnten wir es uns nicht mehr leisten, anderen etwas abzugeben.

In guten Zeiten bestand ein Familienessen aus Reis, Kimchi, irgendwelchen Bohnen und Seetangsuppe. Doch all das war in schlechten Zeiten viel zu teuer. Manchmal fiel eine Mahlzeit auch ganz aus, und oft hatten wir nur einen dünnen Brei aus Weizen oder Gerste, Bohnen oder schwarze, gefrorene Kartoffeln, die wir zu Mehl verarbeiteten. Daraus machten wir dann Teigtaschen, die mit Kohl gefüllt wurden.

Das Land, in dem ich aufwuchs, war nicht das, in dem meine Eltern in den 1960er- und 1970er-Jahren gelebt hatten. Als sie jung waren, kümmerte sich der Staat um die Grundbedürfnisse seiner Bürger: Kleidung, medizinische Versorgung, Nahrung. Nach dem Ende des Kalten Krieges ließen die bis dahin kommunistischen Staaten, die unser Land zuvor unterstützt hatten, es mehr oder weniger im Stich, und die Planwirtschaft brach zusammen. Plötzlich waren die Nordkoreaner auf sich allein gestellt.

Ich war noch zu klein, um zu erkennen, wie verzweifelt die Lage für die Erwachsenen wurde. Auch meine Familie litt unter der massiven Nahrungsmittelnot, die in den 1990er-Jahren herrschte, und wenn meine Schwester und ich schliefen, lagen meine Eltern manchmal wach, krank vor Sorge, wie sie uns vor dem Verhungern bewahren könnten.

Ich lernte rasch, nichts von dem weiterzuerzählen, was ich zufällig zu Hause mitbekam. Man schärfte mir ein, meine Meinung für mich zu behalten, nichts infrage zu stellen, der Regierung zu gehorchen und nur das zu tun, zu sagen oder zu denken, was mir von oben befohlen wurde. Ich glaubte sogar, dass unser Geliebter Führer, Kim Jong-il, meine Gedanken lesen und ich bestraft werden konnte, wenn ich etwas Böses dachte. Und selbst wenn er mich nicht hörte, Spione waren überall. Sie horchten an unseren Fenstern und beobachteten uns auf dem Schulhof. Jede Familie gehörte einem *inminban* an, einer Art Nachbarschaftsverbund, und wir hatten Anweisung, jeden zu melden, der etwas Falsches sagte. Wir lebten in ständiger Angst, und fast jeder – sogar meine Mutter – musste am eigenen Leib erfahren, welche Konsequenzen drohten, wenn man den Mund aufmachte.

Ich war erst neun Monate alt, als Kim Il-sung am 8. Juli 1994 starb. Die Leute beteten den 82-jährigen »Großen Führer« geradezu an. Zum Zeitpunkt seines Todes hatte Kim Il-sung Nordkorea fast fünf Jahrzehnte mit eiserner Hand regiert, und seine Anhänger – darunter auch meine Mutter – hatten ihn für unsterblich gehalten. Sein Tod stürzte das ganze Land in tiefe Trauer und Ungewissheit. Der Sohn des Großen Führers, Kim Jong-il, war bereits auserkoren, seinem Vater zu folgen, doch die gewaltige Leere, die Kim Il-sung hinterlassen hatte, machte alle nervös.

Meine Mutter nahm mich auf den Rücken und schloss sich den Tausenden von Trauernden an, die sich während der offiziellen Trauerzeit täglich vor Kim Il-sungs monumentalem Denkmal in Hyesan versammelten und um ihren verstorbenen Großen Führer weinten. Sie brachten Blumen und Becher mit Reiswein mit, um ihrer Verehrung und Trauer Ausdruck zu verleihen.

Während dieser Zeit besuchte uns ein Verwandter meines Vaters aus dem Nordosten Chinas, wo viele Menschen koreanischer Abstammung lebten. Da er von auswärts kam, hielt sich seine Ehrfurcht für den Großen Führer in Grenzen, und als meine Mutter von einem ihrer Ausflüge zum Monument zurückkehrte, erzählte Onkel Jong-soo ihr eine Geschichte, die er gerade gehört hatte. Die Regierung in Pjöngjang hatte verkündet, Kim Il-sung sei an einem Herzinfarkt gestorben, Jong-soo aber sagte, ein chinesischer Freund von ihm habe von einem nordkoreanischen Polizeioffizier gehört, dass das nicht wahr sei. Die wirkliche Todesursache sei *hwa-bjung* gewesen, ein weit verbreitetes Leiden in Nord- und Südkorea, das man als »Krankheit, die von mentalem oder emotionalem Stress ausgelöst wird« übersetzen könnte. Jong-soo hatte gehört, dass es Streit zwischen Kim Il-sung und Kim Jong-il über die Pläne des älteren Kim gegeben habe, Gespräche mit Südkorea zu führen …

»Schweig!«, sagte meine Mutter. »Kein Wort mehr!« Sie war derart aufgebracht, dass er es wagte, Gerüchte über das Regime zu verbreiten, dass sie ihrem Gast den Mund verbot.

Am nächsten Tag ging sie mit ihrer besten Freundin noch einmal zu dem Denkmal, um frische Blumen niederzulegen. Dort bemerkten sie, dass irgendwer die Gaben mutwillig zerstört hatte.

»Oh, es gibt so viele böse Menschen auf der Welt!«, sagte ihre Freundin.

»Da hast du recht!«, entgegnete meine Mutter. »Du kannst dir nicht vorstellen, welche bösen Gerüchte unsere Feinde verbreiten.« Und dann erzählte sie ihrer Freundin von den Lügen, die sie gehört hätte.

Als sie am nächsten Tag über die Wolkenbrücke zurückkehrte, fiel ihr ein offiziell wirkender Wagen auf, der etwas unterhalb von unserem Haus parkte. Eine Gruppe von Männern stand um ihn herum. Im selben Augenblick wusste sie, dass ihr etwas Schreckliches bevorstand.

Es waren Zivilbeamte der gefürchteten *bo-wi-bu*, der nordkoreanischen Geheimpolizei, die ihre Opfer in die Straflager für politische Gefangene steckten und sich um staatsgefährdende Bedrohungen kümmerten. Jeder wusste, dass sie einen Verdächtigen einfach mitnehmen konnten und man nie wieder etwas von ihm hörte. Schlimmer noch, diese Männer waren keine örtlichen Beamten, sondern vom Ministerium für Staatssicherheit geschickt worden.

Der befehlshabende Offizier passte meine Mutter vor unserer Haustür ab und führte sie zum Haus ihrer Nachbarin, das er sich für den Nachmittag ausgeliehen hatte. Sie setzten sich, dann sah er sie mit Augen an, die wie schwarzes Glas waren.

»Wissen Sie, weshalb ich gekommen bin?«, fragte er.

»Ja, das weiß ich«, antwortete meine Mutter.

»Woher also haben Sie das?«

Sie erzählte ihm, sie habe es von einem chinesischen Verwandten ihres Mannes gehört, und der wiederum habe es von einem Freund.

»Und was glauben Sie?«, wollte er wissen.

»Dass es ein schreckliches und böses Gerücht ist«, entgegnete sie aufrichtig. »Eine Lüge, die von unseren Feinden verbreitet wird, weil sie die großartigste Nation der Welt zerstören wollen!«

»Und was glauben Sie, haben Sie falsch gemacht?«, fragte er ausdruckslos.

»Ich hätte es sofort der Partei melden müssen, mein Herr, statt es weiterzuerzählen.«

»Nein, Sie irren sich«, entgegnete er. »Sie hätten niemals darüber reden dürfen.«

Jetzt war sie sicher, dass sie sterben müsste. Sie sagte ihm immer wieder, wie leid es ihr tue, flehte ihn an, er möge sie ihren beiden Kindern zuliebe verschonen. In Korea gibt es eine Redensart dafür: Sie bettelte so lange, bis sie Angst hatte, die Hände könnten ihr abfallen.

Schließlich sagte er in einem so scharfen Tonfall, dass ihr das Blut in den Adern stockte: »Erwähnen Sie das niemals wieder. Nicht vor Ihren Bekannten, Ihrem Ehemann oder Ihren Kindern. Verstehen Sie, was sonst mit Ihnen geschehen wird?«

Das tat sie. Restlos!

Dann vernahm er Onkel Jong-soo, der mit der Familie nervös in unserem Haus wartete. Meine Mutter glaubt, dass sie nur deswegen nicht bestraft wurde, weil Onkel Jong-soo dem Beamten erzählte, wie wütend sie gewesen sei, als er ihr das Gerücht erzählt hatte.

Als es vorbei war, fuhren die Männer der Staatssicherheit in ihrem Wagen davon. Mein Onkel kehrte nach China zurück.

Als mein Vater meine Mutter fragte, was die Polizisten von ihr gewollt hätten, antwortete sie nur, darüber dürfe sie nicht reden, und dann erwähnte sie es nie wieder. Mein Vater wurde zu Grabe getragen, ohne jemals zu erfahren, wie haarscharf sie einer Katastrophe entkommen waren.

Viele Jahre später, nachdem sie mir die Geschichte erzählt hatte, verstand ich schließlich, warum sie nie gesagt hatte: »Viel Spaß!«, wenn ich morgens zur Schule ging, oder auch nur: »Nimm dich vor Fremden in Acht«. Was ich stattdessen von ihr zu hören bekam, war: »Sei vorsichtig mit dem, was du sagst.«

In den meisten Ländern ermutigen Mütter ihre Kinder, Fragen zu stellen – nicht so in Nordkorea. Kaum war ich alt genug, um zu verstehen, schärfte meine Mutter mir ein, meine Zunge zu hüten. »Vergiss nicht, Yeonmi-ya«, sagte sie leise: »Auch wenn du glaubst, ganz allein zu sein, können Vögel und Mäuse dich flüstern hören.« Sie wollte mir keine Angst machen, trotzdem breiteten sich in dem Moment tiefe Dunkelheit und Panik in mir aus.

KAPITEL 2

Eine gefährliche Vergangenheit

Ich glaube, mein Vater wäre Millionär geworden, wenn er in Südkorea oder den Vereinigten Staaten hätte aufwachsen können. Aber er wurde in Nordkorea geboren, wo Familienbande und Parteiloyalität über alles im Leben entscheiden und harte Arbeit einem nichts weiter einbringt als noch mehr harte Arbeit.

Park Jin-sik kam am 4. März 1942 in der Hafenstadt Hamhung zur Welt, als Spross einer Familie von Militärs mit guten politischen Verbindungen. Das hätte ihm große Vorteile verschaffen müssen, denn die soziale Herkunft (*songbun)* eines Menschen bedingt, welche Möglichkeiten ihm offenstehen. Als Kim Il-sung nach dem Zweiten Weltkrieg an die Macht gelangte, beendete er das traditionelle feudale System, das die Menschen in Großgrundbesitzer und Bauern unterteilte, in Adlige und einfache Bürger, in Priester und Gelehrte. Er ließ über jeden Bürger Nachforschungen anstellen, die über Generationen hinweg zurückreichten, um alles über sie und ihre Familien zu erfahren. Im *songbun*-System werden die Menschen gemäß ihrer vermeintlichen Loyalität dem Regime gegenüber in drei Klassen unterteilt.

Die höchste ist der sogenannte »Kern« (auch »Genossen« oder »Loyale«), der aus verdienten Revolutionären besteht – Bauern, Veteranen oder den Verwandten jener, die für Nordkorea gekämpft haben und gestorben sind. Ferner zählt hinzu, wer der Kim-Familie stets ergeben gedient hat und Teil des

Apparates ist, der sie an der Macht hält. Die zweite Klasse ist die »Basis« (auch »schwankende Personen« genannt). In diese Kategorie fallen Bürger, die aus dem Süden stammen oder dort noch Familie haben, Händler, Intellektuelle oder ganz gewöhnliche Menschen, von denen man nicht sicher sein kann, dass sie sich der neuen Ordnung gegenüber stets loyal verhalten werden. An unterster Stelle stehen die »feindlich gesinnten Personen« – einstige Großbauern und ihre Abkömmlinge, Kapitalisten, ehemalige südkoreanische Soldaten, Christen oder Mitglieder anderer Religionsgemeinschaften sowie die Familien politischer Gefangener und anderer vermeintlicher Staatsfeinde.

Es ist äußerst schwierig, in eine höhere *songbun*-Klasse aufzusteigen, aber sehr leicht, ohne eigenes Verschulden herabgestuft zu werden. Mein Vater und seine Familie sollten bald erfahren, dass man alles aufgeben muss, was man sich im Leben erkämpft hat, wenn man seinen guten *songbun*-Status verliert.

Der Vater meines Vaters, Park Chang-gju, wuchs auf dem Land auf, nicht weit von Hyesan entfernt, als Korea noch eine japanische Kolonie war.

Das koreanische Volk gibt es seit mehr als viertausend Jahren, doch es lebte in vielen unterschiedlichen Koreas. Der Legende nach begann unsere Geschichte im Jahr 2333 vor Christus mit dem Königreich Choson, was »Morgenland« heißt. Trotz des wohlklingenden Namens herrschte dort jedoch nur selten Frieden. Die koreanische Halbinsel lag am Schnittpunkt mächtiger Reiche, und über Jahrhunderte hinweg mussten die dortigen Herrscher sich gegen Eroberer wehren, die von der Mandschurei über die Mongolei und darüber hinaus kamen. Anfang des 20. Jahrhunderts verleibte sich das expandierende Japan mittels Verträgen und Drohungen unmerklich Teile von Korea ein, bis es schließlich 1910 das ganze Land annektierte. Das war zwei

Jahre vor der Geburt des Großen Führers Kim Il-sung und elf Jahre, bevor mein Großvater zur Welt kam.

Die Japaner waren despotische Kolonialherren, die versuchten, die koreanische Kultur zu zerstören und uns im eigenen Land zu Bürgern zweiter Klasse zu machen. Sie verboten unsere Sprache und übernahmen die Kontrolle über die Landwirtschaft und Industrie. Als sich nationaler Widerstand gegen die japanische Zwangsherrschaft erhob, wurde dieser mit brutaler Gewalt unterdrückt. Wie viele seiner Landsleute zog Kim Ilsungs Familie in die nördliche Mandschurei, die damals zum chinesischen Reich gehörte. Nachdem die Japaner Anfang der 1930er-Jahre auch die Mandschurei erobert hatten, schloss sich unser zukünftiger Großer Führer einer Widerstandsbewegung an, die gegen die japanischen Besatzer kämpfte. Bei Ausbruch des Zweiten Weltkriegs trat Kim Il-sung dann in die sowjetische Armee ein und verbrachte (wie ich später erfuhr) den Krieg auf einem militärischen Stützpunkt weitab vom Kampfgeschehen, statt die Japaner fast im Alleingang zu besiegen, wie von der nordkoreanischen Propaganda behauptet.

Als ich aufwuchs, redeten wir nicht darüber, was unsere Familien in dieser Zeit getan hatten. In Nordkorea kann jede Erwähnung der Vergangenheit gefährlich sein. Was ich über die Familie meines Vaters weiß, habe ich aus den wenigen Geschichten erfahren, die mein Vater meiner Mutter erzählte. Bei Ausbruch des Zweiten Weltkriegs arbeitete mein Großvater in der Finanzverwaltung von Hyesan. Dort lernte er seine zukünftige Ehefrau kennen, Jung Hje-soon. Sie war eine Waise, die bei ihrer Tante aufwuchs und ein sehr schweres Leben hatte, ehe sie meinen Großvater kennenlernte. Die Beziehung der beiden war ungewöhnlich, denn anders als bei so vielen koreanischen Paaren, deren Ehen von den Eltern arrangiert wurden, kannten und liebten sich meine Großeltern schon vor ihrer Hochzeit.

Mein Großvater arbeitete während des Krieges weiter in der Finanzverwaltung. Nachdem Japan am 15. August 1945 kapituliert hatte, rückte die Sowjetarmee in den nördlichen Teil von Korea ein, während die Amerikaner den Süden übernahmen – und das führte letztendlich zu der Trennung, unter der mein Heimatland seit mehr als siebzig Jahren leidet. Entlang des 38. Breitengrads wurde eine Demarkationslinie gezogen, die die Halbinsel in zwei Verwaltungszonen teilte: Nord- und Südkorea. Die Vereinigten Staaten flogen einen antikommunistischen Exilanten namens Rhee Syng-man nach Seoul ein und ernannten ihn zum ersten Präsidenten der Republik Korea. In Nordkorea wurde Kim Il-sung, der inzwischen den Rang eines sowjetischen Majors hatte, als Führer der Koreanischen Demokratischen Volksrepublik oder KDVR installiert.

Rasch trommelten die Sowjets alle wehrfähigen Männer zusammen und stellten eine nordkoreanische Armee auf. Mein Großvater wurde aus der Stadtverwaltung abberufen und zum Offizier in der Volksarmee gemacht.

1949 zogen die Vereinigten Staaten und die Sowjetunion ihre Truppen ab und übergaben die Halbinsel ihren Marionetten. Das ging nicht gut. Kim Il-sung, Stalinist und ultranationalistischer Diktator, beschloss im Sommer 1950, das Land wieder zu vereinen, indem er mit russischen Panzern und Tausenden von Soldaten Südkorea angriff. In Nordkorea redete man uns ein, die imperialistischen Yankees hätten den Krieg begonnen und unsere tapferen Truppen ihre heimtückische Invasion zurückgeschlagen. In Wahrheit schickten die Vereinigten Staaten ihre Truppen – verstärkt durch eine offizielle Einheit der Vereinten Nationen – mit dem ausdrücklichen Ziel, den Süden zu *verteidigen*. Sie drängten Kim Il-sungs Armee bis zum Jalu zurück und hätten fast das ganze Land erobert, wären sie nicht von der chinesischen Armee aufgehalten worden, die die Grenze überquerte und die Amerikaner bis zum 38. Breitengrad zurückschlug. Am Ende dieses sinnlosen Krieges waren mindestens drei Millionen Koreaner verwundet oder getötet worden, Millionen waren auf der Flucht, und fast das ganze Land war verwüstet.

1953 beschlossen beide Parteien, den Krieg zu beenden, doch ein Friedensvertrag wurde nie unterzeichnet. Bis zum heutigen Tag befinden wir uns offiziell im Kriegszustand, und beide Seiten, die Regierung Nordkoreas ebenso wie die von Südkorea, halten sich für die legitimen Vertreter aller Koreaner.

Großvater Park war Finanzbeamter und feuerte während des ganzen Koreakrieges keinen einzigen Schuss ab. Nach dem Waffenstillstand blieb er in der Armee und zog mit seiner Familie von Posten zu Posten. Er war in Hamhung stationiert, etwa 290 Kilometer südlich von Hyesan, als mein Vater zur Welt kam – das vierte von fünf Kindern und der jüngste Sohn. Später, als mein Großvater aus dem aktiven Dienst ausschied, siedelte ihn die Regierung wieder in Hyesan an. Als Armeeoffizier und Mitglied der herrschenden Arbeiterpartei Nordkoreas genoss mein Großvater einen guten *songbun*, und man verschaffte ihm eine Stelle als Finanzverwalter im Versorgungsamt, das Konsumgüter an die Familien der Militärs ausgab. Zumindest eine Zeitlang ging es der Familie aufgrund der wachsenden Wirtschaft relativ gut.

In den 1950er- und 1960er-Jahren pumpten China und die Sowjetunion Geld in das Land, um es wieder aufzubauen. Der Norden verfügt über Kohle und andere Bodenschätze in den Bergen, er war schon immer reicher und industrialisierter gewesen als der Süden, der zum größten Teil aus Agrarland bestand und sich weniger schnell vom Krieg erholte. Doch das änderte sich in den 1970er- und 1980er-Jahren, als Südkorea sich zu einem Industrieland entwickelte, während Nordkoreas Planwirtschaft allmählich unter seiner eigenen Last zusammenbrach. Die Wirtschaft wurde zentral geplant und komplett vom Staat kontrolliert. Es gab kein Privateigentum – zumindest offiziell –, und alle landwirtschaftlichen Betriebe wurden zu Kollektiven erklärt; allerdings durften die Menschen etwas Gemüse anbauen, das auf kleinen, stark kontrollierten Märkten verkauft wurde. Die Regierung vergab alle Arbeitsplätze, bezahlte die Löhne und bestimmte über die Verteilung der meisten Nahrungsmittel und Konsumgüter.

In der Jugend meiner Eltern wurde die Wirtschaft noch von der Sowjetunion und China subventioniert, daher mussten nur wenige Menschen Hunger leiden, doch abgesehen von der Führungsschicht kam niemand wirklich voran. Gleichzeitig konnte die Produktion die Nachfrage nach Konsumgütern wie importierte Kleidung, Elektrogeräte und spezielle Nahrungsmittel nicht befriedigen. Während die privilegierte Schicht in staatlich geführten Kaufhäusern Zugang zu vielen dieser Waren erhielt, konnten einfache Bürger sie sich normalerweise nicht leisten. Ihnen blieb nichts anderes übrig, als ausländische Zigaretten, Alkohol oder japanische Handtaschen auf dem Schwarzmarkt zu erstehen. Für gewöhnlich gelangten diese Güter über die nördliche Grenze mit China ins Land.

Mein Vater wurde etwa 1980 zur Armee eingezogen, da war er noch keine zwanzig. Wie die meisten Nordkoreaner der Mittel- und Unterschicht wurde er für zehn Jahre verpflichtet; mit entsprechenden Beziehungen ließen sie sich auf zwei Jahre verkürzen. Doch ein knappes Jahr später erlitt mein Vater einen Blinddarmdurchbruch und musste mehrmals operiert werden, um die immer wieder aufflackernde Entzündung unter Kontrolle zu bringen. Danach war es mit der Armee endgültig vorbei. Das hätte eine Katastrophe für ihn sein können, denn Männer, die nicht gedient haben, bekommen später in der Regel keine guten Jobs. Doch zum Glück kam sein Vater mit dem rettenden Vorschlag, Finanzfachmann zu werden. Tatsächlich schaffte sein Sohn die Aufnahmeprüfung an der Universität von Hyesan und begann ein dreijähriges Studium. Auch dem Rest der Familie ging es gut. Ein älterer Bruder meines Vaters, Park Jin, studierte Medizin in Hyesan, und der andere, Park Dong-il, war Lehrer an einer Grundschule in Hamhung. Die ältere Schwester hatte geheiratet und war nach Pjöngjang gezogen, wo sie als Kellnerin arbeitete, und die kleine Schwester ging noch zur Schule.

Kurz darauf brach das Unglück über die Familie herein. Dong-il wurde beschuldigt, eine seiner Schülerinnen vergewaltigt zu haben. Obendrein soll er versucht haben, seine Frau umzubringen. Ich habe die Details nie erfahren, ich weiß nicht einmal, ob die Anschuldigungen begründet waren, aber mein Onkel wurde zu zwanzig Jahren Arbeitslager verurteilt. Nur die guten Beziehungen von Großvater Park bewahrten ihn vor der Hinrichtung. Normalerweise werden nichtpolitische Häftlinge aus dem Straflager entlassen, kurz bevor sie sterben, damit sich die Regierung die Überführung der Leichen nach Hause ersparen kann. Auch Dong-il wurde nach zwölf Jahren Haft für krank erklärt und entlassen. So kehrte er nach Hyesan zurück. Niemand in der Familie sprach über seine Vergangenheit. Ich habe ihn als zerbrechlichen und stillen Mann in Erinnerung, der immer sehr gut zu mir war. Er starb, als ich noch ein kleines Mädchen war.

Wenn in Nordkorea jemand ein schweres Verbrechen begangen hat, gelten alle Familienmitglieder ebenfalls als Kriminelle. Auf einen Schlag hatte die Familie meines Vaters ihren bevorzugten gesellschaftlichen Status verloren.

Es gibt mehr als fünfzig Untergruppen innerhalb des *songbun*-Systems. Wenn man erwachsen ist, wird man ständig von den Behörden überwacht und der soziale Status entsprechend angepasst. Ein Netzwerk aus informellen Informanten und offizieller polizeilicher Überwachung sorgt dafür, dass nichts, was man selbst oder die Familie tut, unbemerkt bleibt. Alles wird verzeichnet und in der örtlichen Verwaltung sowie in großen nationalen Einrichtungen gesammelt, die dann darüber entscheiden, wo man wohnen, zur Schule gehen und arbeiten darf. Wer in der *songbun*-Hierarchie oben rangierte, durfte Mitglied der Arbeiterpartei werden, was einem Zugang zu politischer Macht verschaffte. Man konnte eine gute Universität besuchen und bekam später eine entsprechende Stellung zugewiesen. Mit einem schlechten *songbun* konnte man in einem landwirtschaftlichen Betrieb enden und sich für den Rest des Lebens auf den Reisfeldern abrackern. Und in schlechten Zeiten einfach verhungern.

Großvater Parks Beziehungen halfen ihm nicht, seine Stelle im Versorgungsamt zu behalten, nachdem sein Sohn wegen versuchten Mordes verurteilt worden war. Er wurde kurz nach der Inhaftierung von Dong-il entlassen, ohne dass man ihm je einen Grund dafür genannt hätte. Zum Glück waren die übrigen Söhne weniger von dem Skandal tangiert und konnten ihre Ausbildung beenden. Mein Onkel Jin schloss sein Medizinstudium ab und wurde Professor an der Medizinischen Hochschule von Hyesan; später arbeitete er in der Verwaltung der Medizinischen Fakultät. Er war ein hervorragender Student gewesen und auch ein kluger politischer Kopf, der es schaffte, trotz der Probleme seiner Familie erfolgreich zu sein. Mein Vater absolvierte sein Studium in Wirtschaftsplanung und bekam wie mein Großvater vor ihm eine Stelle in der Finanzverwaltung von Hyesan. Doch nach einem Jahr wurde die Behörde umstrukturiert, und er war seinen Job los. Der schlechte *songbun* seiner Familie hatte ihn schließlich eingeholt.

Mein Vater erkannte, dass er keine Zukunft hatte, wenn er

nicht irgendwie eine Möglichkeit fand, Mitglied in der Arbeiterpartei zu werden. Also beschloss er, in einer örtlichen Metallfabrik zu arbeiten, wo er Einsatz zeigen und seine Loyalität gegenüber dem Regime unter Beweis stellen konnte. Er kam mit den Leuten gut aus, auch mit den Parteivertretern, und so dauerte es nicht lange, bis er in die PDAK aufgenommen wurde.

Mittlerweile hatte er sich eine Nebenbeschäftigung einfallen lassen, um etwas dazuzuverdienen. Das war mutig, denn Geschäfte außerhalb der staatlichen Kontrolle waren illegal. Doch mein Vater besaß einen ausgeprägten Unternehmergeist und eine gesunde Verachtung für Regeln aller Art. Außerdem hatte er das Glück, zur richtigen Zeit am richtigen Ort zu leben, sodass er sehr erfolgreich in seinem Nebenjob war. Zumindest für eine Weile.

In Hyesan hat der grenzüberschreitende Handel mit China eine lange Tradition, und es gibt einen kleinen, aber lebhaften Schwarzmarkt für alles, von Trockenfisch bis zu Elektrogeräten. In den 1980er-Jahren durften Frauen Lebensmittel und Kunsthandwerk auf provisorischen Märkten verkaufen, trotzdem galt der Handel im Allgemeinen als illegale Tätigkeit. Mein Vater schloss sich einer wachsenden Gruppe von Schwarzmarkthändlern an, die Wege fanden, um aus den Mängeln der staatlich kontrollierten Wirtschaft Profit zu schlagen. Er fing klein an. Für eine Stange hochwertiger Zigaretten auf dem Schwarzmarkt von Hyesan musste er zwischen 70 und 100 Won bezahlen, die er dann im Landesinneren von Nordkorea für sieben bis zehn Won *pro Zigarette* weiterverkaufen konnte. Damals kostete ein Kilo Reis etwa 25 Won. Es war also offensichtlich ein einträgliches Geschäft.

Nach und nach wurden die Reisemöglichkeiten aber immer weiter eingeschränkt, und mein Vater musste eine Menge Papierkram erledigen, wenn er von einem Ort zum anderen fahren wollte. Zuerst brauchte er eine Bescheinigung, dass er von der Arbeit freigestellt war. Er einigte sich mit einem Arzt auf eine bestimmte Summe, für die der ihn krankschrieb; dann erklärte er seinen Vorgesetzten, dass er wegen einer medizinischen Behandlung für ein paar Tage fortmüsse. Der Vorgesetzte stellte ihm die Papiere aus. Damit ging er zur Polizei und bestach die Beamten, damit sie ihm die notwendige Reisegenehmigung gewährten.

Mit dem Zug fuhr mein Vater in kleine Städte, wo es keine größeren Schwarzmärkte gab. Er versteckte die Zigaretten in seiner Reisetasche, trug sie an seinem Körper und in jeder Tasche. Er durfte sich nie länger an einem Ort aufhalten, um nicht von der Polizei durchsucht zu werden, die überall nach Schwarzmarkthändlern Ausschau hielt. Manchmal fassten sie ihn trotzdem und beschlagnahmten seine Zigaretten oder drohten, ihn mit einer Eisenstange zu schlagen, wenn er nicht sein Geld herausrückte. Dann musste mein Vater sie davon überzeugen, dass jeder etwas davon hätte, wenn sie ihm erlaubten, ein bisschen Profit zu machen, damit er zurückkommen und ihnen erneut ein paar Scheine zustecken konnte. Oft spielten sie mit. Er war der geborene Geschäftsmann.

Ich weiß, dass es ihm lieber gewesen wäre, ein sicheres und konventionelles Leben als hoher Regierungsbeamter zu führen, doch das war ihm nicht vergönnt. Überall sonst wäre der Handel die natürliche Berufung meines Vaters gewesen. In Nordkorea war es schlicht ein Mittel zum Überleben. Und so wurde er zum Gesetzesbrecher.

KAPITEL 3

Schwalben und Elstern

Das Schwarzmarktgeschäft meines Vater begann mit Zigaretten und wurde bald um Kleidung aus China ergänzt, für die die Nachfrage groß war. Im Sommer 1989 fuhr er nach Kowon, einer kleinen Stadt an der Ostküste, um seine Ware zu verkaufen, und während er dort war, besuchte er seinen Freund Byeon Min-sik, einen anderen ehrgeizigen jungen Mann, den mein Vater aus Hyesan kannte. Dort begegnete er auch der jüngeren Schwester seines Freundes, Keum-sook. Meiner Mutter.

Sie war vier Jahre jünger als mein Vater und gehörte einer ähnlich niedrigen *songbun*-Klasse an wie er – und auch sie hatte keine Schuld daran. Während mein Vater darunter zu leiden hatte, dass sein Bruder im Gefängnis saß, galt sie als nicht vertrauenswürdig, weil ihr Großvater väterlicherseits Land besessen hatte, als Korea noch eine japanische Kolonie gewesen war. Das Stigma wurde über drei Generationen hinweg weitergegeben, und als meine Mutter 1966 zur Welt kam, galt sie bereits als Mitglied der »feindlich Gesinnten«, denen man die Privilegien der Elitekader verweigerte.

Der Vater meiner Mutter, Byeon Ung-rook, stammte aus der Provinz Hamgyong im nördlichsten Teil Koreas. Seine Familie war nicht wohlhabend, besaß aber gerade so viel Land, dass man sie als Großbauern eingestuft hatte. Als Byeon Ung-rook 1931 zur Welt kam, hatte die Familie ihr Vermögen bereits verloren. Es war dasselbe Jahr, in dem Japan beschloss, sein Reich auszudehnen, und die drei Provinzen besetzte, aus denen die Mandschurei besteht, direkt an der Grenze zu Korea.

Hunderttausende Koreaner hatten sich in der Mandschurei angesiedelt, sodass die Grenze praktisch durchlässig war. Als dann Japan während der 1930er- und 1940er-Jahre beide Gebiete besetzte, wurde es sogar noch einfacher, hin und her zu pendeln.

Mit zwei Jahren zog mein Großvater mit seiner Familie nach Hunchun, das auf der anderen Seite des Flusses Tumen lag. Mit Ausbruch des Zweiten Weltkriegs wurde er eingezogen, obwohl er noch ein Schuljunge war. Meine Mutter hat nie erfahren, welcher Armee er angehört hatte, denn darüber sprach mein Großvater nicht.

Nach dem Ende des Krieges blieb er in China, besuchte aber regelmäßig seine Heimat in Nordkorea. Mit zweiundzwanzig, kurz vor Ausbruch des koreanischen Bürgerkrieges im Jahr 1950, machte er einen Besuch in Onsong, einem Grenzbezirk, in dem sein Vater früher einmal Land besessen hatte. Dort lernte er eine Gruppe von Männern kennen, die unterwegs in die Sowjetunion waren, um dort als Holzfäller zu arbeiten. Er aß mit ihnen zu Abend, und sie gaben eine Runde nach der anderen aus. Schließlich verabschiedete er sich und ging zu seiner Herberge zurück, war jedoch so betrunken, dass er sich auf die Bahngleise legte und einschlief. Am nächsten Morgen wachte er in einem Krankenhaus von Onsong auf, hatte einen Arm und ein Bein verloren und wusste nicht, wie er dorthin gekommen war. Man sagte ihm, ein Zug habe ihn im Schlaf überfahren, und er habe nur überlebt, weil ihn ein Bahnbeamter entdeckt und zum Arzt gebracht hatte.

Großvater Byeon blieb in Nordkorea, um dort zu genesen. Den Arm hatte er ganz verloren, doch der Stumpf seines Beines reichte, um eine Prothese anzubringen, und so lernte er, auf Krücken zu gehen. Als er sich erholt hatte, war der koreanische Bürgerkrieg fast zu Ende. Tatsächlich könnte der schreckliche Unfall ihm das Leben gerettet haben, denn er wäre mit Sicherheit in einen Konflikt mit hineingezogen worden, der mehr als drei Millionen Menschen das Leben kostete.

Die Vereinigten Staaten warfen mehr Bomben auf Nordkorea ab als während des ganzen Zweiten Weltkriegs im Pazifik. Sie bombardierten jede Stadt und jedes Dorf, und sie hörten erst auf, als kein größeres Gebäude mehr stand. Danach bombardierten sie die Staudämme und fluteten die Felder, um die Ernten zu vernichten. Der Schaden war unvorstellbar, und niemand weiß, wie viele Millionen Zivilisten dabei ums Leben kamen oder verstümmelt wurden.

Nach dem Krieg errichtete die Regierung Nordkoreas Heime für Invalide, wenn sie keine Familien hatten, die sich um sie kümmern konnten. In einer dieser Einrichtungen in Onsong lernte mein Großvater seine zukünftige Ehefrau kennen, Hwang Ok-soon. Sie war Waise und stammte aus einem Dorf im heutigen Südkorea. Ihr Vater war Widerstandskämpfer gewesen und hatte sich gegen die japanische Kolonialherrschaft aufgelehnt. Als sie zehn Jahre alt war, wurde er verhaftet, und sie hörten nie wieder von ihm. Danach wollte ihre Familie nichts mehr von Großmutter Hwang wissen, und sie endete als Landarbeiterin in der chinesischen Gemeinde Tumen – die damals zu Japan gehörte.

Nach der Kapitulation der Japaner und Koreas Unabhängigkeit kehrte sie in ihre Heimat zurück. Leider lebte sie im kommunistischen Nordkorea, als Korea geteilt wurde. Als sie 1952 in einer Munitionsfabrik in der Hafenstadt Chongjin am Japanischen Meer arbeitete, wurde sie bei einem Luftangriff verletzt, und man musste ihr ein Bein amputieren.

Anschließend kam sie in eine Pflegeeinrichtung, wo sie lernen sollte, mit einem Holzbein zu gehen. Meine Großmutter war zwar noch jung und ledig, doch es war eher unwahrscheinlich, dass sie einen gesunden Mann kennenlernen würde, der eine Invalidin heiraten wollte. Sie konnte nur hoffen, jemanden zu finden, der wie sie eine Behinderung hatte. Offensichtlich dachte mein Großvater Byeon genauso und klapperte damals sämtliche Invalidenheime in den nördlichen Provinzen auf der Suche nach einer Braut ab. Ihrer Version nach sah sie ihn durch den Gang humpeln und hatte Mitleid mit ihm. Dieser Mann ist arm dran, dachte sie. Wenn ich ihn nicht heirate, wird er nie eine Frau finden.

Sie heirateten kurz nach Kriegsende, und sie begleitete ihn 240 Kilometer nach Norden, über die chinesische Grenze nach Hunchun, wo er lebte. 1956 bekam meine Großmutter ihr erstes Kind, die ältere Schwester meiner Mutter. Es ging ihr nicht gut, sie hatte Heimweh. Obwohl sie nun schon eine ganze Weile in China lebte, hatte sie die chinesische Sprache nie gelernt. Außerdem hatte sie Heißhunger auf Meeresfrüchte, vor allem auf Tintenfisch, so wie er in Chongjin zubereitet wurde. Schließlich hielt sie es nicht länger aus und verließ ihren Ehemann auf der Suche nach dem Tintenfisch, der ihr so gut schmeckte. Sie hatte einen überaus starken Willen. Wenn sie sich etwas in den Kopf gesetzt hatte, ließ sie sich von niemandem mehr davon abbringen. Daher blieb ihm nichts anderes übrig, als ihr zu folgen.

Chongjin war einst ein Fischerdorf gewesen, aber die Japaner hatten es zu einem Industriehafen ausgebaut, und jetzt machte die nordkoreanische Regierung die Stadt zu einem größeren militärischen und industriellen Zentrum. Meine Großeltern waren sich einig, dass es kein Ort war, um eine Familie aufzuziehen. Beide waren loyale Anhänger von Kim Il-sung und sorgten sich um den kapitalistischen Einfluss im Grenzgebiet. Sie wollten nicht, dass ihre Kinder den Versuchungen des Schmuggels und anderer krimineller Aktivitäten erlagen.

Mit dem Zug fuhren sie nach Süden auf der Suche nach einem Ort irgendwo auf dem Land, wo sie sich niederlassen konnten. Und so landete die Familie meiner Mutter in Kowon, einer kleinen Stadt in der Nähe eines ausgedehnten, landwirtschaftlich genutzten Flussdeltas, das von Berghängen umgeben war. Es gab Reisfelder und Obstgärten, und hier waren sie sicher vor der Korruption in den geschäftigen Städten. Es hätte ein vielversprechender Neuanfang werden sollen, aber sie kamen zu einer Zeit, als Kim Il-sung begann, Nordkorea von Verrätern zu säubern. Alle Bürger wurden auf ihre Loyalität durchleuchtet, und man bestimmte, welcher *songbun*-Gruppe sie zuzuordnen waren. Leider war mein Großvater so aufrichtig, dass er den Beamten von der Zeit erzählte, als sein Vater in Onsong Land besessen hatte. Daraufhin wurde er bestraft und in der *songbun*-Hierarchie herabgestuft und hatte keine Möglichkeit mehr, Parteimitglied zu werden und im Leben voranzukommen. Man wies ihm eine Stelle in einer Knopffabrik zu.

Die ältere Schwester meiner Mutter wurde 1957 in Kowon geboren, drei weitere Kinder sollten folgen – zwei Jungs und dann meine Mutter, die als Jüngste am 16. Juli 1966 zur Welt kam. Sie alle wuchsen wie ihre Eltern als loyale Anhänger des Regimes auf.

Meine Mutter war eine sehr gute Schülerin und eine begnadete Musikerin und Sängerin, die sich selbst am Akkordeon und an der Gitarre begleitete. In den nordkoreanischen Propagandavideos sieht man oft wunderschöne Frauen, die den traditionellen *chosonot* tragen – bunte Jacken und hochtaillierte Röcke, mit denen sie aussehen wie schwebende Blumen –, und die mit ihren hohen, traurigen Liedern das Publikum zu Tränen rühren. Das war eine Spezialität meiner Mutter.

Als sie jung war, wollte sie eine dieser Sängerinnen werden, aber ihre Lehrer rieten ihr, auf die Universität zu gehen und zu studieren. Auch ihr Vater war gegen die Musik. Deshalb konzentrierte sie sich auf ihr Studium und lernte Gedichte über den Großen Führer und dessen Sohn und auserwählten Nachfolger auswendig.

Für eine nordkoreanische Frau aus einer der unteren *songbun*-Gruppen war es ungewöhnlich, eine Universität zu besuchen. Doch meine Mutter war eine so ausgezeichnete Schülerin, dass sie von einer Universität in der Nähe der Stadt Hamhung angenommen wurde. Hätte sie die Wahl gehabt, wäre sie am liebsten Ärztin geworden. Doch nur Studenten der höher gestellten Familien dürfen sich aussuchen, welche Fächer sie belegen wollen. Die Universitätsverwaltung entschied, dass meine Mutter Anorganische Chemie studieren sollte, und genau das tat sie. Nach ihrem Abschluss schickten die Parteifunktionäre sie zurück nach Kowon, wo sie in einer Chemiefabrik arbeitete. Man wies ihr eine unbedeutende Beschäftigung zu, in der sie Duftstoffe zur Herstellung von Seife und Zahnpasta entwickelte. Wenige Monate später bekam sie in einer anderen Fabrik, die Kleider für den Export in die Sowjetunion herstellte, eine bessere Stellung.

Andere wären enttäuscht gewesen, sie aber stellte nie infrage, dass die Regierung alles in ihrem Leben bestimmte. Im Unterschied zu den Leuten, die in der Grenzregion aufwuchsen, hatte meine Mutter keinerlei Verbindung zur Außenwelt oder zu Ideen von außen. Sie kannte nur die offiziellen Lehren und blieb eine stolze, reine Revolutionärin. Da Worte sie begeistern konnten, ließ sie sich von der Propaganda mitreißen. Sie glaubte aufrichtig, dass Nordkorea der Mittelpunkt der Welt war und Kim Il-sung und Kim Jong-il übernatürliche Kräfte besaßen. Sie glaubte, dass Kim Il-sung die Sonne aufgehen ließ und die Geburt von Kim Jong-il in einer Hütte auf dem heiligen Berg Paektusan von einem doppelten Regenbogen und einem hellen Stern am Himmel begleitet war (in Wahrheit wurde er in Russland geboren). Die Gehirnwäsche war dermaßen stark, dass sie in Panik verfiel, als Kim Il-sung starb. Für sie war es, als wäre Gott gestorben. »Wie soll sich jetzt die Erde weiterdrehen?«, fragte sie sich. Die Naturgesetze, die sie auf der Universität gelernt hatte, wurden von der Propaganda überstrahlt, die man ihr eingetrichtert hatte. Es sollte noch viele Jahre dauern, bis ihr klar wurde, dass Kim Il-sung und Kim Jong-il nur ganz normale Menschen waren, die von Joseph Stalin, ihrem sowjetischen Vorbild, gelernt hatten, andere dazu zu bringen, sie als Götter zu verehren.

Meine Mutter lebte noch bei ihrer Familie und arbeitete in der Kleiderfabrik, als sie im Sommer 1989 meinen Vater kennenlernte. Der hatte es sich zur Gewohnheit gemacht, im Haus ihres Bruders Min-sik zu übernachten, wenn er seinen Schwarzmarktgeschäften in Kowon nachging. Da Min-sik ebenfalls bei seinen Eltern wohnte, sahen sich meine Mutter und mein Vater oft, sprachen aber nicht miteinander, abgesehen von einer höflichen Begrüßung.

In Nordkorea gab es so etwas wie »miteinander gehen« nicht. Unsere Kultur war, was die Beziehung zwischen Mann und Frau anbelangt, immer schon extrem konservativ. Wenn man im Westen aufwächst, hält man es für ganz natürlich, dass man seine Gefühle zeigt. Man braucht sich einfach nur auf der Straße umzuschauen, Liebesromane zu lesen oder Filme anzusehen, um zu wissen, was Verliebtsein ist. Doch damals, als meine Eltern sich kennenlernten, gab es so etwas nicht. Sie hätten nicht gewusst, welche Worte sie benutzen sollten, um über ihre Gefühle zu reden. Man musste aus dem Blick oder dem Tonfall des Liebsten erraten, was sie oder er fühlte. Das Höchste der Gefühle war es, heimlich Händchen zu halten.

Ich weiß nicht, was mein Vater dachte, als er meine Mutter

zum ersten Mal sah, doch sie muss ein wunderschöner Anblick gewesen sein. Sie war schlank, hatte einen kräftigen Körper, hohe Wangenknochen und feine blasse Haut. Sie besaß auch ein schnelles Auffassungsvermögen und einen starken Willen, die ihn sicher faszinierten.

Sie hingegen war eigentlich nicht besonders beeindruckt von ihm. Sie fand ihn gewöhnlich, zudem war er nicht sonderlich groß. Aber ihr Bruder Min-sik erzählte ihr, dass er durchaus in der Lage sei, für eine Frau zu sorgen. Für Menschen wie meinen Vater gibt es einen Spruch: »Er könnte sogar von Steinen leben«, was so viel heißt, dass jemand auch unter den widrigsten Bedingungen einfallsreich ist und sich nicht unterkriegen lässt.

Der Tradition entsprechend wurde die Ehe von den beiden Familien arrangiert.

Mein Großvater Park begleitete meinen Vater auf einer seiner Geschäftsreisen nach Kowon. Sie hatten beschlossen, dass es sicherer war, das Risiko zwischen ihnen beiden aufzuteilen, keiner von ihnen sollte zu viele Zigaretten oder zu viel Geld bei sich tragen, falls sie durchsucht würden. Sie kamen sicher bei Min-sik und seiner Familie an und quartierten sich bei ihnen ein.

Großvater Park fiel rasch auf, wie meine Mutter und sein Sohn sich verstohlene Blicke zuwarfen. Er setzte sich mit der Mutter meiner Mutter zusammen und besprach mit ihr die Formalitäten der Hochzeit. Die Familien meiner Eltern waren der Meinung, dass beide Ehepartner gut zueinander passten, denn sie standen im *songbun*-System auf einer vergleichbar niedrigen Stufe. Bei uns heißt es, dass man Schwalben mit Schwalben und Elstern mit Elstern zusammenbringen muss. In diesem Fall waren Braut und Bräutigam beide Elstern. Als der Handel abgeschlossen war, erklärten sie Jin-sik und Keum-sook, dass sie nun verlobt seien. Ende der Geschichte.

Das Hochzeitsfest war nichts Besonderes. Meine Mutter trug ihr traditionelles *chosonot*, und mein Vater kam zum Haus ihrer Eltern, wo man einen großen Tisch mit Essen für enge Verwandte und Freunde aufgestellt hatte. Dann fuhr meine Mutter mit dem Zug nach Hyesan zu einer ähnlichen Veranstaltung im Haus meines Vaters. Eine eigentliche Trauung gab es nicht. Meine Eltern gingen nur mit ihren Ausweisen zur Polizeistation, um die Ehe eintragen zu lassen. Das war alles.

Es gibt noch ein anderes Sprichwort in Korea: »Der Faden folgt der Nadel.« Normalerweise ist der Mann die Nadel und die Frau der Faden, also folgt die Frau dem Ehemann in sein Haus. Aber sie nimmt nicht seinen Namen an. Für viele Frauen ist das die einzige Unabhängigkeit, die ihnen im Leben verbleibt.

KAPITEL 4

Blut und Tränen

In den ersten Jahren ihrer Ehe ging es meinen Eltern immer besser. Sie zogen in ein kleines Haus neben dem Bahnhof, das die Militärs meinem Großvater nach seiner Pensionierung überlassen hatten. Es war ziemlich heruntergekommen, aber mein Vater machte sich daran, es für seine zukünftige Familie herzurichten. Meine Mutter wurde sehr schnell mit Eunmi schwanger, die dann im Januar 1991 zur Welt kam.

Mein Vater gab seine Stelle in der Metallfabrik auf und nahm eine andere Arbeit an, die es ihm ermöglichte, sich mehrere Tage am Stück frei zu nehmen, um seinen Geschäften nachzugehen. Zusätzlich zu den Zigaretten kaufte er nun auf den Schwarzmärkten von Hyesan Zucker, Reis und andere Waren und fuhr anschließend ins Landesinnere, um sie gewinnbringend zu verkaufen. Als er nach Wonsan fuhr, einer Hafenstadt am Japanischen Meer, brachte er getrockneten Sandaal mit – winzige, dünne Fische, die Koreaner gerne als Beilage essen. Er konnte sie in unserer Provinz, die keinen Zugang zum Meer hatte, mit gutem Gewinn verkaufen, und es dauerte nicht lange, bis Sandaale die begehrteste Ware in seinem Sortiment waren.

Da meine Mutter ihr ganzes Leben im Landesinneren verbracht hatte, fern von jeglichen fremden Einflüssen, hatte sie keine Ahnung vom Schwarzmarkt. Sie verstand nicht einmal das Konzept des Handelns. All das änderte sich in den 1990er-Jahren, als Hunger und der Zusammenbruch der Wirtschaft das

Land in ein Volk von Händlern verwandelte, die überleben wollten. Doch bis dahin war der Kapitalismus für die Nordkoreaner etwas Schmutziges, und Geld war zu verabscheuenswert, als dass man es während einer höflichen Unterhaltung erwähnt hätte.

Jetzt war sie mit einem Geschäftsmann verheiratet, der seinen Lebensunterhalt verdiente, indem er mit Geld umging. Sie brauchte lange, um sich damit abzufinden. Doch wie viele dem Regime treu ergebene Nordkoreaner war sie in der Lage, zwischen der Ideologie und den Notwendigkeiten des Alltags zu unterscheiden und über diesen inneren Konflikt hinwegzusehen. Sie folgte seinem Beispiel und fing schon bald nach der Hochzeit an, meinem Vater beim Einkauf der Waren zu helfen und sie auf den legalen *jangmadangs* und den Schwarzmärkten um Hyesan anzubieten.

Obwohl es meinen Eltern besser ging als den meisten ihrer Nachbarn, gehörten sie nie der sogenannten »Elite« an. Deren Art von Wohlstand war nur aufgrund von Beziehungen zur Regierung möglich. Trotzdem verdienten meine Eltern gut genug, um eine Ferienreise in die mit Denkmälern vollgestopfte Hauptstadt Pjöngjang zu unternehmen, als Eunmi klein war, und meine Mutter konnte es sich leisten, modische Kleider zu tragen, die aus China ins Land geschmuggelt worden waren. Sie liebte Designerhandtaschen (auch wenn sie chinesische Nachahmungen waren), japanische Blusen und Kosmetik. Jahre später, nach unserer Flucht, scherzte ich, sie sei die Paris Hilton von Nordkorea. Trotzdem war sie niemals extravagant, sondern einfach nur sehr modebewusst.

Trotz ihrer Glückssträhne gab meine Mutter ihre Stelle niemals auf und war sich für nichts zu schade. Noch hochschwanger hackte sie das Holz für die Feuerstelle selber. Die Ärzte meinten, das sei der Grund, warum meine Schwester schon im achten Monat geboren wurde. Und wir glauben auch, dass ich zu früh zur Welt kam, weil meine Mutter noch im siebten Monat Kohle über die kleine Eisenbahnbrücke von Hyesan schleppte.

Die Kohletransporte waren Teil der Nebenbeschäftigung meines Großvaters Park. Nachdem er seine Arbeit im Versorgungsamt verloren hatte, fand er eine Anstellung als Wächter in einer militärischen Einrichtung in Hyesan. Das Gebäude besaß eine Kohlehalde, und er ließ meine Eltern zum Stehlen hinein. Sie schlichen sich nachts aufs Gelände und schleppten die Kohle auf dem Rücken durch die dunkle Stadt. Es war harte Arbeit, und sie mussten schnell sein, denn wenn sie von dem falschen Polizisten erwischt wurden – einem, den sie nicht bestechen konnten –, mussten sie mit einer Verhaftung rechnen. In dieser Nacht spürte meine Mutter auf der kleinen Eisenbahnbrücke einen heftigen Schmerz im Unterleib, und am nächsten Tag gebar sie ein Kind von der Größe eines Huhns. Mich.

In den Augen Nordkoreas waren mein Großvater und meine Eltern Verbrecher. Mein Vater kaufte und verkaufte Waren und machte Gewinn: In anderen Teilen der Welt wäre er nichts weiter als ein Geschäftsmann gewesen. Er schmierte Beamte – deren Lohn nicht einmal reichte, um ihre Familien zu ernähren –, damit er ungehindert durch sein eigenes Land reisen konnte. Es stimmt, dass mein Großvater und meine Eltern die nordkoreanische Regierung bestahlen, doch diese Regierung nimmt ihren Bürger wiederum alles, was sie haben, auch ihre Freiheit.

Im Grunde genommen waren die Geschäfte meiner Familie nur ihrer Zeit voraus. Als ich 1993 geboren wurde, gehörten Korruption, Bestechung, Diebstahl und sogar kapitalistischer Handel bereits zum nordkoreanischen Lebensstil, denn die zentral geleitete Wirtschaft fiel auseinander. Das Einzige, was unverändert geblieben war, als die Krise zu Ende ging, war der grausame, totalitäre Machtanspruch des Regimes.

Während meiner ganzen Kindheit war meinen Eltern bewusst, dass es von Monat zu Monat schwerer wurde zu überleben, nur wussten sie nicht, warum. Die ausländische Presse war im ganzen Land verboten, und die eigenen Zeitungen berichteten nur Gutes über das Regime – oder sie machten die üblen Machenschaften unserer Feinde für unsere Misere verantwortlich. Doch in Wahrheit kappten außerhalb unserer abgeschotteten Grenzen die kommunistischen Supermächte, die Nordkorea erschaffen hatten, jetzt seine lebenswichtigen Adern. Der große Niedergang begann 1990, als die Sowjetunion auseinanderbrach und Moskau seine »Freundschaftsquoten« für Exporte nach Nordkorea abschaffte. Ohne subventionierten Sprit und andere Konsumgüter kam die Wirtschaft zum Stillstand. Die Regierung konnte die heimischen Düngemittelfabriken nicht am Leben erhalten, und es gab kein Benzin, um die importierten Düngemittel per Lastwagen zu den landwirtschaftlichen Betrieben zu transportieren. Die Ernteerträge nahmen drastisch ab. Zur gleichen Zeit unterbrach die Sowjetunion die Nahrungsmittelhilfe. China sprang für ein paar Jahre ein, doch es machte selbst große Veränderungen durch und baute seine wirtschaftlichen Beziehungen zu den kapitalistischen Staaten aus – so wie Südkorea zu den Vereinigten Staaten –, daher verknappte es ebenfalls seine Subventionen und verlangte plötzlich, dass es für seine Ausfuhren in harter Währung bezahlt wurde. Nordkorea war inzwischen so stark verschuldet, dass es sich keinen Cent mehr leihen konnte.

Als Kim Il-sung 1994 starb, herrschte in den nördlichen Provinzen bereits Hunger. Die Hilfsrationen der Regierung waren drastisch gesenkt worden, und manchmal kam gar nichts mehr an.

Statt seine Politik zu ändern und Reformen durchzuführen, ignorierte Nordkorea die Krise einfach. Statt das Land für internationale Hilfen und Investitionen zu öffnen, rief das Regime die Menschen dazu auf, nur zwei Mahlzeiten am Tag zu essen, um Nahrungsmittel zu sparen. In seiner Neujahrsbotschaft 1995 rief der neue Geliebte Führer Kim Jong-il das nordkoreanische Volk dazu auf, noch härter zu arbeiten. Obwohl uns 1994 »Blut und Tränen« gebracht hat, schrieb er, sollten wir das Jahr 1995 energisch, geeint und mit nur einem Ziel begrüßen – unser Vaterland voranzubringen.

Leider ließen sich unsere Probleme nicht mit Schweiß und Tränen lösen, und nach sintflutartigen Regenfällen, die entsetzliche Überschwemmungen auslösten und fast die gesamte Reisernte vernichteten, brach die Wirtschaft gänzlich zusammen. Kim Jong-il beschrieb unseren nationalen Kampf gegen den Hunger als »den beschwerlichen Marsch« und belebte die Phrase wieder, die sein Vater benutzt hatte, um die Mühsal seiner Generation während des Kampfes gegen den japanischen Imperialismus zu beschreiben. Mittlerweile waren während der schlimmsten Jahre der Hungersnot eine Million Nordkoreaner verhungert oder an Seuchen gestorben.

Der wirtschaftliche Niedergang führte zum Zusammenbruch der nordkoreanischen Gesellschaft auf allen Ebenen. Während das Regime früher für unsere gesamten Bedürfnisse aufgekommen war, erklärte es nun, dass wir für uns selbst sorgen müssten. Als schließlich Nahrungsmittelhilfen aus dem Ausland ins Land strömten, um den Hunger zu bekämpfen, leitete das Regime das meiste davon an die Armee weiter, deren Bedürfnisse immer Vorrang hatten. Und das wenige, was durchkam, landete bald auf dem Schwarzmarkt. Plötzlich musste praktisch jeder in Nordkorea lernen, wie man Handel betrieb, oder er riskierte zu verhungern. Das Regime sah ein, dass ihm keine andere Wahl blieb, als diese inoffiziellen Märkte zu tolerieren. Tatsächlich gestattete Kim Jong-il schließlich die Einrichtung von dauerhaften, staatlich kontrollierten Märkten.

Diese Veränderung war eine Katastrophe für meinen Vater. Jetzt, da jedermann auf den legalen *jangmadangs* seine Waren an den Mann bringen konnte, war die Konkurrenz zu groß, als dass er davon hätte leben können. Die Strafen für Schwarzmarkthändler wurden zudem drastisch verschärft. Sosehr meine Eltern auch versuchten, sich der neuen Situation anzupassen, sie taten sich immer schwerer, ihre Schmuggelware loszuwerden, und verschuldeten sich zunehmend. Mein Vater versuchte es mit allen möglichen Geschäften. Meine Mutter und ihre Freundinnen hatten eine uralte Tretnähmaschine und schneiderten Kinderkleider aus alten Stoffresten. Damit kleidete sie meine Schwester und mich ein, den Rest verkauften ihre Freundinnen auf dem Markt.

Manche Leute hatten Verwandte in China und konnten eine Reiseerlaubnis beantragen, um sie zu besuchen. Mein Onkel Jin tat dies mindestens einmal, aber mein Vater wagte es nicht, denn die Behörden hätten vermutlich die Stirn gerunzelt und seine Aktivitäten genauer unter die Lupe genommen. Leute, die nach China gingen, kamen fast immer mit Schmuggelware zurück, die sie in provisorischen Buden am Rand der *jangmadangs* verkauften. Sie erzählten, was für erstaunliche Dinge man in China im Müll fand, darunter auch einwandfreie Kleidung. In Nordkorea wird nichts verschwendet, und wir konnten uns auch nicht vorstellen, irgendetwas wegzuwerfen, das noch zu benutzen war, nicht einmal leere Plastikflaschen, Plastikbeutel und Blechdosen. Für uns waren sie Gold wert.

Als kleines Kind kennt man nur das, was man sieht. Das ganze Leben besteht aus Eltern, Verwandten und Nachbarn. Für mich war es völlig normal, dass wir manchmal etwas zu essen hatten und andere Male, wenn es nur eine Mahlzeit am Tag gab, hungern mussten.

Während meine Eltern sich abrackerten, um uns vor dem

Schlimmsten zu bewahren, mussten sie meine Schwester und mich oft allein lassen. Wenn meine Mutter niemanden fand, der zu uns kommen konnte, verriegelte sie die Haustür mit einer Metallstange, und zwar zu unserem eigenen Schutz. Manchmal blieb sie so lange fort, bis die Sonne unterging und es im Haus dunkel wurde. Meine Schwester fürchtete sich im Dunkeln und weinte. »Du brauchst keine Angst zu haben, Schwesterchen«, sagte ich. »*Umma* kommt bald wieder.« Doch nach einer Weile war auch ich verzweifelt, und dann heulten wir beide. Wenn wir dann ihre Stimme an der Tür hörten, liefen wir hin und schluchzten vor Erleichterung. Es war schwer für meine Mutter, uns so aufgelöst vorzufinden. Aber wenn sie unterwegs etwas zu essen aufgetrieben hatte, war alles rasch vergessen.

In der freien Welt träumen die Kinder davon, was aus ihnen einmal wird, wenn sie groß sind. Als ich vier oder fünf war, hatte ich nur einen sehnlichen Wunsch: später so viel Brot kaufen und essen zu können, wie ich wollte. Wenn man ständig Hunger hat, denkt man nur ans Essen. Ich verstand nicht, warum meine Mutter mit etwas Geld nach Hause kam und das meiste für später aufheben musste. Statt Brot aßen wir nur ein bisschen Brei oder Kartoffeln. Meine Schwester und ich beschlossen, unser ganzes Geld für Brot auszugeben, wenn wir groß waren. Wir stritten uns sogar darum, wie viel jede von uns essen könnte. Sie sagte, sie könnte einen ganzen Haufen Brot futtern, und ich konterte, ich würde zehnmal so viel schaffen. Wenn sie zehn sagte, waren es bei mir hundert! Ich war überzeugt, dass ich Berge von Brot essen könnte und trotzdem nie satt würde.

Am schlimmsten war es im Winter. Es gab kein fließendes Wasser, und der Fluss fror zu. In der Stadt stand eine Pumpe, wo man frisches Wasser holen konnte, aber um einen Eimer zu füllen, musste man stundenlang Schlange stehen. Eines Tages, als ich etwa fünf Jahre alt war, musste meine Mutter schon früh aus dem Haus, um irgendetwas zu erledigen. Um sechs Uhr früh, als es noch still und dunkel war, brachte sie mich zu der Wasserstelle, damit ich mich für sie in die Schlange stellte. Ich verbrachte den ganzen Tag in der Eiseskälte, und als sie wiederkam, war es schon wieder dunkel. Ich weiß noch, wie kalt meine Hände waren, und ich sehe bis heute den Eimer und die endlose Menschenschlange vor mir. Sie hat sich deswegen bei mir entschuldigt, aber ich werfe ihr nichts vor: Es blieb ihr nichts anderes übrig. Noch heute hat meine Mutter deswegen ein schlechtes Gewissen. Sie macht sich Vorwürfe, dass ich meine Kindheit nicht genießen konnte und sie zu sehr damit beschäftigt war, uns etwas zum Essen zu besorgen.

Trotz der antiimperialistischen Ideale gab es in Nordkorea viele private Geldverleiher, die dank der monatlichen Zinsen, die sie den Leuten abknöpften, reich wurden. Auch meine Eltern mussten sich Geld leihen, um ihr Geschäft am Laufen zu halten, doch als die Schwarzmarktpreise kollabierten und viele ihrer Waren beschlagnahmt oder gestohlen wurden, konnten sie die Schulden nicht zurückzahlen. Jeden Abend kamen diese Menschen, die ihr Geld eintreiben wollten, zu uns nach Hause. Sie brüllten uns an und bedrohten uns. Schließlich hielt mein Vater es nicht länger aus. Er hatte von einer anderen Möglichkeit gehört, Geld zu machen, aber sie war hochgefährlich. Er kannte jemanden in Pjöngjang, der ihm wertvolle Metalle besorgen konnte – Gold, Silber, Kupfer, Nickel und Kobalt –, die er anschließend mit Gewinn an die Chinesen verkaufen würde.

Meine Mutter war dagegen. Wenn er Sandaal und Zigaretten verkaufte, konnte ihm nicht viel Schlimmeres passieren, als dass er seinen ganzen Gewinn drangeben musste, um die Polizisten zu bestechen. Vielleicht musste er auch für kurze Zeit ins Umerziehungslager. »Damit kann man leben«, sagte sie. »Aber gestohlene Edelmetalle zu verkaufen kann dich das Leben kosten.« Als sie erfuhr, wie er die Ware nach Hyesan bringen wollte, war sie noch entsetzter. Jeder normale Zug in Nordkorea hatte einen Güterwagen am Ende mit der Bezeichnung Nr. 9. Diese Waggons dienten nur dazu, spezielle Nahrungsmittel, Obst und wertvolle Güter für Kim Jong-il oder Geschenke und Bedarfsgüter für die Kader und Parteifunktionäre im ganzen Land zu transportieren. Alles wurde in speziellen Holzkisten versiegelt, die nicht einmal die Polizei inspizieren durfte. Wer diese Waggons betrat, wurde automatisch anschließend durchsucht. Mein Vater kannte jedoch jemanden, der bei der Bahn arbeitete und sich bereit erklärte, ihm zu helfen, die Ware in einem dieser Waggons von Pjöngjang nach Hyesan zu schmuggeln.

Meine Mutter sträubte sich lange dagegen, doch dann gab sie nach. Es war der einzige Weg zu überleben.

KAPITEL 5

Der Geliebte Führer

Zwischen 1998 und 2002 verbrachte mein Vater die meiste Zeit in Pjöngjang und ging seinen Schmugglergeschäften nach. Normalerweise war er neun Monate im Jahr unterwegs und kam nur zu unregelmäßigen, kurzen Besuchen nach Hyesan zurück, mit demselben Zug, mit dem er auch die Edelmetalle transportierte. Meine Mutter lernte schnell, das Geschäft in Hyesan zu führen, holte die Ware vom Zug ab und brachte sie zu den Schmugglern, die sie an der chinesischen Grenze verkauften.

Liefen die Geschäfte einmal nicht so gut, fehlte es uns an Geld und wir litten Hunger, doch die meiste Zeit kamen wir irgendwie über die Runden. Wenn mein Vater in der Stadt war, veranstalteten wir große Feiern bei uns zu Hause, um die örtlichen Beamten bei Laune zu halten, einschließlich der hohen Parteifunktionäre, die er bestochen hatte, damit sie seine Abwesenheit an seinem »offiziellen« Arbeitsplatz ignorierten. Meine Mutter bereitete ein Festessen vor mit Reis und Kimchi, gegrilltem Fleisch, das bei uns *bulgogi* hieß, und anderen Spezialitäten. Mein Vater füllte die Gläser randvoll mit Reiswein, Wodka und importiertem Schnaps. Er konnte spannende Geschichten erzählen und hatte einen großartigen Sinn für Humor. Manchmal schlief ich zum Klang seiner Stimme und dem lauten Gelächter der Männer am Tisch ein.

Ich war zufrieden. Hauptsache, es gab etwas zu essen und wir konnten uns neue Schuhe und Schuluniformen leisten.

In der Schule war ich die Kleinste und bei Weitem nicht die Klügste. Das weiß ich, weil man sich in Korea nach Körpergröße aufstellen muss und die Plätze im Klassenraum nach Noten verteilt werden. Ich hatte Probleme mit dem Lesen und Schreiben und brauchte spezielle Hilfe. Ich hasste es, im Unterricht in der letzten Reihe zu sitzen, und manchmal weigerte ich mich einfach, in die Schule zu gehen.

Ich war ziemlich stur, vielleicht weil mir alles so schwerfiel. Aber ich wollte unbedingt lesen und schreiben lernen, deshalb gab ich mir alle Mühe, die vielen Zeichen zu verstehen, die auf den Buchseiten schwammen.

Wenn mein Vater zu Hause war, nahm er mich manchmal auf den Schoß und las mir ein Kinderbuch vor. Ich liebte diese Geschichten, aber die einzigen Bücher, die es gab, wurden von der Regierung gedruckt, und darin ging es immer nur um Politik. Statt gruseliger Märchen hörten wir Geschichten von einem schmutzigen, verabscheuenswerten Land namens Südkorea, wo heimatlose Kinder barfuß durch die Straßen liefen und bettelten. Bis ich nach Seoul kam, war mir nicht bewusst, dass sie in Wirklichkeit das Leben in Nordkorea schilderten. Aber wir konnten die Propaganda nicht durchschauen.

Als ich schließlich lesen lernte, konnte ich gar nicht genug Bücher um mich haben. Wie gesagt, die meisten handelten von unseren Führern und wie hart sie arbeiteten und sich für ihr Volk aufopferten. Eins meiner Lieblingsbücher war eine Biografie von Kim Il-sung. Darin wurde geschildert, was er als junger Mann im Kampf gegen die japanischen Imperialisten erleiden musste und dass er nur überlebt hatte, weil er Frösche gegessen und im Schnee geschlafen hatte.

Alles, was wir in der Schule lernten – Mathematik, Naturwissenschaften, Musik –, diente der Propaganda. Kim Il-sungs Sohn, unser Geliebter Führer Kim Jong-il, war unglaublich loyal gegenüber seinem Vater und damit ein Vorbild für uns Kinder. In der Schule lernten wir, dass Kim Il-sung so beschäftigt war, unser Land zu führen, dass er sogar im Auto Akten lesen musste. Doch das war schwer, weil die Straßen voller Schlaglöcher waren und die Blätter ständig zitterten. Als Kim Jong-il noch sehr jung war, füllte er die Löcher mit Sand, damit sein Vater es bequemer hatte und der Wagen sanft dahinrollte.

Unser Geliebter Führer besaß geheimnisvolle Kräfte. In der Biografie über ihn stand, dass er mit seinen Gedanken das Wetter beeinflussen konnte und während seiner dreijährigen Studienzeit an der Kim Il-sung-Universität fünfzehnhundert Bücher verfasst hatte. Schon als Kind war er ein begnadeter Taktiker gewesen, und bei allen Kriegsspielen gewann seine Mannschaft, weil er sich immer neue brillante Strategien einfallen ließ. Diese Geschichte inspirierte meine Schulkameraden dazu, ebenfalls Kriegsspiele zu spielen. Aber niemand wollte zur Mannschaft der amerikanischen Imperialisten gehören, denn die mussten unweigerlich verlieren.

In der Schule sangen wir ein Lied über Kim Jong-il: wie hart er schuftete und durchs ganze Land reiste, um den Arbeitern vor Ort gute Ratschläge zu erteilen, wie er in seinem Wagen schlief und sich von kargen Mahlzeiten aus Reisbällchen ernährte. »Bitte, bitte, Geliebter Führer, ruh dich gut aus für uns!«, sangen wir mit Tränen in den Augen. »Wir alle weinen um dich.«

Die Verehrung der Kims wurde von Dokumentarfilmen, Spielfilmen und Shows unterstützt, die im einzigen staatlich kontrollierten Fernsehprogramm liefen. Sobald die Bilder des lächelnden Führers auf der Mattscheibe erschienen, hörte man im Hintergrund sentimentale Musik. Ich war immer so gerührt. In Nordkorea wird man dazu erzogen, Eltern und Vorfahren in Ehren zu halten, es ist ein Teil unserer Kultur, die wir vom Konfuzianismus übernommen haben. So kam es, dass in unserem kollektiven Bewusstsein Kim Il-sung unser geliebter Großvater und Kim Jong-il unser Vater war.

Einmal träumte ich sogar von Kim Jong-il. Lächelnd umarmte er mich und schenkte mir ein Bonbon. Ich wachte überglücklich auf, und lange Zeit war die Erinnerung an diesen Traum die größte Freude in meinem Leben.

Jan Jin-sung, ein berühmter Überläufer und ehemaliger nordkoreanischer Hofdichter, der im Propagandaministerium arbeitete, nennt dieses Phänomen »emotionale Diktatur«. In Nordkorea reicht es nicht, dass die Regierung kontrolliert, wohin du gehst, was du lernst, wo du arbeitest und was du sagst. Sie will auch deine Gefühle kontrollieren, dich zum Sklaven des Staates machen, indem sie deine Individualität und deine Selbstständigkeit zerstört. Diese psychische wie reale Unterdrückung umfasst sämtliche Lebensbereiche. Die Indoktrination beginnt, sobald man sprechen lernt und auf dem Rücken der Mutter zu den *inminban*-Treffen getragen wird, an denen man mindestens ein Mal pro Woche teilnehmen muss. Man lernt, dass Freunde »Genossen« sind und dass man sie auch so ansprechen muss. Man lernt, gleich zu denken.

Sobald man in die Schule kommt, werden einem die Zehn Prinzipien des Regimes eingetrichtert wie die Zehn Gebote in der Bibel. (Nummer 1: »Wir setzen all unseren Fleiß dafür ein, die Gesellschaft mithilfe der revolutionären Ideen des Großen Führers, Genosse Kim Il-sung, zu einen.« Nummer 2: »Wir respektieren den Großen Führer, den ehrwürdigen Kim Il-sung, und zeigen ihm gegenüber absolute Loyalität.« Nummer 10: »Wir geben die großen Errungenschaften der Revolution des Großen Führers, des Genossen Kim Il-sung, von Generation zu Generation weiter und perfektionieren sie.«) Man lernt das Prinzip der *juche*, der nationalen Selbstbestimmung. Und man lernt, die Staatsfeinde mit glühender Inbrunst zu hassen.

Unsere Klassenzimmer und Schulbücher waren mit Bildern von grotesken amerikanischen GIs mit blauen Augen und riesigen Nasen gepflastert, die Zivilisten hinrichteten und von den Bajonetten tapferer koreanischer Kinder aufgespießt wurden. Manchmal stellten wir uns in den Pausen in eine Reihe und wechselten uns beim Abstechen von Attrappen ab, die wie amerikanische Soldaten angezogen waren. Ich hatte entsetzliche Angst, dass die Yankee-Teufel uns erneut angreifen und mich auf grausamste Art und Weise zu Tode foltern würden.

Im zweiten Schuljahr brachte man uns das Rechnen bei, aber nicht so wie in anderen Ländern. In Nordkorea ist sogar das Propaganda. Eine typische Rechenaufgabe konnte etwa so aussehen: »Wenn du einen amerikanischen Hundesohn tötest und dein Genosse zwei, wie viele tote amerikanische Hundesöhne habt ihr?«

Wir sagten nie einfach nur »Amerikaner« – das wäre viel zu respektvoll gewesen. Es musste »amerikanische Hundesöhne«, »Yankeeteufel« oder »langnasige Yankees« heißen. Sonst wurde man dafür kritisiert, dass man zu milde mit unseren Feinden umging.

Gleichermaßen musste man den Kims einen Titel oder eine zärtliche Beschreibung voransetzen, um die grenzenlose Liebe oder Verehrung zu zeigen, die wir für unsere Führer empfanden. Einmal, als meine Mutter in der Küche das Essen zubereitete und ich mir die Zeitung vornahm, musste ich eine ganze Weile lesen, ehe mir bewusst wurde, dass ich nur den Titel unseres Führers gelesen hatte: »Unser großer Genosse Kim Jong-il, Generalsekretär der koreanischen Arbeiterpartei, Vorsitzender der Nationalen Verteidigungskommission der Demokratischen Volksrepublik Korea und Oberster Befehlshaber der koreanischen Volksarmee, erklärte heute …«

Ich glaube, dass mein Vater nicht so wie wir einer Gehirnwäsche unterzogen worden war. Meine Mutter erzählte mir einmal, er sei sich sehr wohl bewusst gewesen, was das Regime dem Volk antat. Ich hörte ihn nur ein einziges Mal darüber murren, und damals verstand ich nicht, was er meinte. Wir sahen uns gerade die Nachrichten im Fernsehen an, während Kim Jong-il wie üblich irgendwo seine Truppen inspizierte. Die Sprecher ließen sich endlos darüber aus, wie unser Geliebter Führer in der Kälte litt, um den loyalen Soldaten seine gütigen Anweisungen zu erteilen, als mein Vater verärgert dazwischenfuhr: »Dieser Hundesohn! Mach den Fernseher aus.«

Daraufhin hatte meine Mutter ihm aufgebracht zugeraunt: »Sei vorsichtig, was du vor den Kindern sagst! Es geht nicht nur um dich, du bringst uns alle in Gefahr.«

Ich hatte keine Ahnung, dass mein Vater Kim Jong-il meinte. Ich konnte einfach nicht glauben, dass man dem Regime unserer Führer Respektlosigkeit entgegenbrachte. Das war unvorstellbar.

Mein Vater war nicht der Einzige, der langsam anfing, anders zu denken.

Tatsächlich blühte der Kapitalismus bereits nur wenige Häuserblocks entfernt auf dem belebten *jangmadang* auf. Erst wenige Jahre zuvor hatte dieser Markt aus ein paar Großmütterchen bestanden, die selbst angebautes Gemüse und kleine Mahlzeiten verkauften. Jetzt bedeckte ein verrostetes Blechdach schon Reihen von Marktbuden, in denen Verkäufer alles Mögliche anboten, von selbstgemachten Reiskuchen bis zu chinesischen Sportschuhen. Wenn man wusste, wo man suchen musste, konnte man auch Digitaluhren und DVD-Player bei Verkäufern finden, die in der Grauzone zwischen legalem und illegalem Handel im neuen Nordkorea operierten.

Die Leute, die diese Dinge von und nach China brachten, lebten in den Häusern hinter dem Markt am Flussufer. Ich kannte diese Gegend sehr gut. Wenn mein Vater mit neuer Ware von Pjöngjang zurückkehrte, versteckte er sie gelegentlich in meiner kleinen Schultasche und trug mich dann huckepack von unserem Haus zu den Hütten der Schmuggler. Von da brachten die Männer die Metalle zu chinesischen Händlern auf der anderen Seite des Flusses. Manchmal wateten sie durch den Jalu bis zum anderen Ufer, manchmal trafen sie sich mit ihren chinesischen Mittelsmännern auf halbem Weg. Das machten sie nachts, wobei sie sich mit ihren Taschenlampen Zeichen gaben. Es herrschte eine derartige Betriebsamkeit, dass alle ihren eigenen Code brauchten – ein, zwei, drei Mal blinken –, damit sie einander nicht verwechselten.

Die Soldaten, die die Grenze bewachten, gehörten mittlerweile dazu und waren unweigerlich zur Stelle, um ihren Anteil zu kassieren. Die Behörden drückten zwar ein Auge zu, aber es gab viele Waren, deren Verkauf nach wie vor verboten war, und wer gegen die Regeln verstieß, musste mit fatalen Konsequenzen rechnen.

In Nordkorea dienen öffentliche Hinrichtungen dazu, uns Loyalität gegenüber dem Regime einzutrichtern und uns vor Augen zu führen, welche Folgen Ungehorsam haben kann. Als ich noch klein war, wurde in Hyesan ein junger Mann gleich hinter dem Markt hingerichtet, weil er eine Kuh geschlachtet und ihr Fleisch gegessen hatte. Es war ein Verbrechen, ohne Sondergenehmigung Rindfleisch zu essen. Rinder waren Eigentum des Staates und viel zu wertvoll, um als Nahrung zu dienen, weil man sie brauchte, um die Felder zu pflügen und Karren zu ziehen. Wer eine Kuh schlachtete, vergriff sich an Staatseigentum.

Der Mann hatte auch noch weitere kleine Gesetzesverstöße begangen, doch der Kuhdiebstahl war der Hauptanklagepunkt. Er litt an Tuberkulose und hatte nichts zu essen, aber das war der Polizei einerlei. Sie machten seine Hinrichtung in der ganzen Stadt bekannt, dann brachten sie ihn zum Markt und fesselten Brust, Knie und Knöchel an einen Holzpfahl. Drei Männer stellten sich mit Gewehren vor ihm auf und schossen auf ihn. Sie versuchten, die Stricke, mit denen er gefesselt war, mit ihren Kugeln zu durchtrennen, sodass die ganze Prozedur ziemlich lange dauerte. Schließlich sackte der Körper zu Boden. Meine Mutter sah schockiert zu, als sie ihn in einen Sack steckten und ihn auf der Tragfläche eines Lastwagens wegfuhren. Sie war völlig entsetzt, und eine Zeitlang rührte sie sich nicht von der Stelle. Sie konnte nicht verstehen, dass in ihrem Land das Leben eines Menschen weniger wert war als das eines Tieres. Sogar Hunde wurden besser behandelt.

In Nordkorea gibt es eine endlose Liste von Verbrechen. Die Regierung ist geradezu besessen davon, das Einsickern von korrupten Ideen zu verhindern, daher ist die ausländische Presse gänzlich verboten. Obwohl viele Familien damals Fernsehgeräte, Radios und Videorekorder besaßen, durften sie nur die staatlich kontrollierten Nachrichtenprogramme und Propagandafilme sehen, und die waren stinklangweilig. Es gab eine riesige Nachfrage nach ausländischen Filmen und Fernsehshows aus Südkorea, obgleich man nie wusste, wann die Polizei eine Razzia machen und das Haus nach illegalen Filmen durchsuchen würde. Beim Eintreten schalteten sie als Erstes den Strom ab (wenn es überhaupt welchen gab), sodass die Videokassette oder die DVD im Gerät stecken blieb. Doch die Menschen lernten, das zu verhindern, indem sie zwei Videorekorder anschafften und sie hastig auswechselten, sobald sie einen Polizeitrupp kommen hörten. Wenn man dabei erwischt wurde, dass man illegale Videos schmuggelte oder verbreitete, hagelte es drastische Strafen. Manche Leute wurden sogar von Erschießungskommandos exekutiert – nur um ein Exempel zu statuieren.

Radios und Fernsehgeräte waren versiegelt und auf die staatlichen Programme eingestellt. Wenn man sie manipulierte, konnte man verhaftet und in ein Umerziehungslager geschickt werden, aber viele kümmerten sich nicht darum. Im Grenzbereich hatten diejenigen, die über entsprechende Empfänger verfügten, hin und wieder chinesisches Fernsehen. Vor allem die Werbung für Nahrungsmittel faszinierte uns. Es gab Werbespots für exotische Produkte wie Milch und Kekse. Ich habe in Nordkorea nie Milch getrunken! Vor meiner Flucht wusste ich nicht einmal, dass sie von Kühen stammte. Meine Freundinnen und ich sahen uns diese unglaublichen Dinge an, und wir zweifelten nicht daran, dass die Chinesen mehr hatten als wir, trotzdem kam es uns nie in den Sinn, dass unser eigenes Leben auch ganz anders sein könnte.

Ich werde oft gefragt, warum die Menschen ihr Leben riskierten, um sich chinesische Werbung, südkoreanische Seifenopern oder Ringkämpfe anzusehen, die schon Jahre her waren. Ich glaube, der Grund ist, dass die Menschen in Nordkorea so stark unterdrückt werden und das alltägliche Leben so trostlos und grau ist, dass sie froh über jede Ablenkung sind. Wenn man sich einen Film ansieht, kann man sich von der Fantasie für zwei Stunden woandershin versetzen lassen. Und anschließend fühlt man sich besser, weil man den ständigen Überlebenskampf für kurze Zeit vergessen hat.

Mein Onkel Jin besaß einen Videorekorder. Als ich noch sehr klein war, ging ich oft zu ihm, um mir Hollywoodfilme anzusehen. Meine Tante verdunkelte die Fenster im Haus und sagte uns, wir dürften niemandem etwas verraten. Ich liebte Cinderella, Schneewittchen und James-Bond-Filme. Doch mit sieben oder acht Jahren änderte *Titanic* mein ganzes Leben. Ich fand es faszinierend, dass die Geschichte schon vor hundert Jahren passiert war. Denn die Leute, die im Jahr 1912 lebten, verfügten über eine bessere Technologie als die meisten Nordkoreaner. Trotzdem wollte mir nicht in den Sinn, wie jemand einen Film aus einer so schändlichen Liebesgeschichte machen konnte. In Nordkorea wären die Filmemacher hingerichtet worden. Bei uns waren Geschichten über das wirkliche Leben der Menschen verboten, es gab nur Propaganda über den Führer. Aber auf der *Titanic* unterhielten sich die Protagonisten über Liebe und die Menschlichkeit. Ich konnte nicht glauben, dass Leonardo DiCaprio und Kate Winslet bereit waren, für ihre Liebe zu sterben statt für das Regime. Die Vorstellung, dass Menschen über ihr eigenes Schicksal entscheiden konnten, faszinierte mich. Diese Raubkopie eines Hollywoodstreifens gab mir einen ersten kleinen Vorgeschmack auf die Freiheit.

Die ausländischen Filme vermittelten mir zwar flüchtige Einblicke in eine große Welt, die ganz anders war als meine, dennoch hätte ich mir nicht vorstellen können, so zu leben wie ihre Protagonisten. Ich konnte die Menschen, die ich auf der Leinwand sah, weder für echt halten, noch beneidete ich sie um das Leben, das sie führten. Die Propaganda, die man uns eingetrichtert hatte, war wie eine Schutzimpfung; sie verhinderte, dass ich diese andere Realität auf mich bezog. Sie machte mich auch empfindungslos gegenüber dem Leid, das mich umgab, wenn der Hunger seinen schrecklichen Zoll forderte.

In den Köpfen der Nordkoreaner laufen immer zwei verschiedene Geschichten ab, wie Züge auf parallel verlaufenden Gleisen. Eine ist das, was ihnen beigebracht wurde, die andere das, was sie mit eigenen Augen sehen. Erst nachdem ich nach Südkorea geflohen und George Orwells *1984* gelesen hatte, fand ich ein Wort für diesen speziellen Zustand: Doppeldenk. Das ist die Fähigkeit, gleichzeitig zwei entgegengesetzte Vorstellungen in sich zu tragen – und dabei nicht den Verstand zu verlieren.

»Doppeldenk« bedeutet, dass man am Morgen Parolen gegen den Kapitalismus skandieren und nachmittags durch den Markt laufen und aus Südkorea eingeschmuggelte Kosmetik kaufen kann.

Oder dass man Nordkorea für ein sozialistisches Paradies hält, das beste Land mit den glücklichsten Menschen der Welt, die keinen Grund haben, irgendwen zu beneiden, und gleichzeitig Filme und Fernsehsendungen verschlingt, in denen ganz gewöhnliche Menschen im Land des Feindes in einem Wohlstand leben, den man sich selbst nicht einmal im Traum hätte vorstellen können.

Oder dass man in Hyesan sitzen und sich Propagandavideos ansehen kann, in denen ertragreiche Fabriken, mit Lebensmitteln vollgestopfte Supermärkte und elegant gekleidete Menschen in Freizeitparks gezeigt werden, und trotzdem überzeugt ist, auf demselben Planeten wie die Mitglieder der eigenen Regierung zu leben.

Oder dass man das Motto »Kinder sind Könige« in der Schule wiederholt und dann auf dem Heimweg an einer Waisenschule vorbeikommt, aus der die Kinder einen mit aufgedunsenen Bäuchen und hungrigen Augen anstarren.

Vielleicht wusste ich im tiefsten Innern, dass da etwas nicht stimmte. Aber wir Nordkoreaner sind Experten darin, anderen – und uns selbst – etwas vorzumachen. Die erfrorenen Säuglinge, die ihre halb verhungerten Mütter in den Gassen ablegten, passten nicht in mein Bild, also nahm ich das, was ich sah, einfach nicht wahr. Es war normal, Menschen auf Müllbergen zu sehen, oder Leichen, die im Fluss trieben. Es war normal, vorbeizugehen und nichts zu tun, wenn ein Fremder um Hilfe rief.

Doch es gibt Bilder, die ich niemals vergessen kann. Eines späten Nachmittags fanden meine Schwester und ich die Leiche eines jungen Mannes, die neben einem Teich lag. Es war genau an der Stelle, wo die Leute hingingen, um Wasser zu holen, und er musste sich dort hingeschleppt haben, um zu trinken. Er war nackt, hatte die Augen weit aufgerissen und den offenen Mund in einem Ausdruck schrecklicher Qualen verzerrt. Ich hatte schon viele Tote gesehen, doch dieser Anblick war der schlimmste von allen, weil seine Gedärme aus dem Unterleib hingen, dort, wo die Hunde ihn aufgerissen hatten. Ich schämte mich unendlich für ihn, weil er so dalag, ohne Kleidung und ohne Würde. Ich konnte es nicht ertragen, ihn anzusehen, deshalb griff ich nach der Hand meiner Schwester, und wir rannten schnell nach Hause.

Wann immer sie konnte, versuchte meine Mutter, anderen Menschen zu helfen. Obdachlose klopften oft an unsere Tür und bettelten um etwas zu essen. Ich erinnere mich an eine junge Frau, die mit ihrer Tochter kam. »Mir ist so kalt, ich habe solchen Hunger«, sagte sie. »Aber wenn Sie mir etwas geben, kann mein Kind essen.« Meine Mutter verstand sie gut, denn sie hatte selbst Kinder. Sie ließ sie eintreten und gab beiden zu essen. Ich beobachtete sie aufmerksam, weil ihre Tochter ungefähr so alt war wie ich. Sie waren sehr höflich und aßen langsam, obwohl sie fast verhungert waren. Ich frage mich oft, ob sie überlebt haben und noch immer in Nordkorea sind.

Auf den Straßen riefen so viele verzweifelte Menschen um Hilfe, dass man sein Herz verschließen musste, um den Schmerz zu ertragen. Nach einer Weile kann man einfach nicht mehr. So muss die Hölle sein.

Fast jeder, den ich kannte, hatte Familienmitglieder an den Hunger verloren. Zuerst starben die Jüngsten und die Ältesten. Danach die Männer, die weniger Reserven hatten als die Frauen. Hungernde Menschen werden immer schwächer, bis sie keine Abwehrkräfte mehr haben, um Krankheiten abzuwehren. Oder die Chemie in ihrem Blut ist dermaßen aus dem Gleichgewicht geraten, dass ihre Herzen zu schlagen vergessen.

Auch meine Familie litt, während unser Glück auf und ab tanzte wie ein Schiff im Ozean. 1999 versuchte mein Vater die Metalle in Lastwagen statt Zügen zu schmuggeln, doch er musste zu viel Geld für die Fahrer und das Benzin ausgeben. Es gab zu viele Checkpoints und Leute, die er bestechen musste, sodass er am Ende schlicht kein Geld mehr hatte. Meine Mutter zog mit meiner Schwester und mir für einige Monate zu ihren Verwandten, während er versuchte, die Verluste wettzumachen.

Als wir in Kowon eintrafen, stellten wir fest, dass auch unsere Verwandten ums Überleben kämpften. Großvater Byeon war ein paar Jahre zuvor gestorben, und meine Großmutter lebte mit ihrem älteren Sohn Min-sik zusammen im Haus der Familie. Ihr jüngster Sohn Jong-sik, der Jahre zuvor im Gefängnis gewesen war, weil er den Staat bestohlen hatte, war ebenfalls zu Besuch. Im Lager hatte er sich mit Tuberkulose infiziert, keine Seltenheit in Nordkorea. Jetzt, wo es kaum etwas zu essen gab, war er ständig krank und siechte vor sich hin.

Meine Großmutter hatte viele Nachbarkinder aufgenommen, und damit jeder etwas zu essen abbekam, aß sie selbst nur ganz wenig jeden Tag. Sie fürchtete, dass sie den anderen zur Last fallen könnte, obwohl sie kaum etwas zu sich nahm und ihre Knochen so leicht waren wie die Federn eines Vogels.

Ich liebte meine kleine Großmutter Hwang mit ihrem Holzbein. Sie schimpfte nie mit mir, nicht einmal, wenn ich weinte, und sie trug mich immer auf dem Rücken, gerade so, als wäre sie ein Pferd. Sie lächelte immerzu, und sie konnte wunderbare Geschichten erzählen. Stundenlang saß ich bei ihr, während sie mir von ihrer Kindheit im Süden berichtete. Sie beschrieb die wunderschöne Insel Jeju vor der Südküste, wo Taucherinnen ganz lange den Atem anhalten und wie Fische schwimmen können, während sie Essbares vom Meeresgrund sammelten. Sie machte mich so neugierig, wenn sie den weiten blauen Ozean beschrieb mit den verspielten Delfinen, die dort lebten. Ich hatte noch nie das Meer gesehen oder von Delfinen gehört. Einmal fragte ich sie: »Was ist das größte Lebewesen auf der Welt, Großmama?« Sie antwortete, der Wal, der durch ein Loch im Rücken atmet und Wasser speit. Es sieht aus wie eine Fontäne. Ich hatte noch nicht einmal Bilder von Walen gesehen, aber es klang, als könnte es mir gefallen.

Ein Großteil ihrer Geschichten stammte aus der Zeit des Königreichs von Choson, als das Land noch nicht in Norden und Süden geteilt war und es nur einen Staat gab und ein Volk. Sie erzählte mir, dass wir dieselbe Kultur und dieselben Sitten hätten wie die Menschen in Südkorea. Sie erzählte mir auch von der Zeit, als sie in Seoul gewesen war, obwohl man in Nordkorea nicht einmal den Namen dieser Stadt aussprechen durfte. Einen so schlimmen Ort erwähnte man einfach nicht. Ich kannte ihn nur aus Propagandaartikeln aus der Zeitung, in denen von den antiimperialistischen Demonstrationen der unterdrückten Massen berichtet wurde. Doch irgendwie pflanzte meine Großmutter in mir die Saat der Neugier auf diesen Ort, den sie so geliebt hatte. »Komm irgendwann an mein Grab und erzähl mir, dass der Norden und der Süden wieder vereint sind«, sagte sie.

Es war eine traurige Zeit, um Kowon zu besuchen. So viele Menschen starben an Hunger. Meine Großmutter nahm sehr viele Medikamente, etwas Opium gegen die Schmerzen des Alters und andere Pillen, die ihr halfen, einzuschlafen und all das Leid um sich herum zu vergessen. Eines Morgens, ehe ich zum Spielen nach draußen ging, sah ich, wie sie viel mehr als sonst schluckte.

»Großmama, warum nimmst du so viele Pillen?«, fragte ich sie.

Sie warf mir ein Lächeln zu und antwortete ruhig. »Großmama will nur einmal richtig gut schlafen. Sie muss sich erholen.«

Später am Nachmittag hörte ich einen entsetzlichen Aufruhr im Haus. Es war mein Onkel Jong-sik, der den Namen meiner Großmutter rief. Wir liefen hinein und sahen, wie er vor ihrem Bett stand und sie rüttelte. »Wach auf! Wach auf! Antworte mir!«

Doch sie lag nur friedlich da. Egal wie laut mein Onkel klagte, sie konnte ihn nicht mehr hören.

Wenige Monate später starb auch er. Manchmal höre ich heute noch seine Stimme, die seine Mutter anfleht aufzuwachen. Es gibt einige Dinge, die ich gerne vergessen würde, aber ich weiß, dass ich das nicht kann.

KAPITEL 6

Stadt der Träume

Im Jahr 2000, als ich sieben wurde, brummte das Geschäft meines Vaters. Nach der Beerdigung meiner Großmutter waren wir nach Hyesan zurückgekehrt, und kurz darauf waren wir reich, zumindest nach unserem Maßstab. Wir aßen drei Mal am Tag Reis und zwei bis drei Mal im Monat Fleisch. Wir verfügten über genügend Geld, um notfalls zum Arzt zu gehen oder Dinge wie Shampoo und Zahnpasta zu kaufen, die sich Nordkoreaner gewöhnlich nicht leisten konnten. Wir hatten noch immer kein Telefon, keinen Wagen und kein Motorrad, aber für unsere Freunde und Nachbarn schienen wir ein Luxusleben zu führen.

Jedes Mal, wenn mein Vater von einer seiner Geschäftsreisen zurückkehrte, brachte er uns Geschenke mit. Er kaufte meiner Schwester und mir neue Kleider und Bücher, meine Mutter bekam Parfüm und Gesichtspuder. Aber das aufregendste Geschenk, das er jemals auf dem Schwarzmarkt erstand, war eine Nintendo-Playstation für Videospiele aus den 1980er-Jahren.

Mein Lieblingsspiel war Super Mario Bros. Immer wenn es Strom gab, saß ich stundenlang davor und bewegte die kleinen Figuren über den Bildschirm zu einer fröhlichen Musik, bei der ich heute noch lächeln muss, wenn ich sie zufällig irgendwo höre. Meine Eltern spielten am liebsten Tennisspiele, und sie lieferten sich harte Wettkämpfe. Es machte Spaß zu sehen, wie sie sich mit dem Joystick in der Hand wie Kinder aufführten und gegenseitig im Spaß beschimpften. Außerdem waren sie geradezu süchtig nach Ringkampfvideos, die sie sich im verdunkelten Zimmer ansahen, wenn meine Schwester und ich zu Bett gegangen waren. Wir hörten, wie sie die Protagonisten anfeuerten: »Na los, schlag zu!« Meine Mutter mochte eine blonde Ringkämpferin, die all ihre Rivalinnen bezwang. Ich fand diese Videos grässlich, weil sie so brutal waren. Davon hatten wir genug auf den Straßen und auch zu Hause.

Meine Eltern führten eine komplizierte und zugleich leidenschaftliche Ehe. Sie respektierten sich und waren gute Partner. Sie brachten sich gegenseitig zum Lachen. Wenn mein Vater nüchtern war, trug er meine Mutter auf Händen. Aber wenn er getrunken hatte, sah es anders aus.

Die nordkoreanische Gesellschaft ist von Natur aus gewalttätig und brutal, und das färbt auch auf die Beziehungen zwischen Frauen und Männern ab. Von Frauen wird erwartet, dass sie ihren Vätern und Ehemännern bedingungslos gehorchen. Männer haben immer das Sagen. Als ich aufwuchs, durften Frauen nicht am selben Tisch sitzen wie Männer. Bei unseren Nachbarn und meinen Schulfreundinnen gab es sogar spezielle Schalen und Löffel für die Väter. Für einen Mann war es ganz normal, seine Frau zu schlagen. Wir hatten eine Nachbarin, deren Mann so brutal war, dass sie sich nicht traute, beim Essen mit den Essstäbchen zu klappern aus Angst, er könnte sie wegen des Lärms bestrafen.

Im Vergleich dazu war mein Vater ein aufgeklärter Mensch. Meine Mutter, meine Schwester und ich durften mit ihm am Tisch essen. Er trank nur gelegentlich und schlug meine Mutter nur selten. Aber manchmal tat er es eben doch. Ich will ihn nicht in Schutz nehmen, ich versuche nur zu erklären, wie die Kultur funktionierte – Männern in Nordkorea wird beigebracht, dass sie den Frauen überlegen sind, genauso wie man ihnen eintrichtert, unserem Führer zu gehorchen.

Der Unterschied in unserem Haushalt war, dass meine Mutter sich das nicht gefallen ließ. Anders als viele andere nordkoreanische Frauen, die Tränen vergossen und um Vergebung baten, wehrte sie sich. Sie hatte einen starken Willen, stärker als der meines Vaters, und er kam gegen sie nicht an. Wenn ihre Streitigkeiten außer Kontrolle gerieten, lief ich die Straße hinunter zu den Nachbarn, damit sie dazwischengingen. Manchmal hatte ich Angst, meine Eltern könnten sich gegenseitig umbringen.

Bei besonders heftigen Auseinandersetzungen drohte meine Mutter gelegentlich mit Scheidung, aber jedes Mal versöhnten sie sich schnell wieder. Erst als eine andere Frau in das Leben meines Vaters trat, hätte meine Mutter ihn um ein Haar endgültig verlassen.

Als mein Vater mit seinen Geschäften in Pjöngjang begann, brauchte er eine Unterkunft, wo er bleiben konnte, und jemanden, der ihm bei der Arbeit half. Seine ältere Schwester lebte in der Stadt und machte ihn mit einer alleinstehenden Frau bekannt, die Anfang zwanzig war und Wan-sun hieß. Sie war bereit, ihm bei der Arbeit zu helfen, und außerdem konnte er in der großen Wohnung ihrer Familie ein Zimmer mieten.

Wie es sich herausstellte, war ihre Beziehung nicht nur geschäftlicher Art, obgleich mein Vater immer versuchte, es zu leugnen. Es war in Nordkorea keineswegs unüblich, dass man als wohlhabender oder mächtiger Mann eine Geliebte hatte. Nach einer Weile verliebte sich Wan-sun in ihn und wollte ihn heiraten. Doch dafür musste sie zuerst meine Mutter loswerden. Es erinnerte an den Plot einer schlechten südkoreanischen Seifenoper – und um ein Haar hätte es auch funktioniert.

Im August 2001 fuhr meine Mutter für einige Monate nach

Pjöngjang, während mein Vater bei uns in Hyesan blieb. Natürlich wohnte sie in Wan-suns Wohnung, während sie Ware auf dem Schwarzmarkt verkaufte und Edelmetalle einkaufte. Sie konnte nicht wissen, dass Wan-sun meinen Vater anrief und ihm erzählte, meine Mutter würde sich mit fremden Männern treffen. Leider glaubte er den Lügen, und als sie das nächste Mal am Telefon miteinander sprachen, warf er ihr vor, dass sie ihn betrog. Sie konnte nicht verstehen, wie er auf so etwas kam. Sie war so aufgebracht und traurig, dass sie ihm mit Scheidung drohte.

Dieses Mal war es ihr Ernst. Statt nach Hyesan zurückzukehren, nahm sie den nächsten Zug und fuhr zu ihrem Bruder Min-sik nach Kowon, um darüber nachzudenken, wie es weitergehen sollte.

Als meine Mutter nicht zurückkam, wurde meinem Vater bewusst, was für einen Fehler er begangen hatte, und er bereute es. Er fing an, jeden Tag zu trinken, sehr ungewöhnlich für ihn. Dann, etwa zwei Wochen nachdem meine Mutter nach Kowon gefahren war, öffnete ich eines Nachmittags die Haustür, weil es geklopft hatte, und da stand eine unbekannte junge Frau in einem eleganten Kleid vor mir. Es war das erste Mal, dass ich Wan-sun sah. Kaum hatte sie erfahren, dass sich meine Mutter von meinem Vater scheiden lassen wollte, saß sie im Zug nach Hyesan. Ich hatte keine Ahnung, was los war, aber irgendwie kam mir das alles sehr eigenartig vor.

Und es sollte noch viel eigenartiger werden, als meine Freundin Yong-ja am selben Tag den Kopf durch die Tür steckte und mich einlud, zum Spielen zu ihr zu kommen. Als ich eintrat, wartete dort meine Mutter auf mich. Ich war so froh, sie zu sehen, dass ich ihr um den Hals fiel.

»Yeonmi-ya! Ich habe dich so vermisst!«, sagte sie.

Ich wusste nicht, warum sie uns verlassen hatte und nun ohne Ankündigung zurückgekehrt war, aber später erklärte sie es mir.

Ihr Bruder hatte sich bereitgefunden, sie aufzunehmen, wenn sie sich von ihrem Mann scheiden ließ – aber nur unter der Bedingung, dass sie ihre Kinder nicht mitbrachte. Sie aber konnte uns nicht im Stich lassen, und während sie dort war, fielen ihr die zahlreichen guten Seiten ihres Mannes wieder ein. Deshalb war sie zu ihrer Familie zurückgekehrt, um alles wieder in Ordnung zu bringen.

»Wie geht es deinem Vater, Yeonmi?«, wollte sie wissen.

»Im Moment sitzt er mit einer Frau aus Pjöngjang zu Hause«, antwortete ich.

»Dann bleib hier und komm erst nach, wenn ich dich rufen lasse«, entgegnete sie.

Als sie unser Haus betrat, saß Wan-sun auf einer Matte und unterhielt sich mit meinem Vater. Ich weiß nicht, wer überraschter war, mein Vater oder seine Freundin, als meine Mutter plötzlich vor ihnen stand. Sie stürzte sich auf Wan-sun, gab ihr einen Tritt in den Hintern und rief: »Verschwinde aus meinem Haus!« Wan-sun stand auf und schlug ihr ins Gesicht, woraufhin mein Vater meine Mutter festhalten musste, damit sie Wan-sun nicht die Augen auskratzte. Dann sagte er zu Wan-sun, es sei sicher besser, wenn sie jetzt ginge, und meine Mutter schlug die Tür hinter ihr zu.

Es war Anfang November, und diese schmale junge Frau aus Pjöngjang war nicht auf die Eiseskälte bei uns vorbereitet. Sie trug einen leichten Mantel und dünne, unpraktische Schuhe. So stand Wan-sun wie ein zitterndes Gespenst vor unserer Tür und flehte meinen Vater an, sie wieder hereinzulassen.

Mein Vater wiederum flehte meine Mutter an, es sich noch einmal zu überlegen und sich nicht von ihm scheiden zu lassen. Er schwor, dass zwischen ihm und seiner Assistentin nichts gewesen sei. Meine Mutter wusste nicht, was sie glauben sollte. Ihr war nur klar, dass ihre Familie wichtiger war als diese Frau, deshalb beschloss sie, bei meinem Vater zu bleiben. Und Wan-sun nahm den nächsten Zug zurück nach Pjöngjang.

Wenn man in Nordkorea irgendwen auf dem Land fragt: »Was ist dein größter Traum?«, wird er vermutlich antworten: »Einmal im Leben Pjöngjang zu sehen.«

Als dieser Traum für mich Wirklichkeit wurde, war ich acht Jahre alt.

Nur die privilegiertesten Bürger dürfen in der Hauptstadt wohnen und arbeiten. Man braucht sogar eine Sondererlaubnis, wenn man die Stadt nur besuchen will. Trotzdem kennt jeder Pjöngjang aus den unzähligen Bildbänden und Propagandafilmen, die sie als Sinnbild unseres sozialistischen Paradieses feiern. Für uns ist sie wie ein mystischer Schrein mit ihren hoch aufragenden Denkmälern und ihrer Pracht – wie der Rote Platz, Jerusalem und Disneyland an einem Ort vereint.

Mein Vater war lange Zeit nicht zu Hause gewesen, daher lud er beide Töchter ein, im Sommer jeweils einen Monat mit ihm in Pjöngjang zu verbringen. Ich durfte als Erste kommen. Die Vorstellung, zusammen mit meinem Vater einen ganzen Monat in der Stadt meiner Träume zu verbringen, war so aufregend, dass ich eine ganze Woche lang kein Auge zutat, bis er kam, um mich abzuholen. Es war besonders aufregend, weil im Sommer 2002 zum ersten Mal das Arirang-Festival stattfand, das heute so bekannt ist, ein großes Fest, mit dem die militärischen und kulturellen Errungenschaften des Regimes gefeiert werden. Ich konnte nicht fassen, dass ich das alles mit eigenen Augen zu sehen bekommen würde, und erzählte meinen Freundinnen und Schulkameradinnen davon. Daraufhin baten mich einige Eltern, vor ihren Kindern nicht so anzugeben, weil nun auch sie darum bettelten, nach Pjöngjang fahren zu dürfen.

Für diese einmalige Reise packte ich meine besten Sachen ein, darunter mein Princess-T-Shirt und die feinen Spangenschuhe. Dann nahmen wir den Morgenzug nach Pjöngjang. Obwohl die Entfernung nur 360 Kilometer beträgt, dauerte die Fahrt tagelang, weil immer wieder Stromausfälle die Weiterfahrt verlangsamten. Mein Vater und ich hatten Proviant dabei und einen Platz im Schlafwagen gebucht, aber die meisten anderen Passagiere mussten auf dem harten Boden schlafen. Als der Zug endlich in den Bahnhof von Pjöngjang einfuhr, kam Wan-sun uns abholen. Ich wusste immer noch nicht, was los gewesen war, als sie vor einigen Monaten bei uns zu Hause aufgetaucht war, und eigentlich konnte ich mich kaum an sie erinnern. Trotzdem stieg sofort das gesunde Misstrauen eines Kindes in mir auf, als sie sich bei meinem Vater vertraulich einhakte. Doch dieses Gefühl verflog schon bald wieder, als ich von der wundervollen Szenerie und der Lärmkulisse Pjöngjangs abgelenkt wurde.

Alles faszinierte mich. An diesem Tag fuhr ich zum ersten Mal mit einem Bus und sah verwundert, dass die Leute auch in U-Bahn und Autos fuhren. Ich hatte noch nie zuvor ein Taxi gesehen. Mein Vater musste mir beibringen, wie man das Wort aussprach und was damit gemeint war. Noch verrückter war ein Getränk, das er mir kaufte. Es war eine Flasche mit einer leuchtenden Flüssigkeit, aber als ich einen Schluck davon nehmen wollte, schmeckte es gar nicht – tatsächlich brannte es ganz fürchterlich im Mund, fast so, als hätte ich einen Stromschlag abbekommen.

»Das mag ich nicht, *Abuji*«, sagte ich und kämpfte mit den Tränen.

»Ach was!«, drängte er sanft. »Sei kein Dummerchen! Wenn du mehr davon trinkst, wird es dir schon schmecken.« Aber die prickelnde Brause hatte mich so erschreckt, dass ich sie nie wieder probieren wollte.

Pjöngjang kam mir vor wie ein Märchen. Die Leute waren

so sauber und elegant. Auf Befehl von Kim Jong-il mussten alle Frauen in Nordkorea Röcke tragen. In Hyesan ignorierten viele diese Anweisung und trugen Hosen, weil sie bequemer waren, aber nicht hier, in dieser prächtigen Stadt. Mir kamen die Einwohner kultivierter vor, sie besaßen eine angenehmere und höflichere Ausdrucksweise als unser bäuerlicher Dialekt im fernen Norden.

Anders als die zerfallenden Häuser, die schmutzigen Gassen und rußigen Bahndepots in Hyesan wirkte Pjöngjang mit seinen riesigen Gebäuden und den breiten makellosen Boulevards neu und glänzend. Hier sah man kaum jemanden betteln, nur die Straßenkinder, die wir *kotjebi* nennen und die überall in Nordkorea die Märkte und Bahnhöfe bevölkern. Hier in Pjöngjang wurden sie allerdings sofort von der Polizei vertrieben, wenn sie beim Betteln erwischt wurden.

Wohin wir auch gingen, mein Vater hielt mich stets fest an der Hand. Er hatte Angst, ich könnte verloren gehen, weil ich mich ständig umschaute. Als er mich eines Abends auf eine Busfahrt mitnahm, um die Lichter von Pjöngjang anzusehen, traute ich meinen Augen nicht. Das einzige Gebäude in Hyesan, das nachts beleuchtet wurde, war das Monument von Kim Il-sung, hier jedoch leuchteten sämtliche Gebäude so hell wie Fackeln. Überall waren Propagandasprüche zu lesen, manche sogar mit Neonbuchstaben: »Pjöngjang, das Herz Nordkoreas.« Das war schon beeindruckend genug, aber selbst die Schilder der Restaurants waren teilweise mit Neon erleuchtet.

Wir besuchten alle Sehenswürdigkeiten, über die ich gelesen oder die ich im Fernsehen gesehen hatte. Er zeigte mir das berühmte Ryugyong Hotel, ein pyramidenförmiges Hochhaus mit 105 Stockwerken im Stadtzentrum. Es sollte das höchste Hotel der Welt werden, wurde aber nie fertiggestellt. (Bis zum heutigen Tag ist es nicht zu Ende gebaut worden). Mein Vater und ich posierten für ein Foto vor dem prächtigen Mansudae-Springbrunnen auf dem »Hügel der Sonne«, wo ich am Fuß der riesigen Bronzestatue von Kim Il-sung Blumen niederlegte. Aus zweiundzwanzig Metern Höhe lächelte der Große Führer auf sein Volk und den riesigen Platz herab. Er trug einen langen Mantel und hatte den Arm erhoben, als wollte er seinem Volk den Weg weisen. Mein Vater, der immer zu Scherzen aufgelegt war, bemerkte zu Wan-sun: »Wäre es nicht toll, ihm den langen Mantel abzunehmen und in China zu verkaufen?« Dann setzte er noch hinzu: »Oder wenigstens einen seiner Schuhe?«

Mein Vater sagte die erstaunlichsten Dinge. Jetzt wird mir klar, dass er wie Winston Smith in Orwells *1984* war, ein Mann, der insgeheim Big Brother's Propaganda durchschaute und wusste, wie die Dinge in unserem Land tatsächlich funktionierten. Doch noch war ich Jahre davon entfernt zu verstehen, dass die Kims keine Götter waren. Für mich fühlte es sich wunderbar erhaben an, in Pjöngjang zu sein, durch das einst der Große Führer spaziert war und wo jetzt sein Sohn, Kim Jong-il, lebte. Allein zu wissen, dass sie dieselbe Luft geatmet hatten, erfüllte mich mit Stolz und hob mich aus den anderen heraus – und genau das war auch Sinn und Zweck des Ganzen.

Eines Tages unternahmen wir eine zweistündige Bootsfahrt den Taedong hinauf, um Kim Il-sungs Geburtshaus in Mangyongdae zu besuchen, doch dann überlegten wir es uns anders und gingen stattdessen in ein gutes chinesisches Restaurant in der Nähe. Ich hatte noch nie ein Restaurant gesehen, in dem man auf Stühlen saß. In Hyesan aßen wir manchmal auf dem Markt, und hin und wieder gab es auch einfache Lokale in normalen Wohnhäusern, aber man saß immer auf dem Boden. Auf einem steifen Stuhl zu sitzen kam mir sehr seltsam vor – und wenn ich die Wahl habe, setze ich mich heute noch lieber auf den Boden. Aber es machte mir großen Spaß, bei einer Kellnerin alle möglichen Gerichte zu bestellen und sie mir servieren zu lassen. Zum ersten Mal aß ich weiches Brot statt harte Schwarzbrotkanten. Endlich konnte ich die öligen Nudeln probieren, deren Duft aus China über das Flussufer geweht war, aber der Geschmack war mir fremd. Ich sagte nichts, trotzdem wünschte ich mir, ich hätte stattdessen Kimchi bestellt. Dafür liebte ich die dünnen Schweinefleischscheiben und andere köstliche chinesische Gerichte, die mir wie der Himmel auf Erden vorkamen. Immer wenn ich seitdem Hunger hatte, aß ich im Geiste tausend Mal dieses Gericht. Ich bereue nur, dass ich damals nicht noch mehr bestellt habe.

Wan-suns Wohnung lag im zehnten Stock eines Wohnhauses in Songyo, im Osten von Pjöngjang. In diesem Gebäude fuhr ich zum ersten Mal im Leben mit dem Aufzug. Ich hatte so etwas schon in Filmen gesehen und in südkoreanischen Seifenopern, aber die Erfahrung war dann doch eher erschreckend als aufregend. Es gab zwar Elektrizität in dem Gebäude, doch die Lichter im Gang und im Aufzug waren ausgeschaltet, um Strom zu sparen. Ich klammerte mich an die Hand meines Vaters, als wir uns durch die Lobby und dann durch den Gang zur Wohnung tasteten.

Dort gab es viele Fenster und Lampen, sodass man alles sehen konnte. Die Wohnung hatte drei Zimmer, ein Bad, eine Küche und einen großen Essbereich. Wan-suns Vater und ihre Stiefmutter schliefen in einem Zimmer, Wan-sun mit ihren beiden jüngeren Schwestern in einem anderen und ich zusammen mit meinem Vater im dritten. Zumindest war es so, während ich zu Besuch war. Kaum waren wir angekommen, streckte sich mein Vater nach der langen Zugfahrt auf dem Bett aus. Wan-sun setzte sich neben ihn und schmiegte sich an ihn. Mir war nicht wohl dabei, denn so hatte ich sonst nur meine Eltern zusammen gesehen. Deshalb krabbelte ich zwischen die beiden und kuschelte mich an meinen Vater.

Fast jeden Morgen wurden wir von der Nationalhymne geweckt, die aus dem staatlichen Radio dröhnte. Jeder Haushalt in Nordkorea musste eins haben, und man konnte es nie ausschalten. Das Radio war auf einen bestimmten Sender eingestellt: So kontrollierte die Regierung ihre Bürger sogar, wenn sie bei sich zu Hause waren. Am Morgen wurden viele pathetische Lieder wie »Die starke und prosperierende Nation« gespielt. Sie erinnerten uns daran, wie froh wir sein konnten, solch ein stolzes sozialistisches Leben führen zu dürfen. Mich erstaunte es, dass in Pjöngjang ständig das Radio lief. Zu Hause war der Strom meistens abgeschaltet, sodass wir uns selber wecken mussten.

In Pjöngjang klopfte um sieben Uhr morgens eine Frau an die Wohnungstür und schrie: »Aufstehen! Zeit zum Saubermachen!« Sie war die Vorsteherin des *inminban*, dem alle Wohnungen in unserem Gebäude angehörten. In Nordkorea ist jeder angehalten, in aller Frühe aufzustehen und eine Stunde damit zu verbringen, die Flure zu wischen und vor den Hauseingängen zu fegen. Mit Gemeinschaftsarbeit halten wir unseren revolutionären Geist lebendig, sie dient dazu, das Volk zusammenzuschweißen. Das Regime will, dass wir wie die Zellen eines einzigen Organismus funktionieren, in dem keine Einheit ohne die anderen existieren kann. Wir müssen alles zur gleichen Zeit tun, immer. So kommt es, dass mittags, wenn das Radio »*beeep*« macht, alle gleichzeitig aufhören zu essen. Man kann sich dem nicht entziehen.

Wenn die Einwohner von Pjöngjang mit dem Putzen fertig sind, reihen sie sich in die Schlange ein und warten auf den Bus, der sie zur Arbeit bringt. In den Nordprovinzen gingen nicht sehr viele Menschen zur Arbeit, weil sie keine mehr hatten. Die Fabriken und Bergwerke hatten den Betrieb eingestellt, denn es gab nichts mehr zu tun. Und selbst wenn die Leute in ihren Büros saßen oder sich ans Fließband stellten, tranken sie, spielten Karten und schlugen die Zeit tot. Aber Pjöngjang war anders. Hier schienen alle mit irgendetwas beschäftigt zu sein. Einmal nahm mich Wan-suns kleine Schwester mit zu der Fabrik, in der sie beschäftigt war. Dort wurde Kunststoff für Wagenreifen hergestellt. Es war die einzige Fabrik, die ich in Nordkorea gesehen habe, die tatsächlich etwas produzierte.

Im Laufe meines Aufenthalts in Pjöngjang erlebte ich noch andere aufregende Abenteuer. Wir ergatterten Eintrittskarten für mehrere Veranstaltungen des Arirang-Festivals im riesigen Stadion Erster Mai. Die spektakulären Theater-, Musik- und Sportdarbietungen waren überwältigend. Am faszinierendsten fand ich die 30000 oder 50000 Schüler, die monatelang geübt hatten, um auf einer Tribüne hinter der Bühne zu sitzen und wie eine lebendige Mauer bunte Vierecke hochzuhalten und enorme, ständig wechselnde Szenen und Slogans zu bilden, die das Regime verherrlichten. Erst viel später wurde mir bewusst, wie schlimm es für diese Schüler gewesen sein muss, stundenlang damit beschäftigt zu sein, ohne auch nur eine kleine Pause zu haben oder auf die Toilette gehen zu dürfen. Man flößte uns ein, dass es eine Ehre sei, für unsere Führer zu leiden, die so viel für uns auf sich genommen hatten. Hätte man mich damals gefragt, hätte ich voller Stolz mitgemacht.

Ich besuchte einen Zoo und sah zum ersten Mal im Leben Affen, Tiger, Bären und Elefanten. Es war, als wäre ich in eins meiner Bilderbücher geschlüpft. Das aufregendste Tier von allen war ein Pfau. Ich konnte nicht glauben, dass es diese Vögel wirklich gab, ich hatte sie für Zeichnungen gehalten, die jemand erfunden hatte. Aber als der männliche Pfau seine prächtigen Schwanzfedern ausbreitete, hätte ich um ein Haar losgeschrien. Nie hätte ich gedacht, dass in der Welt, in der ich lebte, etwas so Wundervolles existieren könnte.

In dieser Zeit gab sich Wan-sun große Mühe, nett zu mir zu sein, sodass ich sie nach einer Weile tatsächlich ins Herz schloss. Und mein Vater war gut zu ihr. Als er sie kennenlernte, litt sie an Tuberkulose, keine Seltenheit wie gesagt, nicht einmal in den Elitekadern. Er sorgte dafür, dass sie ordentlich zu essen bekam und die richtigen Medikamente nahm. Als ich sie kennenlernte, war sie schon fast wieder ganz gesund. Im Nachhinein glaube ich, dass er gewisse Gefühle für sie gehabt haben muss, aber wie so oft in meinem Leben zog ich es vor, das, was ich direkt vor der Nase hatte, nicht zu sehen.

Einmal schreckte ich mitten in der Nacht auf und hörte laute Stimmen. Mein Vater lag nicht neben mir im Bett, sondern war im anderen Zimmer bei Wan-sun, die weinte und ihn anflehte.

»Warum lässt du dich nicht scheiden?«, hörte ich sie fragen. »Ich kann mich um Yeonmi kümmern, sie ist noch klein. Lass Eunmi bei ihrer Mutter.«

»Hör auf damit!«, zischte mein Vater sie wütend an. »Du weckst sie noch auf!«

Später nahm mein Vater mir das Versprechen ab, meiner Mutter nichts zu erzählen, wenn wir nach Hyesan zurückkehrten.

Gegen Ende meines Aufenthaltes in Pjöngjang wurde mein Vater ernsthaft krank, er bekam heftige Bauchschmerzen und suchte das Krankenhaus des Roten Kreuzes auf, um sich untersuchen zu lassen. Dort fand man nichts, deshalb ging er ins modernste Krankenhaus der Stadt, wo sich auch die hohen Tiere behandeln ließen. Doch nicht einmal die besten Ärzte des Landes konnten ihm sagen, was ihm fehlte; daher gab er auf und beschloss, mich nach Hause zu bringen.

Wir nahmen den Zug nach Hyesan, der auch seine Edelmetalle transportierte. Je mehr Bahnhöfe wir passierten, umso steiler wurden die Berge, umso rauer und karger die Landschaft.

Die hellen Lichter und sauberen Straßen von Pjöngjang verblassten zu einem Traum, während ich aus dem Fenster blickte und ausgezehrte Bauern sah, die mit Hacken die Böden bearbeiteten und alle Samen und Körnchen aufsammelten, die sie fanden.

Immer wenn der Zug hielt, kletterten *kotjebi* auf die Waggons und klopften an mein Fenster, um zu betteln. Ich sah, wie sie sich um verdorbene Essensreste stritten, die die Leute wegwarfen, und sogar um verschimmelte Reiskörner. Mein Vater hatte Angst, dass sie krank werden könnten, wenn sie verdorbenes Essen aßen, und sagte, wir sollten ihnen nicht unsere Abfälle geben. Ich sah, dass manche dieser Kinder so alt waren wie ich, viele sogar noch jünger. Doch ich kann nicht behaupten, dass ich Mitgefühl oder gar Mitleid empfunden hätte, ich fragte mich nur, was wohl passierte, wenn sie verdorbenes Essen aßen. Als wir weiterfuhren, hielten sich immer noch einige am Fahrgestell fest, brachten all ihre Kraft auf, um nicht vom fahrenden Zug zu fallen und sahen mit Augen zu mir hinauf, die weder neugierig noch wütend waren. Ich erkannte darin nur den Willen zu überleben, einen animalischen Überlebensinstinkt, selbst da, wo es keine Hoffnung zu geben schien.

Ehe wir Hyesan erreichten, hielt der Zug plötzlich zwischen zwei Bahnhöfen an. Die Leute erzählten, eins der Straßenkinder sei auf das Dach des Zuges geklettert und umgekommen, als es irgendwelche Kabel berührt hatte. Wir mussten anhalten, damit sie die Leiche wegtragen konnten, und manche Fahrgäste waren darüber verärgert. Ansonsten schien der Unfall selbst niemanden sonderlich zu bedrücken.

Meine Mutter holte uns am Bahnhof in Hyesan ab, während mein Vater den Polizisten bezahlte, der den Waggon Nr. 9 bewachte, und seine Fracht abholte. Ich war froh, wieder daheim zu sein, unser vertrautes Haus und meinen Garten mit den Sonnenblumen zu sehen. Ich hatte meine Mutter so vermisst, dass ich es nicht erwarten konnte, ihr zu erzählen, was ich alles in Pjöngjang erlebt hatte.

»Hast du den Juche-Turm gesehen, Yeonmi-ya?«, fragte sie, während sie einen Reiskuchen für mich zubereitete. »Und die vielen Denkmäler?«

»Ja, *Umma*! Wan-sun hat uns alles gezeigt.«

»Ach ja?«, entgegnete meine Mutter ziemlich kühl.

»Ja«, antwortete ich. »Und wir waren auch im Zoo.«

Aber mehr verriet ich ihr nicht.

Anschließend fuhr Eunmi mit meinem Vater nach Pjöngjang, und am Ende des Sommers kehrte sie mit ihm zurück. Während er noch in Hyesan war, rief er Wan-sun an und hörte beunruhigende Nachrichten. Offensichtlich war sie einer Nebenbeschäftigung nachgegangen und hatte einem anderen Schmuggler in Pjöngjang geholfen, und der hatte sie angezeigt. Die Polizei hatte sie zum Verhör abgeholt, doch während einer Pause war sie einfach weggelaufen. Inzwischen war sie untergetaucht und hielt sich versteckt.

Ehe er wieder nach Pjöngjang aufbrach, schärfte meine Mutter ihm ein, sich von Wan-sun fernzuhalten. Sie warnte ihn, dass diese Frau ihm nur Probleme machte.

Doch er hörte nicht auf sie.

KAPITEL 7

Die dunkelsten Nächte

Ende Oktober 2002 kehrte mein Vater nach Pjöngjang zurück, und es dauerte nicht lange, bis er die nächste Ladung mit Edelmetallen zusammenhatte, die für China bestimmt waren. Offenbar brauchte er nur noch einen Sack und etwas Schnur, um das Paket für die Zugfahrt nach Hyesan fertig zu machen. Diese Dinge waren nicht so einfach zu bekommen, doch mein Vater kannte jemanden in der Stadt, der normalerweise gut ausgerüstet war.

Nach seiner Rückkehr nach Pjöngjang hatte er weder den Rat meiner Mutter beherzigt noch auf seinen gesunden Menschenverstand gehört und sich erneut mit Wan-sun getroffen. Offensichtlich half sie ihm immer noch bei seinen Geschäften, denn sie ging los, um den Sack und die Schnur zu kaufen, während mein Vater auf einem nahe gelegenen Markt wartete. Ohne dass sie es wussten, beobachteten Beamte der Staatsanwaltschaft – die über eigene Ermittler verfügt – das Haus, wahrscheinlich, weil sie einen Tipp erhalten hatten, dass Wan-sun und möglicherweise auch mein Vater dort aufkreuzen würden.

Mein Vater wartete etwa eine Stunde auf sie, und als sie nicht kam, ging er sie suchen. Die Beamten hatten ihm eine Falle im Haus gestellt, verhafteten ihn aber nicht sofort, sondern folgten ihm in der Hoffnung, er würde sie zu der Stelle führen, wo er seine illegalen Edelmetalle versteckt hatte. Erst als sie sahen, dass er in einen Bus steigen und verschwinden wollte, griffen sie zu.

»Sind Sie Park Jin-sik?«, fragte ein Beamter.

»Ja«, antwortete mein Vater. Da packten sie ihn an beiden Armen und verhafteten ihn.

Als meine Mutter später versuchte, sich ein Bild von dem zu machen, was passiert war, fand sie heraus, dass die Polizei eine Frau verhaftet hatte, die mit Kupfer handelte und von den Geschäften meines Vaters wusste. Während des Verhörs erzählte diese Frau der Polizei, dass sie ein oder zwei weitere Personen benennen könnte, die mit gestohlenen Edelmetallen handelten, einen »großen Fisch« aus Hyesan namens Park Jin-sik und eine junge Frau aus Pjöngjang, die mit ihm zusammenarbeitete.

Wan-sun wurde zur selben Zeit wie mein Vater verhaftet und zu sechs Monaten in einem Arbeitslager verurteilt. Später erfuhren wir, dass sie einen ehemaligen Militäroffizier geheiratet hatte, nachdem sie ihre Strafe abgesessen hatte, und ein Kind von ihm hatte. Ich freute mich, dass sie es geschafft hatte, ihr früheres Leben hinter sich zu lassen. Wie wir alle versuchte auch sie nur zu überleben.

Leider musste mein Vater einen viel höheren Preis für sein Verbrechen gegen den Staat bezahlen.

Im November 2002 kehrte meine Mutter schluchzend und zitternd von der Post zurück. Ich verstand nicht warum, bis ich hörte, wie sie der Großmutter meiner Freundin Yong-ja erzählte, dass sie versucht hätte, meinen Vater in Pjöngjang anzurufen, ihn aber nicht hatte erreichen können. Und dann hatte sie erfahren, dass er wegen Schmuggels verhaftet worden war.

Meine Mutter hoffte, dass es ein Versehen oder auch nur ein böser Traum war. Trotzdem war ihr klar, dass sie sofort etwas unternehmen musste. Am besten fuhr sie in die Hauptstadt, um herauszufinden, wo mein Vater festgehalten wurde; vielleicht konnte sie ihn mit Geld freikaufen.

An dem Morgen, an dem meine Mutter nach Pjöngjang aufbrach, setzte sie sich zu meiner Schwester und mir und erklärte uns, was passiert war und was sie vorhatte. Außerdem warnte sie uns, dass die Leute uns jetzt anders behandeln würden.

»Möglich, dass sie schlimme Sachen über unsere Familie sagen«, erklärte sie. »Bitte achtet nicht darauf. Bald kommt euer Vater wieder nach Hause zurück, um uns zu beschützen.« Sie sagte, wir hätten keinen Grund, uns zu schämen; wir sollten darüber lachen, wie immer, und so tun, als sei nichts passiert.

Dann kniete sie sich vor Eunmi und sagte: »Du bist die Erstgeborene, also wirst du die Säule des Hauses sein, solange ich weg bin.« Dann wandte sie sich zu mir und sagte: »Yeonmi, und du musst deiner Schwester helfen.«

Sie ließ uns einen Sack Reis und ein bisschen Öl zum Kochen da und erklärte, dass eine Zeitlang kein Geld mehr kommen würde, und dass wir nicht mehr so viel essen könnten wie bisher. Wir müssten jetzt an allem sparen und dürften kein einziges Reiskorn verschwenden.

Wir brachten sie zum Bahnhof. Kurz bevor sie in den Zug stieg, gab sie uns noch 200 Won, für getrocknete Bohnen und Mais, falls uns der Reis ausging. »Ich komme so schnell wie möglich zurück und bringe etwas zu essen mit«, sagte sie. Dann umarmte sie uns zum Abschied. Wir sahen dem Zug noch lange nach. Ich war erst acht Jahre alt, aber ich hatte das Gefühl, als führe meine Kindheit mit ihr davon.

Auf dem Heimweg sahen Eunmi und ich jemanden, der auf der Straße Süßigkeiten verkaufte. Eine ganze Weile starrten wir die aus China importierten Bonbons und Snacks an. Unsere Mutter hatte uns solche Leckereien nie gekauft, weil sie viel zu teuer waren, aber wir wollten sie unbedingt probieren. Ohne nachzudenken, verprassten wir das ganze Geld, das sie uns dagelassen hatte, für ein paar chinesische Kekse und eine Tasse Sonnenblumenkerne.

Ein ganzer Monat verging, ehe wir unsere Mutter wiedersahen.

Mittlerweile hatte der Winter begonnen, und es wurde sehr früh dunkel. Die Luft war so eisig, dass die Haustür ständig zufror. Wir wussten nicht wirklich, wie man das Feuer entfachte, um das Haus zu wärmen und um zu kochen. Unsere Mutter hatte uns etwas Brennholz dagelassen, aber wir hatten keine Ahnung, wie man daraus Kleinholz machte. Die Axt war viel zu schwer für mich, und ich hatte auch keine Handschuhe. Lange Zeit musste ich mir jeden Tag Holzsplitter aus den Händen entfernen.

Eines frühen Abends war ich an der Reihe, das Feuer in der Küche anzuzünden, und erwischte versehentlich feuchtes Holz, das furchtbar qualmte. Meine Schwester und ich bekamen keine Luft, konnten aber weder die Tür noch die Fenster öffnen, weil sie zugefroren waren. Wir schrien und schlugen gegen die Wände, doch im Nachbarhaus hörte uns niemand. Schließlich nahm ich die Axt und zerschlug das Eis, damit wir die Tür aufmachen konnten.

Es war ein Wunder, dass wir diesen entsetzlichen Monat überlebten. Die Vorräte, die unsere Mutter uns dagelassen hatte, waren bald aufgebraucht, und Ende Dezember hungerten wir. Manchmal gaben uns die Mütter unserer Freundinnen zu essen, aber auch sie kämpften ums Überleben. Angeblich war der Hunger in Nordkorea seit 1990 besiegt, doch das Leben war immer noch sehr hart, auch Jahre danach. Die jüngere Schwester meines Vaters, die ebenfalls in Hyesan wohnte, hatte nichts, was sie mit uns hätte teilen können, und mein Onkel Jin war böse auf uns, weil mein Vater der Familie noch mehr Probleme und Schande gemacht hatte, indem er sich hatte erwischen lassen. Das war besonders schmerzhaft, weil meine Eltern immer großzügig ihm und seiner Familie gegenüber gewesen waren. Doch jetzt hatten wir das Gefühl, ihn nicht um Hilfe bitten zu können.

Unsere Nachbarin, Kim Jong-ae, war eine nette Frau, die versuchte, uns vor dem Schlimmsten zu bewahren. Sie war Parteimitglied und arbeitete in der Abteilung für militärische Mobilmachung, daher ging es ihr besser als den meisten anderen Leuten, die wir kannten. Niemals werde ich den eiskalten Tag vergessen, an dem meine Schwester und ich draußen mit unseren Freundinnen spielten – es war während der Winterferien –, und als wir um fünf Uhr nachmittags nach Hause zurückkehrten, war es bereits dunkel. Wir hatten keinen Strom und nichts zu essen. Wir saßen in der Küche und stellten uns gerade auf eine weitere kalte Nacht mit knurrendem Magen ein, als Jong-ae mit einer dampfenden Reisschale vor der Tür stand. Ich kann heute noch die Augen schließen und mich an den unbeschreiblichen Duft erinnern, der von dem Reis aufstieg, wahrscheinlich war es der schönste Duft in meinem ganzen Leben. Nie wieder habe ich eine dermaßen köstliche Mahlzeit genossen oder war für einen schlichten Akt des Mitgefühls so dankbar.

Auch meine Freundin Jong-ya und ihre Großmutter halfen uns. Manchmal schlief Jong-ya bei uns, damit meine Schwester und ich uns nicht so sehr vor der Dunkelheit fürchteten. Es tut weh, dies niederzuschreiben, weil ich mich so ungern an diese furchtbare Zeit erinnere. Seitdem hasse ich die Dunkelheit. Selbst heute schalte ich alle Lichter an und mache es mir so hell wie möglich, wenn ich traurig bin oder etwas Schlimmes durchmache. Ich wäre froh, wenn es nie wieder Nacht würde.

Um uns über die Stunden der Einsamkeit hinwegzutrösten, sangen meine Schwester und ich die Lieder, die unsere Mutter uns vorgesungen hatte, als wir Säuglinge waren, um uns zu beruhigen. Wir wünschten, wir könnten ihre Stimme hören, die uns sagte, dass sie bald zurückkommen würde, aber wir hatten kein Telefon und auch keine Nummer, unter der wir sie erreichen konnten.

Als sie dann eines Morgens im Januar unerwartet an die Tür klopfte, konnten wir es nicht fassen. Wir fielen ihr um den Hals und ließen sie nicht mehr los. Alle drei schluchzten wir vor Freude, dass wir noch lebten. Sie hatte uns Reis, Mais und trockene Bohnen mitgebracht, und wir waren so hungrig, dass wir der Versuchung, uns eine üppige Mahlzeit zu kochen, kaum widerstehen konnten. Trotzdem wussten wir, dass das Essen für lange Zeit reichen musste, denn unsere Mutter sagte gleich, dass sie bald wieder nach Pjöngjang zurückmüsse, um Geld zu verdienen, damit sie unserem Vater helfen konnte.

Die Geschichte, die sie uns erzählte, war schrecklich. Kurz nach ihrer Ankunft in Pjöngjang erfuhr sie, dass man unseren Vater in ein Verhörzentrum gebracht hatte, das *ku ryujang* hieß. Zuerst ließen sie meine Mutter nicht zu ihm, bis es ihr schließlich gelang, einen Wärter zu bestechen, der sie einließ. Er war in einem entsetzlichen Zustand und erzählte ihr, die Polizei hätte ihn gefoltert. Beispielsweise hatten sie ihm auf immer dieselbe Stelle am Bein geschlagen, bis es so geschwollen war, dass er sich kaum bewegen konnte. Er schaffte es nicht einmal bis zur Toilette. Dann hatten ihn die Wärter in einer knienden Stellung mit einem Holzstock hinter den Kniekehlen gefesselt, was unerträgliche Schmerzen verursachte. Sie wollten wissen, wie viel er den Schmugglern verkauft hatte und wer sonst noch in seine Geschäfte verwickelt gewesen sei. Er hatte ihnen aber kaum etwas verraten.

Später wurde er ins Lager 11, ein Umerziehungslager in Chungsan, nordwestlich von Pjöngjang verlegt. In diese Einrichtung kommen hauptsächlich Kleinkriminelle oder Frauen, die erwischt wurden, als sie aus Nordkorea flüchten wollten. Trotzdem können diese Gefängnisse genauso brutal sein wie die für Schwerverbrecher oder politische Gefangene im nordkoreanischen Gulag. In den »Umerziehungslagern« zwingt man die Gefangenen jeden Tag, auf den Reisfeldern oder in Fabriken bis zur Erschöpfung zu arbeiten, und sie bekommen so wenig zu essen, dass sie sich um Krümel balgen oder Ratten essen müssen, um zu überleben. Die Abende verbringen sie damit, die Reden des Führers auswendig zu lernen oder an endlosen Sitzungen teilzunehmen, in denen sie Selbstkritik üben. Obwohl sie Verbrechen gegen das Volk begangen haben, hält man diese Gefangenen noch für umerziehbar. Sie werden wieder in die Gesellschaft integriert, wenn sie ihre Taten bereut und einen intensiven Auffrischungskurs in Kim Il-sungs Lehren absolviert haben. Manchmal werden sie vor ein Gericht gestellt, manchmal aber auch nicht. Meine Mutter hielt es für ein gutes Zeichen, dass man meinen Vater in eine dieser angeblich »weniger strengen« Anstalten gesteckt hatte. Es bestärkte sie in der Hoffnung, dass wir bald alle wieder vereint wären.

Eunmi und ich waren sehr erleichtert, unsere Mutter wieder bei uns zu haben. In dieser Nacht schmiegten wir uns vor der Feuerstelle alle aneinander, und ich konnte zum ersten Mal seit Wochen ohne Angst einschlafen. Am nächsten Morgen jedoch weckten uns Beamte, die an unsere Tür klopften. Sie waren gekommen, um meine Mutter zu verhaften und nach den Verbrechen unseres Vaters zu befragen. Als die Polizisten sahen, dass kleine Kinder im Haus waren, bekamen sie Mitleid. Sie fragten, ob sie Verwandte hätte, die sich um uns kümmern könnten, während sie Mutter verhörten, und sie erzählte ihnen von dem Bruder unseres Vaters, Onkel Jin. Daraufhin wies die Polizei den Vorsteher des *inminban* an, ihn zu suchen und ins Haus zu bringen. Als er kam, befahlen sie meinem Onkel, nach uns zu sehen, bis meine Mutter wieder da war. Anschließend führten sie sie ab.

Die kommenden Tage und Nächte verbrachte meine Mutter im Büro der Staatsanwaltschaft von Hyesan und schrieb alles auf, was ihr Mann und sie falsch gemacht hatten. Dann las ein Polizist ihr die Äußerungen vor und stellte weitere Fragen. In der Nacht schlossen sie sie einfach ein und gingen. Und am Morgen kamen sie wieder und setzten das Verhör fort.

Schließlich wurde sie entlassen. Die Polizei erlaubte ihr zu reisen, aber sie musste versprechen, später zurückzukehren und sich weiter befragen zu lassen.

Eunmi und ich waren heilfroh, dass man sie nicht auch ins Lager gesteckt hatte wie unseren Vater. Als sie uns bei Onkel Jin besuchte, flehten wir sie an, uns in unserem eigenen Haus wohnen zu lassen, bis sie aus Pjöngjang zurückkehrte, wo sie erneut versuchen wollte, meinem Vater zu helfen. Mein Onkel und meine Tante waren nicht nett zu uns. Sie kommandierten uns wie Dienstboten herum und gaben uns das Gefühl, derart unwillkommen zu sein, dass wir Angst hatten, was passieren könnte, wenn unsere Mutter nicht da war. Wir überzeugten sie, dass wir zu Hause besser aufgehoben wären. Außerdem hätten wir inzwischen gelernt, für uns selbst zu sorgen. Widerwillig stimmte sie zu.

Mir kommen jetzt noch jedes Mal die Tränen, wenn ich daran denke, wie meine Mutter wieder wegging. Sie trug eine beigefarbene Jacke, und ich weinte, hielt mich an ihr fest und wollte sie nicht loslassen. Es war so schwer ohne sie. Ich wollte wie andere Kinder leben, mit jemandem, der da war, wenn ich nach Hause kam, der mir sagte, dass das Abendessen fertig war oder dass es Zeit wurde aufzustehen. Ich vermisste sie sehr. Zuerst tat sie so, als wäre nichts dabei, dass sie wieder wegging, doch dann weinte auch sie.

»Bitte, Yeonmi-ya, sei ein braves Mädchen«, sagte sie. »Du musst nur vierzig Nächte allein schlafen, dann bin ich wieder da.«

Es hörte sich schrecklich lang an, und das war es auch. In den nächsten sieben Monaten würde meine Mutter immer wieder kommen und gehen. Oft war sie mehrere Wochen am Stück weg. Sie verdiente Geld damit, Uhren, Kleidung und gebrauchte Fernsehgeräte zu kaufen und zu verkaufen – all die Dinge, für die die Regierung einen nicht allzu hart bestrafte, wenn man erwischt wurde. Doch sie brauchte viel Zeit, um ihre Ware an den Mann zu bringen. Sie konnte meinen Vater nur noch ein einziges Mal sehen, und keiner von beiden wusste, wie lange er im Lager bleiben würde. Manchmal, wenn sie nach Hyesan kam, hatte sie nichts zu essen dabei, das sie uns hätte geben können. Als wir noch kleiner waren, hätten meine Schwester und ich uns beklagt, doch das war vorbei. Jetzt war es nur wichtig, dass sie da war und wir wenigstens eine Zeitlang zusammen sein konnten.

Mittlerweile hatten meine Schwester und ich die Schule verlassen müssen. Eigentlich ist der Unterricht in Nordkorea unentgeltlich, aber die Schüler müssen für ihr Essen und ihre Uniformen selbst aufkommen; außerdem erwartet die Schule, dass man kleine Essensgaben und andere Geschenke für die Lehrer mitbringt. Wir hatten kein Geld mehr für diese Ausgaben, deshalb kümmerte es auch niemanden, ob wir zum Unterricht kamen oder nicht. Außerdem waren Eunmi und ich viel zu sehr damit beschäftigt, uns irgendwie über Wasser zu halten.

Um unsere Wäsche und unser Geschirr zu waschen, mussten wir hinunter zum Fluss gehen und das Eis aufhacken. Etwa jeden zweiten Tag musste eine von uns sich in der Schlange anstellen, um Wasser zum Kochen und Trinken zu holen. Die Vorräte, die unsere Mutter uns daließ, reichten nicht sehr lange, sodass wir hungerten und immer dünner wurden.

Wie sie vorausgesagt hatte, begannen die Kinder im Viertel, sich über uns lustig zu machen, weil unsere Familie kriminell war. Alle sagten, mein Vater hätte unsere glänzende Zukunft zerstört und uns in eine hoffnungslose Lage gebracht. Wir ignorierten die Leute erhobenen Hauptes. Aber insgeheim wussten wir, dass sie recht hatten. Als mein Vater ins Straflager kam und dann auch aus der Arbeiterpartei ausgeschlossen wurde, war unser Schicksal besiegelt. Es gab wenig Hoffnung, dass wir je wieder eine glückliche Familie sein würden.

Nach diesem langen Winter des Hungers im Jahr 2002/2003 bekam ich einen schmerzhaften Hautausschlag im Gesicht. Sobald ich an die Sonne kam, riss die Haut auf und blutete. Die meiste Zeit über war mir schwindelig und übel. Vielen Kindern ging es so, und später erfuhren wir, dass wir alle an Pellagra litten, ausgelöst durch einen Mangel an Niacin (Vitamin B3) und anderen Mineralien. Eine Mangelernährung aus hauptsächlich Mais ohne Fleisch fördert diese Krankheit, die einen innerhalb von wenigen Jahren umbringen kann, wenn man sich nicht besser ernährt.

Nach meiner Flucht nach Südkorea hörte ich erstaunt, dass in anderen Teilen der Welt Blüten und grüne Triebe Leben und Erneuerung symbolisieren. In Nordkorea ist der Frühling die Jahreszeit des Todes. Er ist die Jahreszeit, in der unsere Lebensmittelläden leer sind. Die Bauernhöfe produzieren noch nichts, weil man gerade erst neu aussät. Im Frühling sterben die meisten Menschen an Unterernährung. Meine Schwester und ich hörten oft, wie die Erwachsenen, die tote Menschen auf den Straßen gesehen hatten, mit der Zunge schnalzten und sagten: »Schade, dass sie es nicht mehr bis zum Sommer geschafft haben.«

Wenn ich heute im April oder Mai in die Vereinigten Staaten oder nach England reise, genieße ich den Luxus, mich an der Natur und der Schönheit der Frühlingsblumen erfreuen zu können. Aber ich erinnere mich auch an die Zeiten, als ich die zartgrünen Hügel verfluchte und mir wünschte, die Blumen bestünden aus Brotteig oder Süßigkeiten.

Das einzig Gute am Frühling war, dass wir nicht mehr so viel Brennholz brauchten und zu den Hügeln rings um die Stadt gehen konnten, wo wir uns den Bauch mit Käfern und wilden Pflanzen vollschlugen, damit der Hunger nicht mehr so schlimm war. Manche Pflanzen schmeckten sogar gut, zum Beispiel der wilde Klee. Eunmis Lieblingspflanze hieß »Katzenpflanze« und hatte weiche grüne Blätter. Wir kauten auch bestimmte Wurzeln, ohne sie herunterzuschlucken, nur um das Gefühl zu haben, auf irgendetwas zu beißen. Einmal jedoch kauten wir eine Wurzel, nach der unsere Zungen derart anschwollen, dass wir anschließend stundenlang nicht sprechen konnten. Seitdem waren wir vorsichtiger.

Viele Kinder jagen gerne Libellen. Wenn ich welche fing, aß ich sie auf.

Die Jungs in unserer Nachbarschaft hatten Feuerzeuge aus Plastik und brachten mir bei, wie man Libellen über einer offenen Flamme röstete. Sie dufteten nach gegrilltem Fleisch und schmeckten köstlich. Später im Sommer rösteten wir Grashüpfer, eine echte Delikatesse. Meine Schwester und ich verbrachten manchmal den ganzen Tag auf den Feldern und versuchten, so viel wie möglich zu essen, ehe wir in unser stilles dunkles Haus zurückkehrten.

Ende August 2003 kehrte meine Mutter nach Hyesan zurück und sagte, wir sollten das Nötigste packen. Ihre Verhöre wären abgeschlossen, und sie könnte uns nicht noch einmal einen ganzen Winter allein lassen. Dann verkaufte sie unser Haus, damit wir genügend Geld hatten, um in ihre Heimatstadt Kowon zu ziehen. Doch in Nordkorea Eigentum zu kaufen oder zu verkaufen war gar nicht so einfach, weil alles dem Staat gehörte. Da es gegen das Gesetz verstieß, wurde der Verkauf unseres Hauses nie registriert, man musste folglich keine Verträge unterzeichnen oder Grundbucheintragungen vornehmen. Meine Mutter und der Käufer besiegelten den Handel mit einer mündlichen Abmachung und hofften, dass niemand sie anzeigte.

So verließen wir die einzige Heimat, die wir jemals gehabt hatten.

KAPITEL 8

Ein Lied für Choson

Meine Mutter brachte uns zu ihrem Bruder Min-sik, dem alten Freund meines Vaters, der mit seiner Frau und seinen zwei Söhnen im Haus der Familie wohnte, das nun ihm gehörte. Min-sik arbeitete bei einem Transportkollektiv, das Waren für Fabriken ausfuhr. Doch in Nordkorea konnte niemand allein von seinem Gehalt leben. 2002 betrug das durchschnittliche Einkommen etwa 2400 Won im Monat, das entsprach dem inoffiziellen Wechselkurs zufolge etwa zwei Dollar. Dafür bekam man nicht einmal zehn Pfund billiges Getreide, und alles wurde obendrein ständig teurer. Mein Onkel konnte es sich wirklich nicht leisten, zwei weitere Mäuler zu stopfen.

Doch meine Mutter hatte Geld vom Verkauf des Hauses, damit mietete sie auf dem Markt eine Bude für Min-siks Frau, um die Familie zu unterstützen. Die Regierung regulierte mittlerweile die *jangmadangs* und berechnete für einen Stand in den überdachten Märkten Gebühren. Gleichzeitig nahm sie für die besten Plätze Schmiergelder an. Die Frau meines Onkels eröffnete ein Geschäft für Fisch und Reiskuchen, das allerdings nicht viel einbrachte. Meine Mutter übergab das Geld, das sie noch übrig hatte, meinem Onkel, doch der hatte es bald ausgegeben.

Kurz nach unserer Ankunft in Kowon besuchte die große Schwester meiner Mutter, Min-hee, ihren Bruder. Sie hatte ein schlechtes Gewissen, als sie sah, wie wir ums Überleben kämpften, und nahm mich mit, als sie zu ihrem Dorf Songnam-ri zurückkehrte. Ihr Mann war ein pensionierter Staatsbeamter, die Kinder waren erwachsen, daher stellte ich keine allzu große Last für sie dar.

Das Haus meiner Tante war im traditionellen Stil gebaut mit einem Strohdach und Holzgebälk. Vor dem Haus gab es einen Hof mit sauber gefegtem Lehmboden, einem runden Ziegelschornstein und einer Feuerstelle zum Kochen unter freiem Himmel. Tante Min-hee und ihr Mann waren sehr lieb zu mir, aber ohne meine Schwester und meine Mutter fühlte ich mich anfangs einsam und weinte viel. Es dauerte lange, bis ich mich an das Leben auf dem Land gewöhnt hatte.

Im Dorf gab es nur selten Strom, daher verließ sich niemand darauf. Hier lebte man wie früher, als es noch gar keine Technologie gegeben hatte. Nachts gaben wir uns mit dem Schein des Mondes und der Sterne zufrieden. Viele Frauen trugen im Alltag ihre traditionellen Röcke. Um uns herum waren nur Berge, deren Quellen so klar und sauber waren, dass man das Wasser mit den Händen schöpfen konnte, um zu trinken. Das modernste Verkehrsmittel war der Ochsenkarren.

Nur wenige Häuser in Songnam-ri verfügten über eine Uhr; so standen wir auf, wenn der Hahn krähte. Meistens war er zuverlässig, aber nicht immer, und es kam vor, dass der Zeitplan der Leute völlig durcheinandergeriet, wenn der Hahn nicht krähte. Meine Tante hatte viele Hühner, und ich bekam die Aufgabe zu beobachten, wo sie ihre Eier legten, und dafür zu sorgen, dass die anderen Küken sie nicht fraßen oder sie gestohlen wurden.

Außerdem musste ich das Geschirr spülen und Brennholz aus dem Wald holen, aber das machte mir nichts aus. Inzwischen war ich nicht mehr so entkräftet vom Hungern. Tatsächlich hatte ich so lange gehungert, dass ich nie wirklich satt wurde. Ich war wie ein kleiner Vogel, sobald ich die Augen aufschlug, sperrte ich den Schnabel auf, und mit den Augen schloss auch er sich wieder. Meine Tante kochte einfache, schmackhafte Mahlzeiten aus Mais, Kartoffeln und Paprika, die in ihrem Garten wuchsen. Sie pflanzte Süßkartoffeln an, die sie auf dem Markt verkaufte, aber die Blätter behielten wir, um sie selbst zu essen. Sie waren sehr nahrhaft. Die Schweine bekamen unsere Abfälle zu fressen. Zu dem Haus gehörte auch ein Weinberg, und ich probierte zum ersten Mal im Leben Trauben. Sie schmeckten himmlisch.

Ich erholte mich sehr schnell, nahm zu und fing sogar wieder an zu wachsen. Heute bin ich immer noch nicht besonders groß, aber bestimmt wäre ich viel größer, wenn ich genug zu essen gehabt und nicht so viele Wassereimer auf dem Kopf hätte tragen müssen.

Die erwachsene Tochter meiner Tante war Ärztin und hatte ihre Ausbildung in der medizinischen Fakultät von Hamhung absolviert. Als ich bei meiner Tante lebte, arbeitete meine Kusine am Krankenhaus von Songnam-ri als Gynäkologin. Außerdem war sie einem örtlichen Polizisten versprochen. Ich mochte ihn, weil er Videos nach Hause brachte, die die Polizei beschlagnahmt hatte und die wir uns dann alle zusammen ansahen.

Obwohl meine Kusine kranke Menschen heilen sollte, wurden weder sie noch die anderen Ärzte von der Regierung mit Medikamenten beliefert. In den Städten können Patienten manchmal ihre eigenen Medikamente auf dem Schwarzmarkt kaufen, doch auf dem Land ist das nicht immer möglich. In Songnam-ri war der nächste *jangmadang* mehr als achtzig Kilometer entfernt, und es führte auch keine direkte Straße dorthin. Man musste erst einen Berg und dann einen Fluss und einen Bach überqueren – nicht einmal mit einem Ochsenkarren war das möglich. Daher waren viele Menschen in Notsituationen hilflos. Die Regierung ermutigte sie, gemäß der *juche*-Politik genügsam zu sein und sparsam mit Ressourcen umzugehen. Das galt auch für Ärzte, daher stellten sie ihre traditionellen Medikamente her, um überhaupt welche zu haben. Meine Kusine nahm mich oft mit in den Wald, um nach Pflanzen, Baumrinde und Nüssen zu suchen, die sie für unterschiedliche Behandlungszwecke benutzte. Ich folgte ihr wie ein glücklicher kleiner Hund und lernte, was nützlich, was essbar und was giftig war.

Die Ärzte in Songnam-ri mussten gleichzeitig Bauern sein. Sie pflanzten Heilkräuter und auch Baumwolle an, um daraus Verbandszeug herzustellen. Doch es mangelte an allem. Nicht einmal in den Großstädten stehen solche Artikel unbegrenzt zur Verfügung. Verbände werden gewaschen und erneut verwendet. Die Krankenschwestern gehen von Zimmer zu Zimmer und benutzen für alle Patienten dieselbe Spritze. Sie wissen, dass es gefährlich ist, aber sie haben keine Wahl. Als ich nach Südkorea kam, staunte ich, dass die Ärzte die Gegenstände, die sie bei mir benutzt hatten, anschließend einfach wegwarfen.

Auch als ich schon in Südkorea lebte, empfand ich immer eine seltsame Nostalgie für das einfache Leben, das ich in Songnam-ri geführt hatte. Ich weiß nicht, wie ich es anders erklären soll, aber all die neuen Erfahrungen dort kamen mir unendlich vertraut vor. Oben in den Bergen, umgeben von der Natur, fühlte ich mich meinem wirklichen Ich näher als jemals zuvor. Irgendwie war es so, als lebte ich im alten Choson, dem längst vergangenen Königreich Koreas, von dem mir meine kleine Großmutter in Kowon erzählt hatte. Ich glaube, auch sie sehnte sich nach einem Ort, den keiner von uns gekannt hatte und der nur in alten Liedern und in unseren Träumen existierte.

Das Jahr, das ich auf dem Land verbrachte, bot mir eine sichere Zuflucht, in der ich mich ausruhen und erholen konnte. Doch es war mir nicht bestimmt, für immer dort zu bleiben. Anfang 2004 besuchte uns meine Mutter mit einer schrecklichen

Nachricht. Mein Vater war in einem Geheimverfahren zu siebzehn Jahren Zwangsarbeit in einem Gefängnis für Schwerverbrecher verurteilt worden. Später erfuhren wir, dass es nur zehn Jahre waren. Es spielte keine Rolle, denn so eine lange Zeit in einem Straflager überlebte kaum jemand, das wusste jeder. Die Regierung wollte, dass wir solche Lager fürchteten. Es gibt Orte, an denen man nicht einmal als menschliches Wesen angesehen wird. Die Gefangenen in diesen Lagern werden behandelt wie Tiere und dürfen den Wärtern nicht einmal in die Augen sehen. Normalerweise dürfen sie keinen Besuch von Familienmitgliedern erhalten, ja nicht einmal Briefe schreiben. Sie verbringen die Tage mit Knochenarbeit und bekommen nur dünnen Haferbrei zu essen, sodass sie ständig halb verhungert und erschöpft sind. Nachts liegen sie wie die Sardinen in engen Zellen. Die wenigsten leben lange genug, um ihre Strafe abzusitzen.

Mir gefror das Blut in den Adern, als mir bewusst wurde, dass ich meinen Vater wahrscheinlich niemals wiedersehen würde. Und selbst wenn er überleben sollte, wäre ich eine erwachsene Frau, wenn er das Straflager verließ. Würden wir uns überhaupt noch wiedererkennen?

Meine Mutter wollte, dass wir wieder zusammenlebten, deshalb nahm sie mich mit nach Kowon zurück und überredete ihren Bruder, uns drei bei sich wohnen zu lassen. Sie würde genug verdienen, um uns zu ernähren.

Meine Mutter, Eunmi und ich zogen in ein kleines Zimmer neben dem Haupthaus. Es hatte ein winziges Bett mit einem Drahtgestell. Wir legten Bretter darauf, doch das machte es hart, und außerdem war es immer noch wackelig. Deshalb entsorgten wir es und schliefen wieder auf dem Boden. Vor der Tür befand sich eine winzige Küche im Freien unter einem kleinen Dach, von dem bei Regen Wasser in die Töpfe tropfte. Später zogen mein Onkel und seine Freunde noch eine Mauer hoch, sodass das Feuer nicht mehr ständig ausging. Dort verbrachten wir die nächsten beiden Jahre.

Kowon war viel kleiner als Hyesan, und die Menschen waren viel freundlicher. Es schien auch nicht so viele Diebe zu geben. Nachdem die Wirtschaft zusammengebrochen war, hatte Hyesan eine hohe Kriminalitätsrate, und wir mussten unser Hab und Gut stets im Haus einschließen. Wir trockneten sogar die Wäsche im Haus, denn was man draußen auf der Leine hängen ließ, wurde gestohlen. Die Menschen nahmen alles mit, sogar die Hunde. In Nordkorea halten Menschen sich aus zweierlei Gründen Hunde. Einmal zur Sicherheit und dann als Futter. Wie in vielen Orten Asiens galt dort, wo ich aufwuchs, Hundefleisch als Delikatesse, doch ich mochte Hunde zu sehr, als dass ich sie hätte essen können. Unsere Hunde mussten wir tagsüber vor dem Haus anketten und in der Nacht ins Haus bringen, ansonsten hätte man sie uns gestohlen, um sie zu verkaufen oder in den Kochtopf zu stecken.

Kowon war etwas sicherer, obwohl auch dort die Menschen furchtbar arm waren. Der wesentliche Unterschied war, dass alle immer noch alles miteinander teilten, so wie in alten Zeiten. In Hyesan backten wir Reiskuchen und aßen sie heimlich oder teilten sie nur mit unseren nächsten Nachbarn. Wenn man in Kowon Reiskuchen hatte, kamen alle Nachbarn vorbei, und für einen selbst blieb nichts übrig. Anders ging es nicht.

Meine Tante in Kowon war dem Regime gegenüber sehr loyal und Vorsteherin ihres *inminbans*. Die Versammlungen fanden einmal in der Woche statt, so wusste das Regime über jeden Bescheid und konnte neue Anweisungen unter die Leute bringen. Samstags trafen wir uns dann, um uns Propagandareden anzuhören und Selbstkritik zu üben. Diese Versammlungen wurden von Studenten und Arbeitskollektiven organisiert; die Studenten erstatteten anschließend Bericht in ihren Klassenzimmern und die Arbeiter in ihren Betrieben.

Es begann damit, dass wir Zitate von Kim Il-sung oder Kim Jong-il abschrieben, so wie andere Menschen auf der Welt Bibelverse oder Passagen aus dem Koran. Dann mussten wir alles notieren, was wir in der letzten Woche getan hatten. Anschließend stellten wir uns vor die Gruppe und übten Selbstkritik. Eine typische Sitzung konnte etwa so anfangen: »In dieser Woche war ich zu verwöhnt und nicht dankbar genug für die ewige und bedingungslose Liebe des gütigen Geliebten Führers.« Ich setzte dann beispielsweise noch hinzu, dass ich mich nicht genügend angestrengt hatte, um die Mission zu erfüllen, die uns die Partei auferlegt hatte, oder nicht konzentriert genug gelernt oder meine Genossen nicht genug geliebt hatte. Letzteres war überaus wichtig, denn wir alle waren Genossen im Kampf gegen die amerikanischen Imperialistenschweine oder »verrückten westlichen Wölfe«. Dann schloss ich: »Aber unser Geliebter Führer hat mir vergeben, weil er so ein gütiger und großzügiger Mensch ist. Ich danke ihm und gelobe, mich zu bessern.«

Wenn wir unsere öffentliche Beichte beendet hatten, war es Zeit, andere zu kritisieren. Ich sprang als Erste auf und meldete mich freiwillig. Ich war wirklich gut darin. Für gewöhnlich suchte ich mir Klassenkameraden aus, die dann aufstehen und aufmerksam zuhören mussten, während ich ihre Verfehlungen auflistete: Er hat sich nicht an das gehalten, was unser Geliebter Führer uns beigebracht hat. Oder: Sie hat nicht an der Gruppenaufgabe teilgenommen. Wenn ich fertig war, mussten sich meine Opfer bei mir bedanken und geloben, dass sie sich bessern würden. Schließlich kam ich selber dran. Das hasste ich natürlich, ließ es mir aber niemals anmerken.

Die Sitzungen in Selbstkritik in Hyesan konnten heftig sein, aber die in Kowon waren grausam. In diesem isolierten, patriotischen Landesteil glaubten die Menschen aufrichtig daran, dass sie Revolutionäre waren. Ihre Liebe zu dem Regime war nicht von zahllosen Einflüssen von außen korrumpiert worden. Und die Behörden schienen fest entschlossen zu sein, es so lange wie möglich dabei zu belassen.

Ich war nun fast zehn Jahre alt, und meine Mutter meldete mich für die Mittelstufe an, obwohl ich die letzten zwei Jahre Grundschule verpasst hatte. Ich fand den Unterricht verwirrend. Außerdem war die Schule in Kowon viel strenger als die, die ich in Hyesan besucht hatte. Hier durften Kinder nichts allein unternehmen. Wenn wir Schüler morgens unsere Kollektivarbeit beendet und die Straßen gefegt oder die Denkmäler blankgeputzt hatten, mussten wir uns in einer Reihe aufstellen und zum Unterricht marschieren. Dabei schwangen wir die Arme im Takt zu fröhlichen Liedern wie »Wie schön ist unser sozialistisches Land!« oder »Wir sind die neue Generation!« Genauso machten wir es nach dem Unterricht auf dem Weg nach Hause.

In Nordkorea müssen Schüler viel mehr leisten als nur lernen. Sie sind Teil des unbezahlten Arbeitsheeres, welches das Land vor dem totalen Zusammenbruch bewahrt. Ich musste immer Arbeitskleidung mit in die Schule nehmen, für die Zeit nach dem Unterricht, wenn sie uns abkommandierten, um irgendwo mitanzupacken. Im Frühjahr halfen wir in den kollektiven Betrieben, die Saat auszubringen. Wir mussten auf den Äckern Steine einsammeln, Mais pflanzen und Wasser holen. Im Juni und Juli jäteten wir Unkraut, und im Herbst wurden wir auf die Felder geschickt, um Reis, Mais oder Bohnen aufzulesen, die von den Erntearbeitern übersehen worden waren. Unsere kleinen Finger eigneten sich gut dafür. Ich hasste diese Art von

Arbeit. Man schärfte uns ein, dass wir kein einziges Reiskorn verschwenden dürften, solange andere Menschen hungerten.

Ich war nur froh, wenn wir auf den Feldern ein Mauseloch fanden, weil Mäuse dieselbe Arbeit verrichteten wie wir. Man konnte die Löcher aufbuddeln und mehrere Pfund Reis- oder Maiskörner finden, die sie für den Winter dort vergraben hatten. Wenn wir Glück hatten, fingen wir die Mäuse. Doch alle Reiskörner, die wir auftrieben, gehörten der Schule, nicht uns. Am Ende des Tages sammelten die Lehrer alles ein, was wir gefunden hatten. Wir durften nichts behalten, deshalb stellten sie uns in einer Reihe auf und sagten: »Leert eure Taschen!« Wir lernten, unsere Arbeitsklamotten über den Schuluniformen zu tragen, damit wir ein paar Körner in den Taschen der untersten Schicht verstecken und zum Essen mit nach Hause schmuggeln konnten.

Ein großes Problem stellte der Mangel an Düngemitteln dar. Als die Wirtschaft der Sowjetunion in den 1990er-Jahren zusammenbrach, stellte sie ihre Düngemittellieferungen ein, und unsere eigenen Fabriken produzierten nichts mehr. Was von anderen Ländern gespendet wurde, konnte nicht zu den bäuerlichen Betrieben gebracht werden, weil das Transportsystem ebenfalls zusammengebrochen war. Das führte zu Ernteausfällen und machte die Hungersnot noch schlimmer. Deswegen ließ sich die Regierung eine Kampagne einfallen, um dem Mangel an Düngemitteln entgegenzuwirken, und griff auf eine lokale Ressource zurück: menschliche Fäkalien sowie den Kot der Tiere. Alle Arbeiter und Kinder mussten bestimmte Quoten erfüllen. Man kann sich vorstellen, welche Probleme das für unsere Familien bedeutete. Jedes Familienmitglied musste ein tägliches Soll erfüllen, und wenn wir morgens aufstanden, war es wie im Krieg. Meine Tanten waren am schlimmsten.

»Mach bloß nicht in der Schule!« erklärte mir meine Tante jeden Morgen. »Warte, bis du nach Hause kommst!«

Und wenn die andere Tante Songnam-ri verließ und irgendwo zur Toilette musste, jammerte sie, dass sie keine Plastiktüte dabeihätte, um ihre Notdurft zu sammeln. »Nächstes Mal denke ich ganz bestimmt daran!«, sagte sie dann. Zum Glück tat sie es nie.

Am dringendsten war das Sammeln menschlicher Fäkalien im Januar, damit sie für die Aussaat bereit waren. Unsere Toiletten in Nordkorea lagen gewöhnlich weitab von den Häusern, man musste also aufpassen, dass einem die Nachbarn nachts nicht die Fäkalien stahlen. Manche Familien verschlossen ihre Toiletten, um Diebe fernzuhalten. In der Schule schickten uns die Lehrer auf die Straße, um Hundekot zu sammeln und in die Klassenräume zu bringen. Wenn wir sahen, wie ein Hund auf der Straße sein Geschäft verrichtete, war es, als hätten wir das große Los gezogen. Mein Onkel in Kowon hatte einen großen Hund, der große Haufen machte – und die ganze Familie balgte sich darum. So etwas sieht man im Westen nicht.

In Kowon nahm meine Mutter alle möglichen Jobs an. Sie machte Gesichtsmassagen oder tätowierte Frauen die Augenbrauen. Sie handelte mit Videokassetten und Fernsehgeräten auf dem Schwarzmarkt. Trotzdem reichte es nicht, um Reis für uns alle zu kaufen. Wieder mussten meine Schwester und ich auf die Felder gehen und nach wilden Pflanzen und Insekten suchen, um unsere Mägen zu füllen. Ich liebte besonders die süßen weißen Blüten der Robinien, die wild in den Bergen wuchsen. Aber am besten war es, wenn man Grashüpfer fand. Meine Reflexe waren mit der Zeit besser geworden, inzwischen war ich wirklich gut darin, sie zu fangen. Meine Mutter röstete sie als Delikatesse.

Doch die meisten wilden Pflanzen waren für Menschen ungeeignet. Sie taugten nur, um uns satt zu machen. Wenn ich in die Berge ging, sammelte ich jede Menge unterschiedlicher

Blätter – manche behielt ich für mich, und manche gab ich den Kaninchen, die wir zu Hause züchteten. Sie waren meine guten Freunde, also teilten wir uns das Essen. Noch heute weiß ich beim Spazierengehen, welche Pflanzen Kaninchen am liebsten mögen. Und bis heute mag ich keinen Salat, weil er mich an die schlimmen Zeiten erinnert.

Als ich in Kowon lebte, züchtete ich Kaninchen und gab ihnen Namen wie »Rotauge«, »Blackie« oder »Goldie«. Aber sie konnten keine richtigen Haustiere sein, denn wenn ihre Zeit gekommen war, schlachteten wir sie, zogen ihnen das Fell ab und aßen sie auf. Meistens war es das einzige Fleisch, das wir hatten. Die Felle waren sehr wertvoll. In allen nordkoreanischen Schulen werden Kaninchenfelle gesammelt, um Wintermäntel für die Soldaten herzustellen. Jeder Schüler musste fünf Kaninchenfelle pro Halbjahr abliefern. Aber Kaninchenfelle zu gerben ist schwer, und das Militär hatte hohe Ansprüche, deshalb nahm die Schule die schlechten gar nicht erst an. Die einzige Möglichkeit sicherzustellen, dass man sein Soll erfüllen konnte, bestand darin, in den *jangmadangs* professionell gegerbte Felle zu kaufen. Natürlich gaben die Schulleiter nicht alle Felle an das Militär weiter – manche behielten sie für sich und verkauften sie weiter. Ich weiß es, weil meine Mutter auch mit Kaninchenfellen handelte. Tatsächlich kaufte sie manchmal der Schule Felle wieder ab. Die hatte sie zuvor an Eltern von Schulkindern verkauft, die ihr Soll erfüllen mussten.

Meine Mutter profitierte von diesem absurden System, alle anderen hassten es.

Als ich elf wurde, trat ich in die Fußstapfen meines Vaters. Meine Mutter lieh mir ein bisschen Startkapital, um mein eigenes Geschäft aufzubauen. Ich kaufte mit dem Geld Reiswodka, um den Wärter einer staatlichen Obstplantage zu bestechen, die

Kakifrüchte anbaute. Er ließ meine Schwester und mich hinein, wir füllten einen großen Blecheimer und brachten sie in das mehrere Kilometer entfernte Kowon, wo ich sie auf dem *jangmadang* verkaufte.

»Kakis, leckere Kakis!«, rief ich den Kunden zu, die vorbeikamen. »Kauft sie bei mir!« Am Ende des Tages hatte ich genügend Geld verdient, um meiner Mutter ihr Geld zurückzuzahlen, Süßigkeiten und eine neue Flasche Reiswodka zu kaufen, mit der ich den Wärter in der Plantage bestechen würde. Meine Schwester und ich pflückten weiter Früchte, bis meine Mutter eines Tages dem Geschäft ein Ende machte. Unsere Schuhsohlen nutzten sich auf dem langen Weg zur Obstplantage und zurück zu schnell ab, und sie konnte es sich nicht leisten, uns neue Schuhe zu kaufen.

Trotzdem lernte ich in meiner kurzen Zeit als Unternehmerin etwas sehr Wichtiges. Wenn man anfängt, selbständig zu handeln, beginnt man auch, selbständig zu denken. Ehe das öffentliche Verteilungssystem zusammenbrach, entschied allein die Regierung darüber, wer überleben und wer verhungern würde. Dann aber entzogen die Märkte der Regierung die Kontrolle. Meine kleinen Transaktionen führten mir vor Augen, dass ich mein Schicksal selbst in die Hand nehmen konnte. Und das schenkte mir einen winzig kleinen Vorgeschmack auf die Freiheit.

KAPITEL 9

Die Generation *jangmadang*

Im Herbst 2005 musste meine Mutter untertauchen: Die Polizei von Kowon suchte nach ihr.

In Nordkorea kann man sich nicht aussuchen, wo man lebt. Die Regierung muss dem Bewohner die Erlaubnis erteilen, sich außerhalb seines zugewiesenen Distrikts niederzulassen, und die Behörden machen es einem nicht leicht. Die einzigen guten Gründe sind eine Arbeit an einem anderen Ort, Heirat oder Scheidung. Obwohl meine Mutter in dem Haus geboren und aufgewachsen war, das nun ihrem Bruder Min-sik gehörte, lautete ihr offizieller Wohnort noch immer Hyesan. Illegal den Wohnort zu wechseln hat für Kinder keine allzu große Bedeutung, aber für einen Erwachsenen wie meine Mutter war es ein riesiges Problem.

Lange Zeit war es ihr gelungen, sich von Schwierigkeiten fernzuhalten; da mein Onkel Parteimitglied war und seine Frau Vorsteherin ihres *inminban*, hatten beide gute Verbindungen zu den örtlichen Behörden. Einmal kamen Polizisten ins Haus und forderten meine Mutter auf, sie solle aufs Revier kommen – ein deutlicher Hinweis dafür, dass sie Bestechungsgeld wollten, damit sie ihre Lage nicht weiter zur Kenntnis nähmen. Da aber meine Mutter sehr beschäftigt war, beachtete sie diese Signale nicht genügend. Geduldig wartete die Polizei eine Zeitlang, bis sie schließlich entschied, meine Mutter müsse zur Strafe in ein Umerziehungslager. Als sie erfuhr, dass die Polizei nach ihr suchte, flüchtete sie sich zu Freunden. Und darum war sie an jenem sonnigen Nachmittag, als mein Vater plötzlich vor der Tür meines Onkels stand, nicht zu Hause.

Da Eunmi in der Schule war, hielt ich mich allein in unserem kleinen Zimmer auf, als ich den Hund laut bellen hörte. Dann hörte ich die Stimme eines Mannes, der mit meinem Onkel sprach. Mein Herz begann wild zu pochen, weil mir die Stimme vertraut war, aber noch wollte ich nicht glauben, dass es mein Vater war. Er war seit fast drei Jahren im Gefängnis, und ich hätte nie gedacht, ihn wiederzusehen. Dann rief mein Onkel: »Yeonmi-ya! Yeonmi-ya! Dein Vater ist hier!«

Ich rannte in das Haupthaus: Ein Fremder saß neben meinem Onkel.

»*Abuji*?«, flüsterte ich. »Vater?«

Seit langer Zeit hatte ich mir verboten, dieses Wort auszusprechen, und es kam mir nur schwer über die Lippen. Ich sah genauer hin, und tatsächlich, es war mein Vater; doch er war extrem ausgemergelt, und man hatte ihm im Arbeitslager den Kopf geschoren. Ich hatte immer geglaubt, er sei der größte Mann der Welt, mein Held, der alles schaffen könne. Aber nun sah er so winzig aus. Schlimmer noch, seine Stimme klang so angsterfüllt und leise, dass ich sie kaum wiedererkannte. Ich stand vor ihm, als er wie ein Blinder, der ein Buch liest, mein Gesicht und mein Haar berührte und fragte: »Ist das wirklich Yeonmi? Ist das wirklich Yeonmi?«

Er weinte nicht, er sah mich nur an. Ich war kein kleines Kind mehr. Ich war jetzt ein zwölfjähriges Mädchen, fast eine Jugendliche. »Bist das wirklich du, meine Tochter?«

Ich wollte mich in seine Arme stürzen und ihn drücken, aber ich lebte unter dem Dach meines Onkels und hatte Angst, ihm zu zeigen, wie glücklich ich war, meinen Vater wiederzusehen. Mein Onkel, der früher mit meinem Vater gut befreundet war, hasste ihn unterdessen und sagte oft schreckliche Dinge über ihn. Er warf ihm vor, verantwortungslos gehandelt zu haben und in Haft geraten zu sein, sodass andere sich nun um seine Frau und seine Kinder kümmern müssten. Es machte mich sehr traurig, dass die Leute, die meinem Vater viel Respekt entgegenbrachten, als er wohlhabend und mächtig war, ihn jetzt so schlecht behandelten. Nach einer Weile konnte ich mich nicht mehr zurückhalten, ich schlang die Arme um meinen Vater, drückte ihn fest an mich und wollte ihn nie wieder loslassen.

Nach seiner Verhaftung hatte ich aufgehört, mich wie ein Kind zu verhalten. Nun, da er wieder da war, kuschelte ich mich bei jeder Gelegenheit auf seinen Schoß. Und ich wollte, dass wir das Gleiche taten wie damals, als ich klein war. Früher hatte ich oft auf seinen Knien gesessen, und wir hatten Hoppe-hoppe-Reiter gespielt. Ich bat ihn sogar, mich auf seinen Füßen wie ein Flugzeug in die Luft zu stemmen. Mein armer Vater versuchte es, aber er ließ mich gleich wieder herunter mit den Worten: »Huch! Mein Kindchen ist wirklich groß geworden!« So hatte er mich als kleines Mädchen genannt. Ich musste weinen, als ich es ihn nun wieder sagen hörte.

Als Eunmi aus der Schule zurück war, ließen wir meiner Mutter die Nachricht zukommen, mein Vater sei aus dem Lager entlassen. Er erzählte uns, er sei schwer krank geworden und habe den Aufseher bestochen, damit er ihn herauslasse.

Wir waren entsetzt über den Zustand meines Vaters, als wir ihm halfen, sich umzuziehen. Er war ein Gerippe, und wegen der Mangelernährung hatte er am ganzen Körper offene Stellen. Meine Mutter bat mich, rasch Tofuwasser zu besorgen, um ihn darin zu baden, was die Wundheilung beschleunigen sollte. Er war so ausgehungert, dass er alles essen wollte, aber nach diesen langen Hungerjahren würde es sein Körper nicht vertragen. Daher musste sie auf ihn aufpassen und darauf achten, dass er sich jeweils nur ein wenig Reis in den Mund steckte, ansonsten würde ihm schlecht.

Als er kräftig genug war, um zu sprechen, erzählte er ihr, was geschehen war.

Der Aufseher wusste, dass er wegen eines schwerwiegenden Wirtschaftsverbrechens einsaß, und mein Vater machte ihn glauben, er hätte bei einer Frau in Hyesan sehr viel Geld versteckt. Würde der Aufseher meinen Vater wegen seiner Krankheit freilassen, bekäme er von ihm eine Million nordkoreanische Won. Das war eine enorm hohe Bestechungssumme, ausreichend, um sich ein schönes Haus zu kaufen. Der Aufseher war recht gierig, sodass er darauf einging, obwohl mein Vater nie die Absicht gehabt hatte, den Mann zu bezahlen, selbst wenn er das Geld gehabt hätte. Er war der Meinung, wenn er erst einmal aus dem Lager heraus sei, könnten sie ihn nicht plötzlich wieder einsperren, ohne als korrupt dazustehen. Möglich wäre allerdings, dass es nach einer Weile hieß, mein Vater habe sich ausreichend erholt und solle nun den Rest seiner Strafe absitzen. Doch darüber wollte er erst zu gegebener Zeit nachdenken.

Mein Vater überredete den Aufseher, ihn vorher noch einen Abstecher zu seiner Familie in Kowon machen zu lassen. Danach werde sein Bruder Jin in Hyesan dafür sorgen, dass er die richtige Behandlung für seine Bauchschmerzen bekomme, die immer schlimmer wurden. Der Aufseher schickte einen Lagerarzt mit ihm auf die Reise, der meinen Vater bis nach Hyesan begleiten sollte. Der wahre Grund war natürlich, das Geld zu kassieren. Doch daraus wurde nichts, denn es gab gar kein Geld, das er hätte kassieren können.

Nach einigen Tagen in Kowon reiste mein Vater weiter nach Hyesan. Wir sollten später nachkommen.

Unterdessen beschloss meine Mutter, sich der Polizei zu stellen; sie wurde zu einem Monat Umerziehung verurteilt, in einem sogenannten »Arbeitertrainingscorps« – ein anderer Begriff für ein mobiles Arbeitslager. Die Gefangenen schliefen gemeinsam in einem verlausten Raum und wurden tags hinausgeschickt, um Brücken zu bauen und an anderen schweren Bauprojekten zu arbeiten. In der Einheit meiner Mutter gab es nur wenige Frauen, aber die Wächter ließen sie ebenso hart arbeiten wie die Männer. War jemand zu langsam, zwang man zur Strafe die gesamte Gruppe, die ganze Nacht ohne eine Minute Schlaf um das Lager herumzurennen. Damit dies nicht geschehe, schlugen die Häftlinge gegenseitig aufeinander ein, wenn einer von ihnen nicht schnell genug mit der Arbeit vorankam. Die Wächter mussten gar nichts tun. Und das Arbeitstempo war so zermürbend, dass manche Gefangene nach wenigen Wochen im Lager dem Tode nahe waren. Als meine Mutter ihre Haft antrat, ging der Herbst dem Ende zu, und sie litt in einer dünnen Jacke und ohne Handschuhe schrecklich unter der Kälte.

Einige Baustellen waren weit entfernt, doch als meine Mutter einmal recht nah bei Kowon im Einsatz war, besuchten meine Schwester und ich sie. Wir standen um fünf Uhr in der Früh auf, um etwas für sie zu kochen, weil wir wussten, dass die Häftlinge nie genug zu essen bekamen. Ich bereitete einen kleinen Kürbis zu und vermischte ihn mit Reis und Maiskörnern, außerdem schnitt ich einen Rettich auf und würzte ihn mit Salz. Gesalzener Rettich ist das Kimchi der armen Leute; die Zutaten, die man für die würzige Sauce zu dem traditionellen Kohlgericht benötigt, konnten wir uns nicht leisten.

Noch im Dunkeln, um sechs Uhr morgens, brachen wir auf, doch wir verliefen uns. Auf unserem Weg wurden wir so hungrig, dass wir von dem mitgenommenen Essen probierten. Als wir schließlich an der Baustelle ankamen, hatten wir alles aufgegessen. Wir hatten ein schlechtes Gewissen, da wir unserer Mutter nun nichts mehr geben konnten, doch sie war überglücklich, uns zu sehen. Sie war eben unsere Mutter, und da sie sich mehr Sorgen um uns machte als um sich selbst, brachte sie uns etwas Wasser zum Trinken. Die Wächter gestatteten ihr nur wenige Minuten mit uns, deshalb besuchten wir sie so oft wie möglich und brachten ihr, wenn wir konnten, etwas zu essen mit.

Zum Glück musste meine Mutter nicht lange beim Arbeitertrainingscorps bleiben. Es gelang ihr, jemanden bei der Polizei zu bestechen, und so kam sie bereits nach sechzehn Tagen wieder frei. Nachdem sie kurz bei uns vorbeigeschaut hatte, fuhr sie mit dem Zug weiter zu meinem Vater. Sie wusste, dass die Polizei sie jagen würde, solange ihr offizieller Wohnort Hyesan war – und die einzige Möglichkeit, daran etwas zu ändern, war, sich von meinem Vater scheiden zu lassen. Obwohl sie sich noch liebten, kamen sie im Geheimen überein, dass eine Scheidung der einzige vernünftige Ausweg sei. Sollte er ins Straflager zurückkehren müssen, wäre Kowon der bessere Wohnort für die Familie, denn hier war es wärmer als in Hyesan und das Leben billiger. Sie handelten rasch, und schon im April 2006 wurde die Scheidung rechtsgültig.

In der Zwischenzeit stellte ein Freund meinem Vater eine Wohnung zur Verfügung – kostenlos, bis er ihm das Geld zurückzahlen könnte. Er schmiedete Pläne, mit Hilfe meiner Mutter seine Geschäfte wiederaufzunehmen. Zumindest vorübergehend wollte er, dass wir zu ihm nach Hyesan zogen. Im Mai bestieg ich allein den Zug nach Norden. Eunmi und meine Mutter kamen ein paar Monate später nach. Endlich waren wir wieder alle vereint.

Die Wohnung meines Vaters befand sich ganz oben in einem achtstöckigen Gebäude in dem Vorort Wiyeon, wenige Kilometer östlich unseres alten Hauses. Von hier konnte man auf den

Jalu und weiter bis nach China sehen. Die drei Räume teilten wir uns mit zwei anderen Familien. Da die Wände dünn waren, mussten wir sehr leise sprechen, wollten wir nicht von den anderen gehört werden. Weil es in dem Gebäude keinen Aufzug gab, mussten wir, um in die Wohnung zu gelangen, acht Stockwerke durch das dunkle Treppenhaus hinaufgehen – aus dem Grund sind in Nordkorea die Wohnungen in den unteren Stockwerken begehrter. Je weniger Geld man hat, desto höher wohnt man.

Die Bauchschmerzen meines Vaters wurden medizinisch behandelt, doch wieder einmal fand keiner der Ärzte die Ursache für seine Probleme. Er befand sich in einem großen Dilemma, denn er war einerseits zu krank, um zu arbeiten; andererseits würde man ihn beim ersten Anzeichen einer Besserung zurück ins Lager schicken. Derweil lebte er in einer Art Schwebezustand. Seinen Ausweis hatte man vernichtet, als er in Haft kam – man betrachtete ihn als Untermenschen, der darauf kein Anrecht mehr hatte. Da man sich aber ohne Ausweis nirgends hinbegeben darf, konnte er nicht mehr herumreisen und Schmuggelware erwerben. Im Übrigen musste er sich ständig bei der Polizei melden, die ihn scharf im Auge behielt. Also blieb er zu Hause und kümmerte sich um mich und meine Schwester, während meine Mutter die Geschäfte übernahm.

Derselbe Mann, der meinem Vater die Wohnung überließ, hatte die Absicht, Geld in ein neues Geschäft zu investieren, das ihm meine Mutter vorgeschlagen hatte. Sie und der Sohn dieses Mannes reisten an einen Ort in der Nähe von Songnam-ri, wo sie Silber erstanden, dann kamen sie zurück nach Hyesan und verkauften es an Schmuggler. Obwohl meine Eltern ein wenig an diesem Handel verdienten, waren wir noch immer sehr arm. Oft bestand unser Essen einzig aus schwarzen, gefrorenen Kartoffeln, was meinen Vater noch kränker machte.

Als wir von Hyesan fortgezogen waren, hatte ich die Stadt

sehr vermisst, und nun konnte ich es kaum erwarten, alle meine Freunde wiederzusehen. Yong-ja war – zumindest für eine Nordkoreanerin – sehr groß und stark geworden. Sie war schon immer ein kräftiges Mädchen gewesen, doch nun lernte sie Taekwondo, was sie noch robuster machte. In ihrer Gegenwart fühlte ich mich sicher, denn vieles in Hyesan hatte sich in den drei Jahren meiner Abwesenheit geändert. Wegen des legalen und illegalen Handels mit China machte die Stadt einen lebendigeren und wohlhabenderen Eindruck. Auch die jungen Leute sahen anders aus und verhielten sich ganz anders. Ältere Mädchen glätteten ihr welliges Haar mit einer Creme namens »Magic«, die über die Grenze geschmuggelt wurde. Manche färbten sich sogar die Haare und trugen Jeans, was offiziell verboten war. Jeans waren das Symbol für die amerikanische Dekadenz, und wurde man von Polizisten in einer erwischt, nahmen sie eine Schere und schnitten sie ab. Außerdem drohte die Verurteilung zu einem Tag Umerziehung oder zu einer Woche Extraarbeit. Doch das hielt die Teenager nicht davon ab, Neues auszuprobieren.

Yong-ja erklärte mir, alle Teenager würden sich nun »verabreden« – was nichts anderes bedeutete, als dass Mädchen und Jungen zusammen abhingen. Mir kam das äußerst merkwürdig vor. Selbst Kindergartenkinder gaben vor, feste Freunde und Freundinnen zu haben. Sie wies mich auch auf neue Regeln hin, die nun unter den Geschlechtern herrschten. Sollte zum Beispiel ein vorbeigehender Junge schnalzende oder gackernde Geräusche von sich geben, dürfe man sich nicht nach ihm umdrehen und ihn ansehen, es sei denn, man wolle was von ihm. Tue man es, lasse er einen nie mehr in Ruhe. Ich machte diesen Fehler einige wenige Male, weil mich diese neuen Umgangsformen sehr verwirrten. Tatsächlich fühlte ich mich wie ein Landei. Yong-ja lachte mich sogar wegen meines Kowon-Akzents aus, den ich in der Zwischenzeit angenommen hatte. Die Menschen im Landesinneren von Nordkorea sprechen sehr viel langsamer als die Bewohner der Grenzstädte zu China. Aus Kowon hier anzukommen war in etwa wie ein Südstaatler, der nach New York umzieht. Es dauerte eine Weile, bis ich mich wieder wie eine Einheimische anhörte.

Ich besuchte die Schule in Wiyeon und fand neue Freunde, die meisten waren etwas ältere Mädchen. Erneut hatte ich Stoff versäumt und fiel im Unterricht weit zurück. Als Eunmi aus Kowon eintraf, war sie fünfzehn Jahre alt und mit ihrer Schulbildung viel weiter. Rasch fand sie eigene Freunde, sodass wir nicht mehr so viel Zeit wie früher zusammen verbrachten. Auch sie verliebte sich, und zwar in einen Jungen, dessen Vater aus China stammte. Meine Mutter drängte sie, mit ihm zu brechen, weil er einen besonders niedrigen *songbun* hatte, der noch schlechter war als unserer. Eunmi fügte sich, aber zum ersten Mal gab es Auseinandersetzungen in unserer Familie.

Da meine neuen Freunde südkoreanische Seifenopern und internationale Musikvideos sahen, wussten sie alles über die neuesten Modetrends. Aber niemand hatte zu Hause einen Computer, und selbstverständlich gab es keinerlei Verbindung zum Internet, aus dem man illegal ausländische Medien hätte herunterladen können. Stattdessen wurden sie jede Nacht über den Fluss aus China geschmuggelt. Dünne DVDs hatten sperrige Kassetten abgelöst, sodass es leichter geworden war, viele davon ins Land zu bringen. Was vor wenigen Jahren als Rinnsal begann, war unterdessen zu einer Flut herangewachsen.

Einige meiner Freunde hatten dicke Vorhänge in ihren Zimmern, auf die man die DVDs projizieren konnte, bei ihnen schauten wir uns Filme an und tanzten zu den Soundtracks. Wir hörten auch Musikkassetten und CDs – alles, was wir nur irgendwie bekommen konnten. Meine Schwester und ich mochten insbesondere traurige Liebeslieder. Unser Lieblingssong handelte von zwei Menschen, die sich mit gekreuzten kleinen Fingern schwören, aufrichtig miteinander zu sein. Dann ist der eine plötzlich verschwunden. Jedes Mal mussten wir weinen.

Hätte es diese ausländischen DVDs und CDs nicht gegeben, hätten wir ausschließlich die Lieder gekannt, die man uns über Kim Il-sung und Kim Jong-il beigebracht hatte. Wir versuchten, sie umzudichten, um sie interessanter zu machen. Einer der älteren Jungen, die wir öfters trafen, spielte Gitarre, und wenn wir mit ihm zusammen sangen, ließen wir die Passagen über die Kims aus. Wann immer ich diese Lieder sang, fühlte ich mich freier. Ein Glück, dass man uns nicht erwischte. Aber wir waren jung und dachten nicht an die Zukunft.

Nordkoreaner meines Alters und jünger nennt man manchmal die Generation *jangmadang*, weil wir mit Märkten aufwuchsen und uns nicht an die Zeiten erinnern konnten, als der Staat noch alle Bedürfnisse seiner Bewohner erfüllte. Wir hatten nicht dieselbe blinde Treue zum Regime wie die Generation unserer Eltern. Doch obwohl die Marktwirtschaft und ausländische Medien unsere Abhängigkeit vom Staat verringerten, wäre ich nie auf die Idee gekommen, dass das Leben, das ich aus den ausländischen Filmen und Seifenopern kannte, für mich auch nur im Bereich des Möglichen sein könnte.

Allmählich wurde ich zum Teenager und interessierte mich für die Liebe. Meine Freundinnen und ich ließen unseren Fantasien über die Paare, die wir in den Filmen aus Südkorea sahen, freien Lauf; sie sahen sich tief in die Augen und sprachen mit weichem, schönem Akzent. Wir versuchten, sie nachzuahmen, und wenn Jungs sich mit uns verabredeten, baten wir sie, ebenso zu sprechen. Selbstverständlich war das »Ausgehen« in Nordkorea viel unschuldiger als in den harmlosesten Filmszenen. Ich kannte Liebesgeschichten nur aus Filmen, und ich hatte keine Ahnung, was Pretty Woman tat, wenn die Kamera nicht hinsah. Wir waren noch vollkommen unschuldig. Alles, was mich an *Pretty Woman* interessierte, waren die wunderschönen Kleider, die Yong-ja und ich versuchten, für unsere Papierpuppen nachzukreieren.

Es ist mir so peinlich, gestehen zu müssen, dass ich nicht wusste, dass Küssen etwas mit Liebesgefühlen zu tun hat. Meine Eltern küssten mich als Kind so oft, dass ich dachte, jeder tue es, um seine Zuneigung zu zeigen. So etwas wie Sexualaufklärung gibt es in Nordkorea nicht. Vielleicht sprachen Mütter oder Ärzte mit einem Mädchen vor ihrer Hochzeit über Sex; ich aber hatte noch nie etwas davon gehört. Als Kind hatte ich meine Mutter viele Male gefragt, wie ich auf die Welt gekommen bin, doch sie meinte immer nur, das würde ich schon herausfinden, wenn ich groß sei. Ich glaube, die Jungs waren ebenso unbedarft wie wir Mädchen.

In Hyesan war es noch immer eine Seltenheit, ein Festnetztelefon zu haben, und nur die Reichsten besaßen ein Handy. Die einzige Möglichkeit für einen Jungen, sich mit einem Mädchen, das ihm gefiel, zu verabreden, war zu ihr zu gehen. Natürlich waren die Eltern dagegen. Sie gehörten einer Generation an, die Verabredungen noch skandalös fand, darum mussten die Jungs sich etwas einfallen lassen. Die, die etwas von mir wollten, erklommen brav die Treppe in den achten Stock und klopften an die Tür.

Meine Mutter regte sich jedes Mal auf und schrie durch die geschlossene Tür: »Weg hier! Verschwinde!« Sie ließ mich auch nicht hinaus. Also gab der Junge mir ein Zeichen in der Schule; am Abend kam er vorbei, stand draußen vor unserem Haus und rief das Codewort so laut, dass ich es hören konnte und unter einem Vorwand nach unten ging. Selbstverständlich gab es auch

Jungs, die sich mit meiner Schwester verabreden wollten oder mit anderen Mädchen aus unserem Haus, sodass es nach Sonnenuntergang draußen recht laut zuging.

Es hat mich eigentlich nie richtig interessiert, mit jemandem auszugehen, bis ich Chun-guen, meine erste Liebe, kennenlernte. Mit seinen achtzehn Jahren war er fünf Jahre älter als ich und ging in die Abschlussklasse einer Oberschule für die besten Schüler aus der ganzen Provinz Ryanggang. Er war größer als die meisten koreanischen Männer, hatte helle Haut und eine sanfte Stimme. Wir begegneten uns zufällig, als ich Freunde im Nachbarhaus besuchte, in dem auch er wohnte. Anfangs nickte er nur oder sagte Hallo, wenn wir uns im Flur oder auf der Straße trafen. Doch eines Tages wollte er sich mit mir verabreden. Ich wollte es zwar unbedingt, sagte aber trotzdem Nein. Ich wusste, dass unsere Geschichte nur ein trauriges Ende nehmen konnte.

Da meine Familie neu in diesem Stadtviertel war, wusste Chun-guen nicht, dass ich die Tochter eines Kriminellen war. Er hingegen stammte aus einer sehr reichen, mächtigen Familie. Sein Vater, der im Ausland studiert und promoviert hatte, war ein berühmter Professor für Agrarwissenschaften an der Universität. Seine Mutter war eine sehr bedeutende Politikerin mit einem hohen Rang in der Arbeiterpartei. Sollten seine Eltern herausfinden, dass wir zusammen wären, käme er in große Schwierigkeiten. Und sollte er es ernst mit mir meinen oder mich gar heiraten wollen, würde er sein Leben zerstören. Chun-guen könnte niemals der Arbeiterpartei beitreten, nie auf den besten Universitäten studieren und würde nie eine bemerkenswerte Karriere machen. Ich wäre wie ein Schandmal für ihn, eine Bürde, die ihn niederdrücken würde. Darum lehnte ich immer wieder ab.

Doch er war hartnäckig. Also stimmte ich eines Tages zu, auf eine Party in seiner Wohnung zu kommen, seine Eltern würden nicht da sein. Es war ganz und gar harmlos. Viele ältere Jungen und Mädchen von seiner Schule waren dort. Ich war der jüngste und ganz eindeutig der ärmste Gast. Plötzlich wurden mir meine schäbigen Kleider und die Löcher in meiner Hose schmerzlich bewusst. In Korea ziehen wir unsere Schuhe aus, wenn wir eine Wohnung betreten, und jeder konnte sehen, wie oft ich meine hässlichen Socken schon gestopft hatte. Mich unter diesen reichen Jugendlichen zu befinden empfand ich als Demütigung.

Chun-guens Wohnung wirkte riesig – sie war genauso groß wie unsere, aber es lebten dort nicht drei, sondern nur eine Familie. Ich war verblüfft, als ich im Abfall Orangen- und Eierschalen entdeckte. Für meine Familie waren Eier eine so seltene Köstlichkeit, dass wir sie nur an Neujahr und zu besonderen Anlässen aßen. Und Orangen waren ein solcher Luxus, dass ich noch nie in meinem Leben eine ganze gegessen hatte – nur ein kleines Stück, als mein damals noch wohlhabender Vater mal eine mitbrachte. Die Schale wegzuwerfen war eine unglaubliche Vergeudung.

Ich tat so, als gehörte ich dazu und verstünde, worüber sie sprachen. Chun-guen versuchte, mir zu erklären, wie er in der Schule mit einem Computer arbeitet, und lächelnd nickte ich höflich, obwohl ich noch nie so ein Gerät zu Gesicht bekommen hatte. Normale nordkoreanische Schulen haben so etwas nicht. Ich war so verlegen, dass ich grundlos einen Streit mit Chun-guen vom Zaun brach und früh ging. Ich rannte nach Hause.

Ich glaubte, dies sei das Ende, aber Chun-guen war sehr geduldig und nachsichtig. Und wann immer ich ihn sah, verspürte ich ein Stechen in der Brust, das nicht vom Hunger rührte. Ich erklärte mich bereit, ihn hin und wieder zu treffen, aber nur, wenn er einverstanden sei, es geheim zu halten. Wir mussten bis zur völligen Dunkelheit warten, um uns zu sehen. Würde uns einer der Nachbarn zusammen entdecken, wäre es zu gefährlich für ihn. Begegneten wir uns zufällig auf der Straße, ging einer von uns auf die andere Seite oder in die andere Richtung.

Chun-guen fand heraus, wo ich wohnte, und eines Abends klopfte er an unsere Tür. Meine Eltern waren beeindruckt; meine Mutter meinte, er sei so höflich, so großzügig und so gescheit. Mein Vater machte den Vorschlag, ich solle ihn doch mal zu uns zum Abendessen einladen. Aber ich weigerte mich. Ich wollte nicht, dass er unsere Armut sah – und obendrein hatte ich Chun-guen noch immer nicht gestanden, dass mein Vater ein Häftling war. Was sollte das auch bringen? Ich wusste, dass ich nie einen Mann wie ihn würde heiraten können. Es würde kein gutes Ende nehmen. Ich würde nie eine Oberschule besuchen und wahrscheinlich als Ehefrau eines armen Bauern enden, wenn ich nicht vorher verhungerte.

Es war nun Winter, und meiner Familie ging es wirklich dreckig. Das alte Eisenbahnsystem funktionierte nicht mehr. Es wurde mit Strom betrieben, doch das Versorgungsnetz im Norden war so schwach geworden, dass der Zug aus Pjöngjang vor Hyesan anhalten und umkehren musste. Nach einer Weile kam überhaupt kein Zug mehr. Meine Eltern warteten und warteten, ohne dass sich etwas an der Situation änderte. Nun blieb nur noch die Möglichkeit, die Schmuggelware mit dem Auto aus Pjöngjang herbeizuschaffen, doch auch das schied aus. Sie hatten nichts zu verkaufen, und niemand würde ihnen weiteres Geld leihen. Sie gaben das Bargeld aus, das sie beiseitegelegt hatten, und schon bald war auch davon nichts mehr übrig.

Es war immer eiskalt in unserer Wohnung, wenn der Wind vom Fluss her blies; und mein Vater ging jeden Tag in die Berge, um nach Brennholz zu suchen. Gegen den Hunger aß er Schnee. Meine Mutter machte jeden kleinen Handel, damit sie uns etwas Mais und gefrorene Kartoffeln kaufen konnte. Und dennoch waren wir nun ständig hungrig. Ich träumte nicht mehr von Brot. Es ging mir nur noch darum, bei der nächsten Mahlzeit irgendetwas zu essen zu haben. Eine Mahlzeit auszulassen konnte wortwörtlich den Tod bedeuten, das wurde meine größte Angst und zu einer Besessenheit. Man achtet nicht darauf, wie das Essen schmeckt, und man isst nicht mit Vergnügen. Man isst nur mit dem Überlebensinstinkt eines Tieres und berechnet unwillkürlich, wie lange jeder Bissen den Körper am Leben erhält.

Meine Eltern konnten nicht schlafen. Sie fürchteten, nicht mehr aufzuwachen, und dann würden ihre Kinder verhungern. Als sie wieder einmal des Nachts wach lagen, fragten sie sich, wie sie unser Überleben sicherstellen könnten.

KAPITEL 10

Lichter aus China

Das Blatt meiner Familie hatte sich für immer gewendet, und das wurde nie deutlicher als beim Neujahrsfest im Haus meines Onkels Jin im Februar 2007. Als ich klein war, war mein Vater der Reichste seines Clans, und alle kamen, um die Feiertage bei uns zu verbringen. Doch nun war mein Onkel der Reiche, der zu den Feierlichkeiten einlud. Und statt meinen Vater wie einen Bruder zu behandeln, kommandierte er ihn herum wie einen Bediensteten. Tatsächlich hatten meine Tante und mein Onkel ihn während der Monate, die er nach der Haftentlassung bei ihnen lebte, das Haus sauber machen lassen. Die Familie beschuldigte meinen Vater, ihr Leben ruiniert zu haben. Ihr *songbun* war schon vorher nicht sonderlich gut gewesen, und da er ein verurteilter Krimineller war, waren sie noch sehr viel tiefer gesunken. Selbst meine Cousins und Cousinen gingen übel mit ihm um. Bei der Neujahrsfeier ließen sie ihn sich nicht hinsetzen und mit den Nachbarn reden, die früher an seinem Tisch gegessen und getrunken hatten. Es war ein extrem schwieriger Abend für mich, aber mein Vater nahm es mit müder Resignation hin.

Vor seiner Verhaftung war mein Vater ein brillanter, lustiger Mann ohne falsche Ehrfurcht gewesen. Doch selbst als Dreizehnjährige erkannte ich, dass das Gefangenenlager ihn gebrochen hatte. Er konnte keinem Polizisten ins Gesicht sehen, nicht einmal denen, die mit ihm scherzend und trinkend an seinem Tisch saßen. Mein Vater hatte früher südkoreanische Musik geliebt; nun weigerte er sich, sie zu hören. Er fürchtete, jemand könne es mitbekommen und ihn anzeigen. Er sang nur ein einziges Lied nach seiner Freilassung aus dem Lager – »Unser Land ist mehr wert als mein Leben«. Darin heißt es: »Der grüne Wald steht in unserem Land und auf unseren Bergen, und ich pflanzte nicht einen einzigen Baum …« Er war nicht mehr der, den ich als Kind kannte.

Ich war so dankbar, als das Neujahrsfest vorüber war und wir endlich gehen konnten.

Vom Haus meines Onkels bis zu unserer Wohnung waren es etwa vier Kilometer. Mein Vater blieb zurück, während meine Mutter, meine Schwester und ich am dunklen Fluss entlang nach Hause gingen, nur das zuckende Licht der Feuerwerkskörper am chinesischen Himmel wies uns den Weg. Ich lebte in Nordkorea, in dem Land, wo es hieß, es fehle uns an nichts, wir hätten keinen Anlass, neidisch zu sein, und ich verspürte nichts anderes als Neid – verzweifelten Neid auf die Menschen auf der anderen Seite des Flusses. Ich wagte noch immer nicht, darüber nachzudenken, *warum* wir in Nordkorea so vieles nicht haben konnten, aber ich wusste, dass ich dorthin gehen wollte, wo es Licht und Essen gab. Als würde man, ohne über das Warum nachzudenken, von einer Flamme angezogen. Ich wollte, ich hätte damals schon gewusst, was dieses Licht für Nordkoreanerinnen wie mich bedeutete. Ihm zu folgen sollte mich meine Unschuld kosten und eine Zeitlang meine Menschlichkeit.

An jedem Neujahrstag hielt Kim Jong-il eine Rede, die alle auswendig lernen mussten. Auch 2007 ließ er das Übliche verlauten: Das nordkoreanische Volk sei stärker, unsere Feinde würden besiegt, die Wirtschaft mache Fortschritte. Doch wir konnten dieser Propaganda keinen Glauben mehr schenken, denn unsere Lebensumstände wurden immer schlechter. Meine Eltern waren am Ende ihrer Kräfte. Sie wussten, ihre Töchter hätten hier keine Zukunft. Darum begannen sie, nach einem Ausweg zu suchen.

Wir kannten einen Mann, der der Arbeit wegen nach Russland gegangen war. Es war in erster Linie Sklavenarbeit, aber zumindest hatte man ihm ausreichend zu essen gegeben, sodass er nicht verhungerte. Und er hatte genügend Geld sparen können, um nach seiner Rückkehr ein erfolgreiches Geschäft zu eröffnen. Mein Vater kannte einen anderen Mann, der als Mitglied eines Arbeitstrupps nach Libyen geschickt worden war, um Devisen für das Regime zu verdienen. Nach seiner Heimkehr erzählte er uns, sein Leben in Libyen sei sehr einsam gewesen – drei Jahre habe er seine Familie nicht gesehen. Aber er habe zu essen gehabt. Und manchmal habe es sogar Hähnchenflügel gegeben.

Wir waren so hungrig, dass wir jede Einzelheit hören wollten. Er erzählte, dass die Libyer Hühnerfleisch liebten, normalerweise würden sie aber nicht den ganzen Vogel essen. Sie schneiden die Flügel ab und verkaufen sie für so wenig Geld, dass selbst Nordkoreaner sie sich leisten können. Libyen schien uns das Paradies zu sein. Mein Vater hatte ins Ausland gehen wollen in der Hoffnung, dort so viel zu verdienen, dass er uns Geld hätte schicken können. Aber er hatte die Möglichkeit nie wahrgenommen, und nun war es ausgeschlossen.

Uns Nordkoreanern wurde ständig eingetrichtert, die übrige Welt sei unrein, abstoßend und gefährlich. Am schlimmsten sei Südkorea, eine menschliche Kloake, nichts weiter als eine verarmte Kolonie der amerikanischen Bastarde, die man uns beigebracht hatte, zu hassen und zu fürchten. Mein Vater wollte auf keinen Fall nach Südkorea gehen, China hingegen war etwas anderes. Vielleicht hätten wir dort eine Chance, wenn es uns gelingen sollte, den Fluss zu überqueren.

Meine Eltern besprachen all ihre Optionen so leise, dass nicht einmal eine Maus sie hören konnte. Wir hatten Verwandte, die in China lebten, aber meine Eltern hatten keine Möglichkeit, mit ihnen Kontakt aufzunehmen. Vielleicht gelänge es, sie ausfindig zu machen und um Hilfe zu bitten, wenn die Grenze erst einmal überwunden wäre. Wir wussten, dass sie da drüben reich waren. Wir hatten chinesisches Fernsehen mit all der Werbung für Luxusgüter gesehen. Wir kannten auch Leute, die China legal besucht hatten, darunter Onkel Jin, und sie erzählten, die Chinesen hätten jede Menge zu essen. Es ging auch das Gerücht, junge Nordkoreanerinnen würden in China leicht Arbeit finden. Als einige heranwachsende Mädchen kürzlich mit einem Mal verschwanden, flüsterten die Leute sich zu, sie seien über die Grenze gegangen. Vielleicht könnten Eunmi und ich dort ebenfalls eine Arbeit finden. Meine Mutter hatte auch gehört, in China gebe es nicht genügend Kinder; und da meine Schwester und ich noch so jung waren, könnten wir vielleicht Adoptiveltern finden.

Aber an einem Ort ohne Internet oder eine ausländische Zeitung war es unmöglich, verlässliche Informationen zu bekommen. Stellte man zu viele Fragen, drohte eine Anzeige. Darum hatten wir keine Ahnung, ob an diesen Gerüchten etwas Wahres dran war. Meine Eltern kannten zwar die Schmuggler vom Schwarzmarkt, hatten ansonsten jedoch keinerlei Verbindungen zur anderen Seite der Grenze. Und diese Männer würden keine Menschen nach China bringen. Das war weitaus gefährlicher. Außerdem war die Bewachung zu stark, als dass man es wagen konnte, den Fluss alleine zu überqueren. Wir brauchten einen Fluchthelfer, einen Schleuser, der die Grenzwächter schmieren müsste und uns hinüberbrächte. Aber wie fänden wir so jemanden?

Meine Eltern baten Eunmi und mich, ob wir nicht unauffällig herumfragen und herausfinden könnten, wie die anderen Mädchen nach China gelangt seien. Mein Vater drängte meine Mutter, sie solle unbedingt mit uns gehen, falls es eine Möglichkeit zur Flucht gebe. Er wolle im Land bleiben, sagte er, weil er nicht glaube, jenseits des Flusses eine Arbeit zu finden. Und er machte sich Sorgen um die Familie, die er in Nordkorea zurücklassen würde. Wenn Frauen nach China flüchteten, regte die Regierung sich nicht sonderlich auf, und in der Regel wurden ihre Verwandten nicht bestraft. Sollte aber ein Mann wie mein Vater überlaufen, würden die Strafen für seinen Bruder, seine Schwestern und ihre Familien sehr hart ausfallen. Sie könnten ihre Arbeit als Ärzte und Professoren verlieren und sogar in eines der Lager kommen. Obwohl mein Onkel meinen Vater so schlecht behandelt hatte, war mein Vater seiner Familie gegenüber immer noch loyal.

Im Übrigen dachte er, wir würden nicht sehr weit voneinander entfernt sein. »Wenn ihr in China seid und es euch erst mal gut geht, kommt an Neujahr zum Fluss«, sagte er uns. »Geht zu dem Strand, wo wir immer schwimmen und unsere Kleider waschen, dort werde ich euch treffen.«

Meine Schwester und ich fragten zaghaft unsere Freunde, ob sie etwas wüssten, und ich spitzte bei jeder Information die Ohren. Eines Tages belauschte ich eine merkwürdige Geschichte, die eine Frau aus der Nachbarschaft ihren Freundinnen erzählte. Sie sagte, sie kenne eine junge Frau, die den Fluss überquert und in Changbai an Türen geklopft habe. Leute hätten sie hereingelassen und ihr köstliches Essen und hübsche neue Kleider geschenkt. Dann hätten sie ihr gesagt, sie wollten sie mit ihrem Sohn verheiraten. Sie sei nicht glücklich über dieses Arrangement gewesen und habe versucht, auf demselben Weg über den Fluss nach Hyesan zurückzukehren. Doch dieses Mal hätten sie nordkoreanische Grenzsoldaten erwischt und verhaftet. Eine der Nachbarinnen bemerkte, es sei dumm von dem Mädchen gewesen, so ein großzügiges Angebot abzulehnen.

Ich hatte keine Ahnung, worüber sie sprach.

Rückblickend frage ich mich, wie wir nur alle so naiv sein konnten. Niemand von uns kannte das Konzept von »Menschenhandel« und konnte sich auch nur im Mindesten so etwas Übles vorstellen, wie Menschen zu verkaufen. Und zu kritischem Denken waren wir nicht in der Lage, denn man hatte uns gedrillt, keinerlei Fragen zu stellen. Ich dachte damals, sollten wir es schaffen, den Fluss zu überqueren, ohne von Soldaten verhaftet oder erschossen zu werden, würde es Eunmi und mir gut gehen. Und will man überleben und ist man so hungrig und verzweifelt, nimmt man jedes Risiko auf sich.

Selbst als wir unsere Flucht planten, sah ich insgeheim noch immer Chun-guen. Unsere Beziehung war so unschuldig, wir hatten nicht einmal Händchen gehalten. Eines Nachts, als unser Haus völlig im Dunkeln lag, standen wir im Treppenhaus am Ende des Flurs, wo ein offenes Fenster auf den Fluss ging. Wie immer schimmerten die Lichter von Changbai in der Ferne. Da mir kalt war, legte er mir seine Jacke um die Schultern und schloss mich in die Arme.

Ich fragte ihn: »Wie wäre es wohl, dort in der Lichterflut zu leben?«

»Ich weiß es nicht«, entgegnete er.

Ich durfte ihm nichts von unseren Fluchtplänen verraten. Es spielte auch keine Rolle mehr, da ich wusste, er würde im April seinen Militärdienst beginnen und die Stadt ohnehin verlassen. Normalerweise gehen junge Männer für zehn Jahre zur Armee. Da aber seine Eltern so reich und mächtig waren, hatte man seinen Dienst auf zwei Jahre verkürzt. Anschließend würde er die Universität besuchen. Seine strahlende Zukunft lag ausgebreitet vor ihm, doch er wollte, dass ich auf ihn warte. Wir waren noch immer relativ neu in unserem Viertel, und noch immer hatte er nichts über den Makel, der meiner Familie anhaftete, erfahren. »Acht Jahre, Yeonmi-ya«, sagte er. »Warte so lang auf mich, dann werde ich dich heiraten.« Er sagte, er werde schon einen Weg finden, komme, was da wolle, dass er mich einmal im Monat besuchen könne. Es brach mir das Herz. Plötzlich erschienen mir die Lichter, nach denen ich mich immerzu gesehnt hatte, sehr grausam.

Am nächsten Morgen kam Chun-guen vorbei, um mich zu einem Ausflug zum *jangmadang* in Hyesan abzuholen. Weil schlechtes Wetter war, bezahlte er uns ein Motorradtaxi. Es unterscheidet sich ein wenig von einem normalen Motorrad, denn es hat vier Räder und hinten einen offenen Aufbau. Wir stiegen ein und deckten uns, um den kalten Regen abzuhalten, mit einer Plane zu. Am Markt angekommen, sagte er, ich solle mir eine Halskette aussuchen, die mir gefalle. Ich wählte eine mit einem Anhänger in Form eines Schlüssels. Er sagte, er sei der Besitzer des Schlüssels zu meinem Herzen. Ich lächelte ihn an, aber mein Herz war versteinert.

Ich konnte keinen Schleuser auftreiben, der uns nach China bringen könnte, aber Eunmi meinte, sie habe einen gefunden. Noch kannte sie seinen Namen nicht, sie sagte nur, wir müssten bald los. Der Frühling komme, und das Eis auf dem Fluss würde geschmolzen sein, wenn wir uns nicht beeilten.

Noch ehe wir konkrete Pläne machen konnten, wachte ich eines Morgens mit hohem Fieber auf. »Was ist mit dir, meine Tochter?« Aus weiter Ferne drang die Stimme meiner Mutter an mein Ohr. Mir war so elend, dass ich nicht einmal die Augen aufmachen konnte. Dann musste ich mich übergeben. Kurz darauf war mein ganzer Körper mit großen roten Flecken übersät. Ich dachte, ich würde sterben. Wir hatten Gerüchte gehört, ein schlimmes Virus sei über die chinesische Grenze in unser

Land gedrungen, aber niemand wusste, was dagegen zu tun war. Meine Mutter lieh sich Geld, um Medikamente für mich zu kaufen, doch die Tage vergingen, ohne dass ich mich besser fühlte. Ich hatte schreckliche Bauchschmerzen und konnte nichts bei mir behalten. Ich wurde so mager und schwach, dass ich keinen Schritt mehr gehen konnte. Daraufhin brachten sie mich ins Krankenhaus.

Nachdem die Ärzte mich untersucht hatten, kamen sie zu dem Schluss, mein Blinddarm müsse herausoperiert werden. Obwohl die medizinische Versorgung in Nordkorea eigentlich kostenlos ist, kassieren die Ärzte für jede Operation. Es klingt hart, aber die Regierung zahlt ihnen nur einen Hungerlohn, und Bestechungsgelder sind für sie die einzige Möglichkeit zu überleben. Irgendwie überredeten meine Eltern die Ärzte, die Operation auszuführen, wenn wir ihnen die notwendigen Anästhesiemittel und Antibiotika brächten. Meine Mutter ging in unsere alte Nachbarschaft und lieh sich 20000 Won (genug, um etwa fünfzig Pfund Reis zu kaufen) von Kim Jong-ae, unserer netten Nachbarin von früher; mit dem Geld kaufte sie die Medikamente auf dem Schwarzmarkt.

Als die Ärzte mir den Bauch aufschnitten, entdeckten sie, dass es nicht der Blinddarm war, sondern mein Darm böse entzündet war. Dennoch entfernten sie mir den Blinddarm, verabreichten mir starke Antibiotika und nähten mich wieder zu. Doch das wenige Narkosemittel, das sie mir gegeben hatten, reichte nicht lang genug, sodass ich aufwachte, ehe die Operation beendet war. Die Schmerzen waren unbeschreiblich. Sie mussten mich festhalten, weil ich so sehr schrie. Ich meinte, den Verstand zu verlieren, aber sie setzten die Operation fort. Später brachte mir meine Mutter Schmerzmittel, und endlich verlor ich das Bewusstsein.

Als Nächstes erinnere ich mich an das Krankenhauszimmer

und an meine Mutter, die neben mir saß. Da alle Betten belegt waren, hatte man mich auf eine Pritsche am Boden gelegt. Sie streichelte meine Hand; nach einer Weile fiel mir auf, dass ich einen Ring am Finger hatte. Er war golden mit kleinen bunten Glassteinen obendrauf.

»Wo kommt er her, *Umma*?«, fragte ich matt.

»Chun-guen war hier, als du geschlafen hast«, entgegnete sie. Er habe mir einen kleinen Imbiss, Saft und diesen Ring mitgebracht, um mich nach der Operation damit zu überraschen. Doch ich war nicht aufgewacht. Sie erzählte mir, er habe eine Zeitlang meine Hand gehalten und mir, ehe er gegangen sei, den Ring an den Finger gesteckt.

Später kam er wieder, um zu sehen, wie es mir ging, und zuallererst schaute er auf meine Hand.

»Es macht mich glücklich, dass du diesen Ring trägst, Yeonmi-ya.«

Ich strengte mich an, um ein Lächeln zustande zu bringen, und zeigte ihm, wie locker er an meinem Finger saß. »Er ist zu groß«, sagte ich.

»Du musst dich erholen und zunehmen.«

Er besuchte mich fast jeden Tag während meiner Krankenhauszeit, und ich freute mich immer, ihn zu sehen.

Meine Mutter harrte an meinem Bett aus. Da wir kein Geld hatten, um die Krankenschwestern zu bestechen, ignorierten sie mich. Meine Mutter musste für alles sorgen, angefangen von der Wundreinigung bis hin zur Essensversorgung. Das Krankenhaus war sehr schlecht ausgestattet und dreckig. Um zur Toilette zu gelangen, die sich in einem Nebengebäude befand, musste ich aufstehen und einen Hof überqueren. Anfangs war ich zu schwach dazu. Doch als ich diese Schritte schließlich machen konnte, entdeckte ich, dass das Krankenhaus im Hof die Toten lagerte. Aufgeschichtet wie Holz lagen sie zwischen meinem

Zimmer und dem Nebengebäude. Noch fürchterlicher waren die Ratten, die Tag und Nacht an ihnen nagten. Es war das Entsetzlichste, das ich je gesehen habe. Als Erstes fressen die Ratten die Augen, da sie der weichste Teil des Körpers sind. Noch immer sehe ich diese roten leeren Augenhöhlen vor mir. Diese Bilder suchen mich bis heute in meinen Albträumen heim, aus denen ich schreiend erwache.

Meine Mutter konnte nicht glauben, dass man die Toten einfach dort draußen liegen ließ.

»Warum könnt ihr sie nicht wegbringen und beerdigen?«, fragte sie eine vorbeigehende Krankenschwester.

Die Krankenschwester zuckte mit den Schultern. »Die Behörde schafft die Leichen erst fort, wenn sieben zusammengekommen sind. Bisher sind es nur fünf«, sagte sie und ging weiter.

Meine Mutter hatte lange Zeit an dem Glauben festgehalten, dass sie in einem guten Land lebe. Feststellen zu müssen, wie korrupt und erbarmungslos Nordkorea geworden war, schockierte sie und machte sie traurig. Nun war sie überzeugter denn je, dass ihre Töchter hier nicht aufwachsen sollten. Wir müssten das Land so schnell wie möglich verlassen.

Die Ärzte meinten, ich müsse sieben Tage in diesem höllischen Krankenhaus bleiben, ehe sie mir die Fäden ziehen könnten. Unterdessen war es fast Ende März, und die Zeit, den zugefrorenen Fluss zu überqueren, wurde knapp. Aber noch immer war ich zu schwach, um auf Reisen zu gehen.

Am 25. März, am Tag vor meiner vorgesehenen Entlassung, kam meine Schwester zu mir ins Krankenhaus, auch meine Mutter war bei mir. Sie sagte uns, sie könne nicht länger warten und habe eine Schleuserin gefunden, die sie nach China bringe. Mit ihren nun sechzehn Jahren begann sie allmählich, eigenständige Entscheidungen zu treffen. Und obwohl meine Mutter sie beiseitenahm und anflehte, sie möge auf mich warten, beharrte sie: »Nein, ich gehe heute Abend mit der Schwester meines Freundes über die Grenze. Wer weiß, ob ich je wieder so eine Chance bekomme.« Meiner Mutter gegenüber tat sie so, als sei das Ganze keine große Sache, als mache sie nur einen Ausflug auf die andere Seite und komme möglicherweise wieder zurück. Meine Mutter hatte kein gutes Gefühl dabei, aber sie konnte Eunmi nicht umstimmen.

Spät in der Nacht tauchte Eunmi wieder im Krankenhaus auf. »Wir konnten heute Abend nicht los«, sagte sie.

»Es ist also doch nicht so einfach zu fliehen!«, entgegnete meine Mutter.

»Wartet ab«, sagte meine Schwester. »Morgen Abend starten wir einen neuen Versuch.«

KAPITEL 11

Vermisst

Am nächsten Tag lieh sich mein Onkel ein Auto, um mich vom Krankenhaus nach Hause zu bringen. Meine Familie hoffte, mir würden die Fäden gezogen und ich würde entlassen. Aber die Ärzte lehnten ab, da wir ihnen noch Geld schuldeten. Ich musste eine weitere Nacht dortbleiben.

Meine Schwester kam später mit ihrer Freundin vorbei. Eunmi trug dünne schwarze Kleider, und sie hatte ihr Haar nach hinten gebunden. Als sie hörte, dass ich noch immer nicht das Krankenhaus verlassen durfte, flüsterte sie meiner Mutter etwas zu, damit es die anderen Patienten nicht hörten. »Es tut mir leid. Ich gehe heute Abend.«

Meine Mutter glaubte nicht, dass sie es schaffen würde. Darum sagte sie nur: »Ja, gut. Du wirst zurückkommen.«

Sie umarmte sie nicht und verabschiedete sich nicht einmal. Das sollte sie viele Jahre lang bedauern. Ich muss noch immer weinen, wenn ich an jenen Abend denke. Wir ahnten nicht, wie verzweifelt Eunmi war. Mein Vater hatte mir ein besonderes Gericht zubereitet, bei dem man das Mus einer Kartoffel mit Öl und Gewürzen brät. Es war zwar ein kostbarer und teurer Festschmaus, doch er war sehr besorgt um mich, da ich extrem mager geworden war und seit vielen Tagen nichts Festes zu mir genommen hatte. Darum hatte er mir dieses besondere Mahl gekocht und bat Eunmi, es mir zu bringen. Doch mir war so elend, dass ich an jenem Abend nichts hinunterbrachte.

»Ich bin einfach nicht hungrig, Schwester«, sagte ich.

»Hast du was dagegen, dass ich es esse?«

»Nein. Bitte iss«, antwortete ich.

Und schon setzte sie sich neben mich und stopfte sich den Brei so rasch in den Mund, als wollte ihr jemand das Essen stehlen.

»Das war köstlich«, sagte sie nur wenige Sekunden später. »Bitte sag Vater nicht, dass ich es gegessen habe!«

»Versprochen.«

Es ist noch immer sehr schmerzlich, an diese Zeit zurückzudenken. Wir alle wollten nichts anderes als essen.

Meine Mutter blieb über Nacht bei mir. Wir dachten, Eunmi sei nach Hause gegangen. Doch um fünf Uhr in der Früh kam mein Vater in mein Zimmer gestürmt, er zitterte.

»Wo ist Eunmi?«, fragte er. »Ist sie hier?«

»Nein!«, antwortete meine Mutter. »Ist sie nicht bei dir?«

»Nein«, sagte er. »Sie ist nicht nach Hause gekommen.«

Eunmi war fort. Meine Mutter hätte nie gedacht, dass sie ihren Plan allein umsetzen würde, und nun machte sie sich fürchterliche Vorwürfe. Sie war so außer sich, dass sie kaum Luft bekam. Mein Vater rang die Hände. Was, wenn sie ins eisige Wasser gefallen und ertrunken war? Was, wenn man ihre Leiche nicht fände? Meine Eltern erklärten mir, sie müssten sich sofort auf die Suche nach meiner Schwester begeben, darum könne ich auf gar keinen Fall länger im Krankenhaus bleiben. Sie flehten die Ärzte an, bis sie mir schließlich die Fäden zogen.

Ich war noch zu schwach, um zu laufen. Aber Chun-guen war am Abend zuvor zu mir gekommen und hatte mir angeboten, mich nach meiner Entlassung abzuholen. Ich war so froh, dass er einen Freund hatte, der ein Motorrad besaß. Der Freund wartete draußen, sodass wir einen Augenblick allein im Krankenzimmer waren. Chun-guen gab schließlich zu, dass er alles über meine Familie wisse. Einige eifersüchtige Mädchen, die in seinem Haus wohnten, hatten herausgefunden, dass er mich im Krankenhaus besuchte, und sie hatten ihm alles über die Verbrechen meines Vaters erzählt. Doch Chun-guen meinte, das sei ihm egal. Er wollte noch immer, dass ich ihn heiratete. Er war ein großer Optimist und voller Selbstvertrauen, dass er mich zum glücklichsten Menschen auf der Welt machen könne. Ich sagte nichts darauf und lächelte nur. Das schien ihm zu genügen. In all meiner Verzweiflung wollte er mir ein bisschen Wärme, Licht und Hoffnung geben. Dafür werde ich ihm immer dankbar sein.

Als wir gemeinsam das Krankenhaus verließen, startete sein Freund das Motorrad. Chun-guen hielt mich fest, als sein Freund langsam bis zu unserem Haus fuhr. Da ich es nicht schaffte, die Treppen zu gehen, trug mich Chun-guen die acht Etagen bis zu unserer Wohnung hinauf. Bis zu den ersten Stockwerken war er sehr tapfer, dann begann er zu schwitzen.

»Ich glaube, du nimmst gerade zu!«, sagte er grinsend.

Ich lächelte nur, denn Lachen tat mir noch schrecklich weh.

Als wir unsere Wohnungstür erreicht hatten, war ich noch immer zu beschämt, um ihn hereinzubitten. Er sollte nicht sehen, wie ärmlich wir lebten. Wir verabschiedeten uns, und schon war er fort.

Als ich unser Zimmer betrat, fand ich meine Eltern zusammengekauert auf dem Boden vor. Es gab keine Nachricht von Eunmi. Mein Vater wiegte sich vor und zurück und weinte still vor sich hin. Unserer Nachbarn wegen wagte er nicht, einen Laut von sich zu geben. Sie könnten uns hören und wüssten dann, dass etwas nicht stimmte. Als sie ihn gefragt hatten, wo Eunmi denn sei, hatte er nur gemeint: »Ach, sie ist bei Freunden.« Sie durften die Wahrheit nicht wissen, sonst würden sie uns anzeigen.

Wir warteten also diese Nacht in der Hoffnung, Eunmi komme zurück, fürchteten aber, ihr sei etwas Schreckliches zugestoßen. Alles Mögliche ging uns durch den Kopf. Nichts zu wissen war das Schlimmste.

Ich war so müde und schwach, dass ich geradewegs ins Bett ging, und da fand ich unter meinem Kissen Eunmis Zettel. Darauf stand: »Geh zu dieser Frau. Sie bringt dich nach China.« Sie hatte die Adresse eines Hauses nahe beim Fluss aufgeschrieben, gegenüber dem Bahnhof von Wiyeon.

Am nächsten Morgen gingen meine Eltern zu der Familie des Mädchens, das mit Eunmi geflohen war. Sie hatten diesen Zettel dabei. Sie alle gemeinsam machten sich dann auf den Weg zu der Adresse, die Eunmi hinterlassen hatte. Als eine Frau die Tür öffnete, fragte meine Mutter: »Wo ist unsere Tochter? Sagen Sie mir, was Sie mit ihr gemacht haben!«

Die Frau schüttelte den Kopf. »Ich habe keine Ahnung, wovon Sie sprechen. Ich kenne Ihre Tochter nicht.«

Da sie nichts erreichten, gingen sie wieder nach Hause.

Tage vergingen, und immer noch keine Nachricht von Eunmi. Am 31. März schickte mein Vater meine Mutter los, damit sie Besorgungen für ihn mache. Ich war noch immer sehr schwach, doch da ich mich gut genug fühlte, ein paar Schritte zu gehen, begleitete ich sie. Sie wollte auf dem Weg bei Eunmis Freundin vorbeischauen; vielleicht hatte ihre Familie etwas von den Mädchen gehört.

Als wir in das Haus kamen, war es, als fände eine Trauerfeier statt. Alle weinten, und die Mutter des Mädchens war völlig verzweifelt und krank vor Kummer. »Es ist alles meine Schuld«, schrie sie. Sie sagte, ihre Tochter sei ständig hungrig und nie zufrieden gewesen mit dem, was sie ihr vorgesetzt habe. »Ich schimpfte mit ihr, sie esse zu viel. Aber hätte ich gewusst, dass sie uns so verlässt, hätte ich es nie gesagt.« Sie konnte nicht aufhören zu schluchzen, und ihr Mann bat sie, sie möge sich bitte beruhigen. »Du stirbst sonst«, sagte er. Ruhig erklärte er meiner Mutter und mir, es sei für seine Tochter besser gewesen zu gehen. Sie könne in diesem Land nicht leben. Und einige Nachbarfrauen meinten, sie würden ebenfalls sofort nach China gehen, wenn sich ihnen die Möglichkeit dazu böte.

Nachdem wir das Haus verlassen hatten, dachte meine Mutter sich eine andere Strategie aus. Sie wollte unbedingt herausfinden, ob Eunmi sicher in China angekommen war. Sie schlug vor, ich solle noch einmal allein zum Haus der Schleuserin gehen und ihr sagen, auch ich wolle über die Grenze. Wir hofften, die Frau würde mich hereinlassen, sodass ich mich umsehen könnte, denn es war nicht auszuschließen, dass meine Schwester noch immer in diesem Haus war.

Als ich an die Tür klopfte, öffnete dieselbe Frau. Sie war Anfang vierzig wie meine Mutter, doch sie trug einen Säugling auf dem Arm, den sie stillte. Sie war äußerst ärmlich gekleidet, und das Haus selbst war so heruntergekommen, dass man meinte, es würde jeden Augenblick zusammenstürzen. Als sie sah, dass ich allein gekommen war, wurde sie plötzlich sehr freundlich. Ich wolle nach China fliehen, sagte ich ihr; woraufhin sie meinte, das lasse sich arrangieren. Dann rief ich meine Mutter herbei. Die Frau stellte sich vor die Tür und wollte uns nicht hineinlassen, also sprachen wir draußen weiter. In diesem Moment gab sie zwar nicht zu, meine Schwester zu kennen, aber sie schien bemühter, unser Vertrauen zu gewinnen.

»Wartet hier«, sagte sie.

Sie ging um die Ecke, kam nur wenig später zurück und führte uns in eine Gasse. Dort stellte sie uns einer schwangeren Frau vor, die auch recht freundlich war.

»Wenn ihr wollt, könnt ihr heute Nacht über den Fluss«, sagte die Schwangere.

Bis zu diesem Augenblick hatte ich nicht gewusst, wie sehr ich aus Nordkorea wegwollte. Selbst als ich an die Tür geklopft hatte, ahnte ich es noch nicht. Aber dort an Ort und Stelle fasste ich den Entschluss. Ich würde nach China gehen, und meine Mutter würde mit mir kommen. Genau in diesem Augenblick. Das entsprach nicht unserem ursprünglichen Plan. Meine Schwester und ich hätten zuerst gehen sollen, ohne meine Mutter. Aber nun wusste ich, ich durfte sie nicht zurücklassen.

Ich griff nach der Hand meiner Mutter und sagte: »Wir müssen gehen, *Umma*! Vielleicht haben wir nur diese einzige Chance!« Aber meine Mutter schreckte zurück.

»Yeonmi-ya, ich kann deinen Vater nicht allein lassen. Er ist krank. Du musst allein gehen.«

Ich hielt sie fest und sagte: »Nein, wenn ich deine Hände loslasse, wirst du in Nordkorea sterben. Ich kann nicht gehen, wenn du zurückbleibst!«

Sie flehte mich an: »Lass mich nur kurz deinem Vater Bescheid sagen. Ich bin gleich wieder da.«

Ich wollte sie nicht gehen lassen, nicht einmal, damit mein Vater von unserem Plan erfuhr. Er würde einen Weg finden, sie aufzuhalten, oder sie würde ihre Meinung ändern. Ich wusste, wenn ich sie aus den Augen ließe, würde ich sie nie wiedersehen. Darum sagte ich alles Erdenkliche, um sie davon zu überzeugen, sie müsse jetzt bei mir bleiben. Unser Vater könne später nachkommen. Ich hatte noch die Vorstellung, wir könnten jederzeit an den Fluss zurückkehren und meinem Vater vom anderen Ufer zuwinken, wie diese chinesischen Kinder, die mich immer wieder gefragt hatten, ob ich hungrig sei. Aber das Allerwichtigste, das Einzige, was wirklich Bedeutung hatte, war, dass wir ab dem nächsten Tag keinen Hunger mehr leiden müssten. Ich ließ ihr keine Wahl.

Ich umklammerte noch immer die Hände meiner Mutter, als

ich zu der schwangeren Frau sagte: »Ich gehe nur, wenn meine Mutter mitkommen darf.«

»Ihr könnt beide gehen«, erwiderte sie.

»Was ist mit meiner Schwester Eunmi?«, wollte ich wissen. »Finden wir sie drüben?«

»Ganz bestimmt«, entgegnete die Frau. »Wenn ihr erst einmal den Fluss überquert habt, seht ihr, dass alle Nordkoreaner in derselben Gegend wohnen. Dort findet ihr sie.«

Das leuchtete uns ein, denn auch Nordkorea ist so strukturiert, dass verschiedene Volksgruppen verschiedenen Gegenden zugeteilt sind. Wir kamen gar nicht auf den Gedanken zu hinterfragen, warum uns diese Frauen halfen und warum wir ihnen nichts bezahlen mussten. Wir dachten nicht, dass daran etwas nicht stimmen könnte. Und obwohl meine Mutter ihr Geld auf dem Schwarzmarkt verdiente, vertraute sie den Leuten. Als Nordkoreaner waren wir auf eine Art und Weise naiv, die ich nicht gänzlich erklären kann.

Den Rest des Tages gingen wir mit der Schwangeren von einem Ort zum anderen, wo sie uns vor verschiedenen Gebäuden am Stadtrand von Hyesan warten ließ. Am späten Nachmittag schließlich drängten wir uns in eine öffentliche Toilette, wo sie uns sehr dunkle, dünne Kleider gab, die sie uns aufforderte anzuziehen. Die Frau meinte, damit sähen wir wie Trägerinnen aus, die Waren über den Fluss schmuggelten. Das wäre auch unsere Geschichte für den Fall, dass wir erwischt würden. Wir sollten einfach sagen, man hätte uns dafür bezahlt, Pakete aus China abzuholen, und wir hätten die Absicht, gleich zurückzukehren.

Dann verschwand sie, und zwei junge Männer traten aus dem Haus. Sie führten meine Mutter und mich durch Nebenstraßen und schmale Gassen zur Stadt hinaus. Sie erklärten uns, auf den großen Straßen könnten uns Leute sehen, was uns in große Schwierigkeiten bringe. Sie führten uns über Pfade durch die Berge – so nannten wir diese steilen Hänge, wo wir sonst Holz sammelten. Die Strecke schlängelte sich hinunter bis zum Fluss. Seit meiner Operation waren noch nicht einmal zwei Wochen vergangen, und ich war bereits erschöpft. Die Jungen liefen wirklich schnell; und da nach einer gewissen Zeit der Schmerz in meinem Bauch unerträglich wurde, bat ich sie, das Tempo zu drosseln. Anfangs geleiteten uns nur die beiden Jungen über die Wege, dann stieß ein dritter zu uns. Er war noch jünger als die beiden, verhielt sich aber, als sei er der Chef. Er gab uns weitere Anweisungen, was wir tun sollten, wenn wir in China angekommen seien.

»Wenn ihr den Fluss überquert habt, verratet niemandem euer wahres Alter«, schärfte er uns ein. »Wir haben den Leuten auf der anderen Seite gesagt, ihr wärt achtzehn und achtundzwanzig. Sie würden euch nicht nehmen, wenn ihr zu jung oder zu alt seid. Und lasst sie keinesfalls wissen, dass ihr Mutter und Tochter seid. Darauf sind sie nicht gefasst, und auch das wäre ein Problem.«

Dies kam mir sonderbar vor, aber ich musste darauf vertrauen, dass diese Menschenschmuggler am besten wüssten, wie sie uns nach China brächten. Mittlerweile waren wir den ganzen Tag gelaufen, und es wurde dunkel. Seit dem Morgen hatten wir nichts gegessen, und sie gaben uns auch nichts. An einer bestimmten Stelle blieben die ersten beiden Männer stehen und forderten uns auf, dem jüngsten zu folgen. Er führte uns an den Rand eines Felsen. Obwohl es stockdunkel war, erkannten wir unter uns eine große Straße und eine steile Böschung, die hinunter zum gefrorenen Fluss führte.

»Hinter mir her«, sagte der Junge. »Und was immer ihr tut, macht kein Geräusch.«

TEIL 2

China

KAPITEL 12

Jenseits der Dunkelheit

Es blieb uns keine Zeit, uns auf der anderen Seite des Flusses auszuruhen. Wir hatten es zwar geschafft, uns an den nordkoreanischen Soldaten vorbeizuschleichen, aber noch immer könnten uns jederzeit chinesische Grenzpatrouillen aufgreifen und uns über die Grenze zurückschicken. Unser Führer mahnte uns weiterzugehen, und wir kletterten hinter ihm eine vereiste Böschung hinauf zu einer kleinen unbeleuchteten Hütte. Dort erwartete uns ein glatzköpfiger stämmiger Mann.

»Hier, gebt mir eure Kleider und zieht diese hier an«, forderte er uns auf. An seinem rauen Akzent erkannten wir, dass er einer dieser vielen Chinesen koreanischer Herkunft sein musste, die in Changbai leben. Wir zogen uns im Dunkeln aus und streiften die billigen chinesischen Sachen über. Würden wir nun angehalten, sähen wir zumindest aus, als gehörten wir hierhin. Unser nordkoreanischer Schleuser blieb bei mir, während der Glatzkopf meine Mutter hinter die Ecke der Hütte zerrte.

»Mach dir keine Sorgen«, sagte der Schleuser zu mir. »Es ist alles in Ordnung.«

Es klang allerdings nicht so, als sei alles in Ordnung. Ich hörte meine Mutter den Mann anflehen, und dann gab es entsetzliche Geräusche, die ich nie zuvor vernommen hatte.

Erst viel später erfuhr ich von ihr, was geschehen war. Der Glatzkopf sagte zu meiner Mutter, er wolle Sex mit mir. Sie musste rasch reagieren – er durfte ja nicht wissen, dass ich ihre

Tochter und erst dreizehn war. Er hätte uns vielleicht zurückgeschickt, sodass uns die Grenzsoldaten gefangen genommen hätten. Darum erklärte sie ihm, ich sei zu krank, ich sei gerade erst operiert worden und die Narbe könne aufbrechen.

»Ich werde sanft mit ihr umgehen.«

»Nein, das darfst du nicht!«, schrie meine Mutter.

»Was geht es dich an?«, gab er zurück. »Was kümmert dich dieses Mädchen?«

»Ich bin ihre Tante«, log meine Mutter. »Wir sollten es dir eigentlich nicht verraten.«

»Was ist hier los?«, sagte er. »Wenn ihr uns Schwierigkeiten macht, schicken wir euch zurück nach Nordkorea, und ihr werdet verhaftet.«

»Wir wollen euch keine Schwierigkeiten machen. Nimm mich stattdessen.«

Er warf meine Mutter auf eine Decke, die auf der Erde lag und die er sichtbar schon öfters genutzt hatte, und vergewaltigte sie.

Einige Minuten später tauchte er mit meiner Mutter wieder auf. Genau in diesem Augenblick kam ein Auto zur Hütte hinaufgefahren. Wir alle stiegen ein, meine Mutter und ich hinten, und wir fuhren eine Weile am Fluss entlang. Ich spürte, dass irgendetwas überhaupt nicht stimmte, aber ich hatte noch immer keine Ahnung, was meine Mutter getan hatte, um mich zu schützen.

»*Umma*, was ist passiert?«, fragte ich. Ich hatte vergessen, dass ich sie nicht »Mutter« nennen durfte.

»Nichts. Sei unbesorgt«, sagte sie, aber ihre Stimme bebte.

Ich war es nicht gewohnt, in einem Auto zu fahren, und kurz darauf wurde mir übel. Meine Mutter legte meinen Kopf in ihren Schoß und hielt meine Hände. Doch als wir an einer Flussbiegung entlangfuhren, forderte sie mich auf hinauszusehen. Durch die Scheibe sahen wir die dunklen Gebäude am nordkoreanischen Ufer.

»Schau hin, Yeonmi. Vielleicht ist es das Letzte, was du von deiner Heimat siehst«, sagte meine Mutter.

Mein Herz machte einen kleinen Satz, als wir das Haus mit unserer Wohnung erkannten. Ich wusste, mein Vater befand sich darin und erwartete uns. Ich schwöre, ich habe ein flackerndes Licht im Fenster gesehen, als gebe mir mein Vater ein Zeichen. Meine Mutter meinte jedoch, es sei allein meine Fantasie. Dort gebe es kein Licht.

Der nächste Halt war die Wohnung des Glatzkopfs in Changbai.

»Was geschieht hier?«, fragte meine Mutter unseren jungen nordkoreanischen Schleuser.

»Hört einfach auf diese Leute, und alles wird gut«, antwortete er.

Die Ehefrau des Glatzkopfs war wie er nordkoreanischer Abstammung und ab der Hüfte gelähmt. Ihre Mutter lebte bei ihnen und kümmerte sich um sie. In der Wohnung gab es Strom, und da der Glatzkopf nun unsere Gesichter im hellen Licht sah, geriet er in Rage. »Diese Frauen sind nicht achtzehn und achtundzwanzig«, schrie er den Schleuser an. Meine Mutter bemühte sich, an unserer Geschichte festzuhalten, bis sie ihn schließlich davon überzeugte, sie wäre vierunddreißig statt der einundvierzig Jahre, die sie wirklich war. Doch als er mich betrachtete, sah er, dass ich noch ein Kind war. Er telefonierte und stritt mit jemandem auf Koreanisch. Ich begriff, es ging ums Geld.

Die Frau, die aufrecht in ihrem Bett saß und alles beobachtete, erklärte uns schließlich, was vor sich ging.

»Wenn ihr in China bleiben wollt, müsst ihr verkauft und verheiratet werden.«

Wir waren wie betäubt. Was meinte sie mit »verkauft werden«? Es war jenseits meiner Vorstellung, dass ein Mensch einen anderen verkauft. Ich dachte, man verkauft nur Hunde, Hühner oder andere Tiere – aber doch keine Menschen. Und was wollte sie sagen mit »ihr müsst verheiratet werden«. Ich konnte nicht glauben, was hier geschah.

Als wir zögerten, verlor die Frau des Glatzkopfs die Geduld mit uns.

»Entscheidet euch! Jetzt!«, forderte sie. »Ihr werdet verkauft oder ihr geht zurück. Nur so läuft's.«

Seit ich die Hände meiner Mutter umklammert und mich geweigert hatte, sie loszulassen, war eine Veränderung zwischen uns eingetreten. Ich war es nun, die die Entscheidungen traf. Meine Mutter sah mich an und fragte: »Was willst du?«

Ohne nachzudenken, antwortete ich: »Ich will etwas essen.« Wir hatten den ganzen Tag keinen einzigen Bissen zu uns genommen, und alles andere war so verwirrend und erschreckend, dass mein Blickwinkel sehr eng war.

»Ja, Yeonmi-ya, aber möchtest du zurück nach Nordkorea?«, fragte sie.

Ich dachte kurz nach. Würden wir verkauft, so stellte ich mir vor, würden wir alle im selben Dorf sein und könnten dort unseren nächsten Schritt planen. Wir würden Eunmi finden und hätten etwas zu essen.

»Ich möchte in China bleiben«, antwortete ich ihr.

»Gut!«, sagte der Glatzkopf.

»Wisst ihr etwas über meine ältere Tochter Eunmi?«, fragte meine Mutter. »Sie wollte nach China, aber wir haben nichts von ihr gehört.« Der Chinese erklärte uns, er habe eigentlich vor einigen Tagen zwei Mädchen in Empfang nehmen sollen, sie seien aber nicht aufgetaucht. Er habe sogar am Tag vor unserer Ankunft noch einmal versucht, Kontakt aufzunehmen, aber ohne Erfolg. Soweit er wisse, seien die beiden noch in Nordkorea. Aber er versicherte uns, es dauere nicht mehr lange, bis die beiden in China seien und dann würden wir uns sicher in dem Dorf treffen, wo die anderen Flüchtlinge lebten.

»Okay«, sagte ich. »Wir sind einverstanden.«

Er machte einen weiteren Telefonanruf, und schon bald tauchten ein sehr dicker Chinese und eine magere Frau mit nordkoreanischem Akzent auf. Sie setzten sich mit dem Glatzkopf zusammen und verhandelten vor uns über unseren Preis. Der fette Mann, Zhifang, war ein weiteres Glied in der langen Kette von Menschenhändlern, die uns schließlich an unsere »Ehemänner« verkaufen würden. Wir erfuhren, dass eine Mutter und ihre junge Tochter normalerweise zusammen verkauft wurden, allerdings für einen viel geringeren Erlös als zwei gesunde junge Frauen, die man einzeln verkaufen konnte. Aus dem Grund hatten die nordkoreanischen Schleuser den Glatzkopf angelogen, der nun wiederum den chinesischen Mittelsmann anlog und die Tatsache verschwieg, dass wir Mutter und Tochter waren. Außerdem versuchte er, ihn davon zu überzeugen, dass ich tatsächlich sechzehn wäre, damit er einen höheren Preis für mich erzielte.

Zhifang betrachtete mich ausgiebig und sagte: »Komm schon, sag mir, wie alt du wirklich bist!«

Da ich so klein war, gelang es mir nicht, ihn zu überzeugen. Ich gab also zu, dass ich erst dreizehn war.

»Ich hab's doch gewusst!«, rief Zhifang.

Endlich wurden sie handelseinig. Meine Mutter, die von den Nordkoreanern für 500 chinesische Yuan – den Gegenwert von 65 Dollar (Stand 2007) – verkauft worden war, wurde von Zhifang für den Gegenwert von 650 Dollar gekauft. Mein ursprünglicher Preis entsprach dem Gegenwert von 260 Dollar, und ich wurde an Zhifang für 15 000 Yuan oder knapp 2000 Dollar verkauft. Der Preis sollte jedes Mal, wenn wir im Laufe der Kette weiterverkauft würden, steigen.

Ich werde nie vergessen, wie grauenhaft demütigend es war, diesen Verhandlungen zuhören zu müssen, denn wir waren innerhalb von wenigen Stunden zu einer Handelsware geworden. Dieses Gefühl ging weit über Wut hinaus. Es fällt noch immer schwer, die Gründe auszuloten, warum wir all dem zustimmten, außer dass wir zwischen Angst und Hoffnung schwankten. Wir waren benommen und wollten nur noch weg von der gefährlichen Grenze. Weg von diesem schrecklichen Glatzkopf und seiner furchterregenden Frau. Wir wollten etwas zu essen und das Übrige später ergründen.

Als unser Preis festgesetzt war, verließen der nordkoreanische Schleuser, Zhifang und die Frau die Wohnung. Und endlich bekamen meine Mutter und ich etwas zu essen. Ich konnte es nicht glauben, als die Schwiegermutter eine ganze Schüssel Reis und würzig eingelegte Gurken vor uns auf den Tisch stellte. Nie zuvor hatte ich im Winter Gurken gesehen, und sie nun zu schmecken kam mir wie ein Wunder vor. All den Reis aufzuessen war unmöglich. In Nordkorea musste ich mein Essen mit anderen teilen und immer etwas in der Schüssel zurücklassen. Alles aufzuessen gilt bei uns zu Hause als unverschämt und anstößig, denn man weiß, dass der Gastgeber nur das isst, was übrig geblieben ist. Aber hier in China gab es so viel Reis, dass es erlaubt war, die ganze Schüssel zu leeren. Und im Abfalleimer dieser Wohnung befand sich mehr Nahrung, als ich womöglich innerhalb einer ganzen Woche in Hyesan gesehen hatte. Plötzlich war ich sehr glücklich über meine Entscheidung.

Um fünf Uhr am Morgen – kräftiger Schneefall wirbelte ums Haus – kam ein Taxi und hielt um die Ecke. Wir gingen hinaus, und der Glatzkopf forderte mich auf, ich solle am Tor warten. Er warf meine Mutter zu Boden und vergewaltigte sie vor meinen Augen wie ein Tier. Ich sah grauenhafte Angst in ihren Augen, aber ich konnte nichts tun, außer zitternd dazustehen und still zu flehen, es möge ein Ende nehmen. Das war meine Einführung in die Sexualität.

Als der Glatzkopf von ihr abgelassen hatte, begleitete er uns zum Taxi und stieß uns auf den Rücksitz. Wir waren beide erschüttert und brachten kein Wort heraus. Im Wagen saß bereits eine andere Nordkoreanerin von Anfang dreißig. Auch sie hatte gerade die Grenze überquert. Zhifangs Helferin, Young-sun mit Namen, saß vorne neben dem Fahrer. Sie erklärte uns, wir würden an einen anderen Ort gebracht, ehe wir verkauft würden. Meine Mutter und ich schmiegten uns eng aneinander und versuchten, uns zu beruhigen. Fast die ganze Strecke war ich reisekrank, und es wurde nur wenig gesprochen, während wir durch die chinesische Landschaft fuhren. Am Ende des Tages hielten wir endlich in einem Randgebiet einer offenbar größeren Stadt. Meine Mutter konnte Chinesisch weder sprechen noch lesen, aber sie hatte auf der Schule ein wenig Englisch gelernt. Sie entdeckte ein Schild mit chinesischen Schriftzeichen und westlichen Buchstaben, auf dem stand, wir seien in Changchun, der Hauptstadt der Provinz Jilin.

Schon die Luft in China schien uns anders. In Nordkorea lebten wir in Schwaden aus Staub und Rauch, weil all der Müll verbrannt wurde. In China wirkte die Welt sauberer, und es duftete nach wundervollen Köstlichkeiten, die überall gekocht wurden.

Young-sun lebte zusammen mit Zhifang in einem Viertel mit bescheidenen Mietshäusern – die mir alle jedoch sehr fein vorkamen. Nachdem sie uns in die Wohnung geführt hatte, fragte sie als Erstes: »Was wollt ihr essen?«

»Eier«, sagte ich. »Ich möchte Eier essen.«

Ich hatte nur wenige Bissen Ei gegessen, seit mein Vater verhaftet worden war, und das auch nur an Neujahr. Nun briet Young-sun fünf ganze Eier und servierte sie mir. Während ich die üppigen Dotter mit weichem Brot auftunkte, stieg China in meiner Achtung noch höher.

Später erfuhren wir Young-suns Geschichte. In Nordkorea war sie eine Art Schmugglerin gewesen, hatte sich aber immer mehr verschuldet. Zhifang hatte ihr einen Job angeboten, falls sie nach China kommen und mit ihm leben wollte. Nun schickte er sie, um die Frauen, die er an der Grenze kaufte, in Empfang zu nehmen. Auf diese Weise trug sie das gesamte Risiko. Sie lebte mit ihm zusammen wie eine Ehefrau, war aber nicht mit ihm verheiratet. Sie hatte keine Rechte und besaß keine Ausweispapiere, sodass sie jederzeit verhaftet und nach Nordkorea abgeschoben werden konnte.

Im Grunde genommen leben alle koreanischen Flüchtlinge in China in ständiger Angst. Die Männer, die die Grenze überqueren, verdingen sich oft bei Bauern zum Sklavenlohn. Sie wagen es nicht aufzubegehren, denn der Bauer muss nichts weiter tun, als die Polizei zu benachrichtigen, und schon wird der Mann verhaftet und in die Heimat zurückgebracht. Die chinesische Regierung will keine Einwanderungsflut, und ebenso wenig möchte sie die Führung in Pjöngjang verärgern. Nordkorea ist nicht nur ein Handelspartner, sondern auch eine Nuklearmacht direkt an ihrer Grenze und außerdem ein wichtiger Pufferstaat zwischen China und der amerikanischen Präsenz im Süden. Beijing weigert sich, den aus Nordkorea Entkommenen den Flüchtlingsstatus zuzuerkennen, stattdessen bezeichnet es sie als illegale »Wirtschaftsmigranten« und befördert sie zurück: Von all dem wussten wir vor unserer Flucht selbstverständlich nichts. Wir glaubten, wir seien willkommen. Und an manchen Orten waren wir es auch – aber eben nicht bei den Behörden.

Nordkoreanische Frauen sind in den ländlichen Gegenden Chinas sehr gefragt, weil dort nicht genügend Chinesinnen leben. Die Politik der Geburtenkontrolle der Regierung untersagt den meisten Paaren, mehr als ein Kind zu haben – und in der chinesischen Kultur hat ein Sohn einen höheren Stellenwert. Tragischerweise werden viele weibliche Föten abgetrieben oder laut Menschenrechtsgruppen nach der Geburt heimlich getötet. Letztendlich hat China zu viele Jungen und zu wenige Frauen, die sie heiraten, wenn sie dann erwachsen sind. Das Verhältnis von Männlich zu Weiblich ist vor allem auf dem Land unausgeglichen, denn viele junge Frauen ziehen in die größeren Städte, wo sie leichter Arbeit finden und ein besseres Leben führen können.

Insbesondere für Männer mit körperlichen oder geistigen Behinderungen ist es eher unwahrscheinlich, dass sie eine Ehefrau finden; und diese Männer und ihre Familien stellen den Markt für Zwangsbräute dar. Aber Bräute sind nicht billig, manchmal kosten sie Tausende von Dollar – das Jahreseinkommen eines armen Bauern. Selbstverständlich sind Menschenhandel und Zwangsehen illegal in China; und Kinder, die aus diesen Verbindungen hervorgehen, werden nicht als chinesische Staatsbürger anerkannt. Das bedeutet, dass sie nicht rechtmäßig zur Schule gehen dürfen und ohne ordentliche Ausweispapiere keine Arbeit finden, wenn sie älter sind. Alles am Menschenhandel ist unmenschlich, aber im Nordosten Chinas ist er noch immer ein großes Geschäft.

Nachdem meine Mutter, die andere Nordkoreanerin und ich gegessen und uns ausgeruht hatten, setzte sich Zhifang, der eigenständig aus Changbai zurückgekehrt war, mit uns hin, um zu besprechen, was als Nächstes geschehe. Er erklärte, ein anderer Chinese werde kommen und uns aufs Land bringen, wo wir unsere Ehemänner träfen.

»Können wir nicht gemeinsam verkauft werden?«, fragte meine Mutter. »In Wahrheit ist dieses Mädchen nicht meine Nichte, sondern meine Tochter.«

Zhifang wirkte nicht überrascht, als er das hörte. »Es tut mir leid, aber du und deine Tochter müsst einzeln verkauft werden. Ich habe für jede von euch beiden einen Preis bezahlt, und nur so bekomme ich mein Geld zurück.«

»Aber meine Tochter darf nicht verheiratet werden«, sagte meine Mutter. »Sie ist erst dreizehn.«

»Keine Sorge. Ich bin ganz deiner Meinung, sie ist zu jung«, entgegnete Zhifang. »Ich bin ein Mensch genau wie du! Wie könnte ich eine Dreizehnjährige an einen Ehemann verkaufen?« Er meinte, wenn meine Mutter zustimme, einzeln verkauft zu werden, würden er und Young-sun mich bei sich behalten, bis ich etwas älter sei. Erst dann würden sie eine Entscheidung treffen. Für die Zwischenzeit würden sie meiner Mutter ihre Telefonnummer geben, sodass sie jederzeit mit mir Verbindung aufnehmen könne.

Meine Mutter und ich besprachen uns einige Minuten und kamen zu dem Schluss, dies sei womöglich die beste Situation, die wir uns erhoffen konnten.

Meine Mutter willigte ein, ohne mich verkauft zu werden.

»Gut«, sagte Zhifang. »Was möchtet ihr jetzt essen? Wenn ihr Wassermelone wollt, kaufe ich morgen eine für euch.«

Am nächsten Morgen machten Zhifang und Young-sun mit mir einen Spaziergang, damit ich einen ersten wirklichen Blick auf China werfen könnte. Wir gingen an einigen Geschäften vorbei, wo ich zum ersten Mal in meinem Leben eine Schaufensterpuppe sah. Ich wusste nicht, ob es ein echter Mensch war oder nicht.

Young-sun bemerkte, dass ich die Gestalt anstarrte, und sagte: »Das ist doch nur eine Puppe, meine Kleine.«

Ich konnte nicht glauben, dass es in den Läden so viele Dinge zu kaufen gab. Und ich sah Restaurants und Händler, die alles

Mögliche im Angebot hatten. Man konnte gerösteten Mais auf der Straße kaufen und Spieße mit allen möglichen Früchten, die ich noch nie zuvor gesehen hatte. Nur Erdbeeren erkannte ich, sie hatte ich schon einmal in einem Schulbuch gesehen.

»Ich möchte die da!«, sagte ich und deutete auf die Frucht.

Sie kauften sie mir, und zum ersten Mal in meinem Leben kostete ich den Geschmack einer Erdbeere. Ich konnte nicht fassen, dass etwas so gut schmeckte. Ich hätte immer weiter essen können. Anfangs fürchtete ich, dass etwas derart Köstliches zu teuer sei, aber meine neuen Freunde beruhigten mich.

Mittlerweile glaubte ich, China müsse der beste Ort der Welt sein. Die Schrecken der letzten Tage hatte ich beinahe vergessen. Mein Kopf war voll mit all den Dingen, die ich lernen musste. Da ich die Leute um mich herum nicht verstehen konnte, bat ich Young-sun, mir einige Worte auf Mandarin beizubringen. Die ersten waren: »*Zhe shi shen me*«, was so viel bedeutet wie: »Was ist das?« Wo immer ich hinkam, zeigte ich auf etwas und fragte: »*Zhe shi shen me*?« Und Young-sun sagte mir das Wort.

Bei diesem ersten Spaziergang musste mir Young-sun auch die Verkehrsregeln erklären, damit ich nicht einfach so über die Straße lief. In Hyesan hatten wir keine Ampeln, und es fuhren nur sehr wenige Autos. Damals in Pjöngjang war ich noch zu klein gewesen, um die Regeln zu durchschauen. Aber hier musste man aufpassen und auf ein Signal achten, ehe man die Straße überquerte, ansonsten würde man überfahren. Schon bald überwältigte mich alles. Mir drehte sich der Kopf vom Anblick so vieler verschiedener strahlender Farben und Menschen. Der Geruch nach Benzin, Grillfeuer und Autoabgasen bereitete mir Übelkeit, sodass ich mich beinahe auf der Straße übergeben hätte.

Die beiden führten mich zurück in die Wohnung. Dort angekommen verkündeten sie mir, es sei an der Zeit, Abschied zu nehmen von meiner Mutter. Zhifang werde sie und die andere Frau zu dem nächsten Mann bringen, der sie verkaufe. Mit einem Mal war ich aus meinen Träumen gerissen. Meine Mutter würde mich verlassen, und ich bliebe bei Fremden zurück. Sie bemühte sich, für mich tapfer zu sein, und ich sah Entschlossenheit in ihrem zarten, müden Gesicht.

»Sei ein braves Mädchen«, ermahnte sie mich. »Putze jeden Tag die Wohnung und koche für diese Leute, damit sie sehen, dass du es wert bist, bei ihnen zu bleiben.« Sie zeigte mir Zhifangs Telefonnummer auf einem Zettel, den sie zusammengefaltet in ihre Tasche steckte. »Ich rufe dich so schnell wie möglich an. Vielleicht wartet Eunmi schon, wenn ich dort ankomme.«

Am Abend zuvor hatten uns Zhifang und Young-sun in Plastik verpacktes, weiches chinesisches Weißbrot gegeben. Es war so köstlich, dass ich beschloss, die Hälfte meines Stücks aufzuheben und es meiner Mutter für ihre Reise mitzugeben. Doch als ich später danach suchte, hatte es die andere Nordkoreanerin gestohlen und aufgegessen. Ich konnte meiner Mutter nichts mitgeben, als wir uns zum Abschied in die Arme nahmen.

Als meine Mutter fort war, weinte ich lange, und um mich aufzuheitern, führten mich Zhifang und Young-sun zum Essen in ein Restaurant aus. Es war das erste Mal seit meiner Reise nach Pjöngjang, wo ich mit meinem Vater gewesen war. Ich hatte noch nie zuvor Einweg-Essstäbchen gesehen, und sie zeigten mir, wie man sie voneinander trennt, ohne sie zu zerbrechen. Dann bestellten sie riesige Teller mit Schweinefleisch, Paprikagemüse und gebratenem Reis. Ich aß, bis mein Magen sich weigerte, noch irgendetwas in sich aufzunehmen.

An diesem Abend begann Young-sun, mir Lehrstunden in Hygiene zu erteilen. Ich hatte noch nie zuvor eine Toilette gesehen, sie erklärte mir, wie man sie benutzt. Ich dachte, man müsse sich obendrauf hocken wie bei den Plumpsklos in Nordkorea. Sie zeigte mir, wie man sich die Hände in einem Waschbecken wäscht, und erinnerte mich an den richtigen Umgang mit einer Zahnbürste und Zahnpasta. Nach der Verhaftung meines Vaters waren wir so arm gewesen, dass wir uns mit Salz auf dem Finger die Zähne geputzt hatten. Sie erklärte mir auch, dass Chinesinnen während ihrer Menstruation Einwegbinden benutzten. In Nordkorea hatten wir dafür nur ein dünnes Stück Stoff, das wir waschen mussten, sodass ich jeden Monat einige Tage ans Haus gebunden gewesen war. Als sie mir die weiche Baumwollbinde reichte, die in dünner Plastikfolie verpackt war, hatte ich keine Ahnung, was ich damit tun sollte. Und sie roch so schön, dass ich sie für irgendeinen anderen Zweck aufheben wollte. Aber ich hielt die Idee für gut, denn sie gab den Frauen viel mehr Freiheit.

Am nächsten Tag brachte sie mich in ein öffentliches Badehaus, wo Frauen zusammen in einem Raum duschen. Ich hatte Duschen in Filmen gesehen, aber dies war meine erste praktische Erfahrung. Es war so herrlich, das warme Wasser über meinen ganzen Körper rinnen zu spüren. Young-sun schrubbte mich von Kopf bis Fuß mit richtiger Seife ab, dann sprühte sie meinen Kopf mit etwas ein, das die Läuse tötete, und setzte mir eine Duschhaube auf das Haar. Alle in Nordkorea hatten Läuse, und es gab kein Mittel, sie loszuwerden. Diese Behandlung war mir eine riesige Befreiung.

Einige Stunden später waren wir mit meiner Verwandlung fertig. Ich hatte sauberes Haar und neue Kleider, als wir in die Wohnung zurückkehrten. Als Zhifang mich sah, sagte er lächelnd: »Du glänzt so!«

Meine Mutter und die andere Nordkoreanerin, die unser Brot gestohlen hatte, waren mittlerweile an einen *da lao ban* verkauft worden, an einen »big boss« in der Welt des Menschenhandels, der unter dem Namen Hongwei bekannt war. Es gab eine Hierarchie unter den Verbrechern, die auf den Handel mit nordkoreanischen Bräuten spezialisiert waren, angefangen von den Schleusern auf der nordkoreanischen Seite der Grenze über den Glatzkopf in Changbai und dem Paar in Changchun, die alle nur Mittelsmänner waren. Die Bosse wie Hongwei befanden sich am oberen Ende der Kette und hatten oft ein Netzwerk von Zwischenhändlern, die für sie arbeiteten.

Hongwei war Han-Chinese – das ist die größte Ethnie in China – und sprach kein einziges Wort Koreanisch. Er war groß und Anfang dreißig, mit einem länglichen Gesicht und vollem Haar. Als sie mit dem Bus und dem Taxi tief nach China hinein reisten, hatte meine Mutter keine Ahnung, wohin sie fuhren. Die Gruppe hielt an einem dunklen kalten Haus auf dem Land, um dort zu übernachten. Ein alter Mann kam und entzündete für sie ein Feuer, und Hongwei machte mit Gesten meiner Mutter klar, dies sei ihr Ehemann; sie müsse mit ihm schlafen. Aber sie hatten ihr einen üblen Streich gespielt: Er war nur ein weiteres Glied in der Kette und gehörte zu dem Ring aus Menschenhändlern, die die Frauen missbrauchten, ehe sie sie weiterverkauften. Auch Hongwei bildete da keine Ausnahme. Meiner Mutter blieb keine andere Wahl, als es über sich ergehen zu lassen.

Am nächsten Tag brachte Hongwei meine Mutter und die andere Nordkoreanerin in ein Haus auf dem Land, außerhalb der Stadt Jinzhou, etwa vierhundertfünfzig Kilometer von Beijing entfernt. Dort wusch er sie und gab ihnen neue Kleider und Kosmetika. Die andere Frau war rasch verkauft, aber für meine Mutter den passenden Mann zu finden dauerte sehr viel länger. In den folgenden Tagen brachte er sie mit verschiedenen Männern zusammen. Sie fühlte sich wie ein Sack Kartoffeln auf dem

Markt, während über ihren Preis geschachert wurde. Die Männer sagten, sie sei zu mager oder zu alt, und ihr Preis sank ständig. Eine Frau brachte ihren geistig behinderten Sohn mit, für den sie sie kaufen wollte, doch meine Mutter weigerte sich. (Im Allgemeinen zwingen Menschenhändler die Frauen nicht, solche Ehen einzugehen, denn sie wissen, dass die Frauen versuchen würden wegzulaufen, und dann wäre das ganze Geschäft geplatzt. Die Frauen, die keine Einsicht zeigen, müssen allerdings mit Schlägen rechnen oder werden der Polizei übergeben und nach Nordkorea abgeschoben.) Schließlich kam eine Bauernfamilie mit einem unverheirateten Sohn von Anfang dreißig. Meine Mutter wurde für einen Gegenwert von etwa 2100 Dollar an sie verkauft.

Am selben Tag noch nahm die Familie sie mit. Die Leute lebten mitten im Nirgendwo, in einem sehr bescheidenen Haus aus Stein und Mörtel und mit einem Blechdach. Es war Anfang April, die Felder waren frisch gepflügt und bereit für den Anbau von Mais und Bohnen. Meine Mutter konnte bislang zwar nur wenige chinesische Wörter, aber sie war in der Lage, ihrem neuen »Ehemann« klarzumachen, dass sie sein Telefon benutzen und mich anrufen wolle. Anfangs lehnte er ab, doch nach einigen Tagen des Weinens und Flehens gab er nach. Ich war so glücklich, ihre Stimme zu hören, als sie auf dem Handy des fetten Menschenhändlers anrief und er es mir weiterreichte.

»Hast du Eunmi gesehen?«, fragte ich.

»Nein, mein Töchterchen. Ich habe niemanden aus Nordkorea gesehen.«

An ihrer Stimme erkannte ich, dass sie in einer schrecklichen Verfassung war. Sie hatte tagelang nicht geschlafen und keine Vorstellung, wie sie ihrer neuen Familie beibringen sollte, dass sie Schlaftabletten brauchte, solche wie sie sie zu Hause nahm, wenn sie sie sich leisten konnte. Es tat ihr unterdessen unglaublich leid, dass sie sich einverstanden erklärt hatte, mich zurückzulassen. Sie konnte mich nicht mehr beschützen, und sie hatte meine Schwester nicht gefunden. Ich versuchte, sie aufzuheitern, indem ich ihr sagte, sie solle sich keine Sorgen um mich machen, alles sei bestens, und sie habe eine Telefonnummer, unter der sie mich jederzeit erreichen könne.

Das war das letzte Mal für viele Wochen, dass sie mich anrufen konnte. Die Familie schloss das Handy und das Geld weg, ja selbst das Essen. Meine Mutter begriff, dass man von ihr nicht nur erwartete, die Ehefrau dieses chinesischen Bauern zu sein, sondern die Sklavin der ganzen Familie. Sie musste kochen, putzen und auf dem Feld arbeiten. Wieder und wieder flehte sie die Leute an, sie mögen sie ihre kleine Tochter anrufen lassen, doch sosehr sie auch weinte, es kümmerte die Familie nicht. Für sie war sie wie eines ihrer Nutztiere und kein menschliches Wesen.

KAPITEL 13

Pakt mit dem Teufel

Meine Mutter war erst drei Tage fort, als Zhifang mich vergewaltigen wollte.

Seine Wohnung hatte zwei Schlafräume, die durch einen Flur voneinander getrennt waren. Ich schlief allein, gegenüber von ihm und Young-sun, als er plötzlich im Dunkeln zu mir ins Bett kam. Er stank nach Alkohol, und seine Hände, mit denen er nach mir griff, waren rau. Ich war so geschockt, dass ich sofort nach ihm trat und mich seinem Zugriff entwand.

»Leise!«, flüsterte er. »Du weckst sie auf!«

»Wenn du mich nicht loslässt, schreie ich!«, drohte ich ihm. Widerwillig ließ er von mir ab und ging wieder zu seiner schlafenden Freundin.

Einige Tage später versuchte er es wieder. Dieses Mal hatte er Young-sun mit Alkohol abgefüllt, bis sie bewusstlos war, und dann kam er mitten in der Nacht in mein Schlafzimmer. Wieder wehrte ich ihn tretend, schreiend und mit Bissen ab. Ich dachte, der einzige Weg, mich zu retten, sei, mich wie eine Verrückte aufzuführen. Ich gebärdete mich so wild, dass er wusste, er müsste mich schlimm verletzen oder sogar töten, wollte er seinen Willen durchsetzen. Und dann hätte ich keinen Wert mehr. Also gab er auf.

»Gut«, sagte er. »Aber du kannst hier in dieser Wohnung nicht mehr bleiben. Ich verkaufe dich an einen Bauern.«

»In Ordnung«, entgegnete ich. »Dann verkaufst du mich eben.«

Wenige Tage später tauchte der Mann wieder auf, der meine Mutter ge- und verkauft hatte. Er holte mich ab.

Hongwei war nicht sein richtiger Name, aber er log ohnehin in einem fort. Er erzählte mir, er sei sechsundzwanzig, dabei war er in Wirklichkeit zweiunddreißig Jahre alt. Mein wahres Alter wusste er nicht, denn Zhifang hatte ihm gesagt, ich wäre sechzehn. Niemand sprach die Wahrheit.

Ich bemühte mich zwar, Chinesisch zu lernen, aber ich verstand nur sehr wenig. Deshalb konnten Hongwei und ich uns nur durch Gesten verständlich machen. Er führte mich vor unserer langen Fahrt zum Frühstück in ein Restaurant. Doch ich war so in Panik, dass meine Hände zitterten. Jeder Menschenhändler, auf den ich in China gestoßen war, hatte mich vergewaltigen wollen, und ich nahm an, dass dieser nicht anders war. Hongwei machte mir ständig Zeichen, ich solle essen, aber ich konnte nicht. Obwohl ich noch immer mager und unterernährt war, hatte ich keinen Appetit mehr. Essen war der Grund, weshalb ich nach China gekommen war, und nun bereitete mir allein der Gedanke daran Übelkeit.

Wir nahmen verschiedene Busse für den Weg in Hongweis Stammland, eine Strecke von der alten Stadt Chaoyang bis zum geschäftigen Hafen Jinzhou. Die Busse hielten oft, und bei einem Halt stieg ein Händler ein, der Eiscreme an die Passagiere verkaufte. Hongwei kaufte mir eines. Schon lange hatte ich keines mehr gegessen, und plötzlich hatte ich wieder Appetit. Ich konnte nicht fassen, dass etwas so köstlich schmeckte. Ich aß es ganz auf und aß in Gedanken sogar weiter, als ich es längst verzehrt hatte.

Die Nacht verbrachten wir in einer Pension in einer kleinen Stadt außerhalb von Jinzhou. Bis wir an jenem Abend dort anlangten, war ich schon wieder zu aufgeregt, um irgendetwas zu essen. Darum nahm mich Hongwei mit in einen Laden, um einige Vorräte zu kaufen. Ich verstand, dass ich mir dort noch ein paar Dinge aussuchen sollte, doch solche Luxusartikel hatte ich noch nie zuvor gesehen. Ich versuchte, ihm klarzumachen, dass ich nichts davon brauchte. Daraufhin suchte er einiges für mich aus. Er griff zu einer bunten Zahnbürste, zu Seife und einem hübschen Handtuch mit Stickereien. Weil er sah, dass meine Haut ganz rau war, kaufte er mir noch eine Feuchtigkeitslotion. Das fand ich so nett, dass ich mich allmählich entspannte. Vielleicht war er letztendlich doch nicht so übel, dachte ich.

Als wir in die Pension kamen, zeigte er mir eine Art Handy, wie ich es nie zuvor gesehen hatte. Man konnte damit nicht nur telefonieren, sondern Musik abspielen und dank der eingebauten Kamera auch Fotos machen. Hongwei demonstrierte mir gerade, dass man auch Videos abspielen konnte, als plötzlich meine Mutter auf dem Display erschien, sie winkte und sagte Hallo. Ich war so begeistert, dass ich es nicht glauben konnte.

»*Umma! Umma!*«, schrie ich in das Gerät und riss es ihm aus den Händen. Ich glaubte, sie sei in diesem Augenblick dran und spreche zu mir, darum wollte ich ihr antworten. Hongwei war schockiert. Er hatte keine Ahnung, dass die Frau, die er kürzlich verkauft hatte, meine Mutter war. Ebenso wie mir hatte er ihr das Handy gezeigt und dabei ein Video von ihr aufgenommen, um ihr zu demonstrieren, wie es funktionierte.

Als ich begriff, dass meine Mutter nicht durch das Telefon zu mir sprach, verließ mich der Mut. Aber es tat so gut, ihr Gesicht zu sehen; und ich hielt es für ein Zeichen, dass ich ihr schon bald leibhaftig begegnen würde.

Später in dieser Nacht gab mir Hongwei durch Gesten zu verstehen, er sei mein Ehemann, und ich müsse mit ihm schlafen. Dann versuchte er, mich zu vergewaltigen.

Wieder kämpfte ich, ich trat, biss und schrie wie eine Wahnsinnige. Ich machte so viel Lärm, dass es bestimmt so klang, als würde in unserem Zimmer jemand ermordet. Hongwei gab auf und legte sich schlafen. Ich verbrachte die Nacht mit dem Rücken zur Wand, starrte mit blutunterlaufenen Augen vor mich hin und wartete nur darauf, dass er es wieder versuchte.

Am nächsten Tag wollte Hongwei mich mit Geschenken und Nettigkeiten für sich gewinnen. Er führte mich in ein Geschäft und kaufte mir Jeans, einen Pullover und Laufschuhe. Ich hatte genau diese Art Schuhe gesehen, als ich in Nordkorea heimlich chinesisches Fernsehen geguckt hatte. Es war immer mein Traum gewesen, ein solches Paar zu besitzen. Nun war dieser Traum wahr geworden, und dennoch fühlte ich mich elend. Ich begriff allmählich, dass alles Essen der Welt – und alle Laufschuhe – mich nicht glücklich machten. Das Materielle war für mich ohne Wert. Ich hatte meine Familie verloren. Ich wurde nicht geliebt, ich war nicht frei und befand mich nicht in Sicherheit. Ich war am Leben, ja, doch alles, was das Leben lebenswert machte, gab es nicht mehr.

Nach einem Tag in dieser kleinen Provinzstadt heuerte Hongwei ein Taxi an, das uns nach Jinzhou bringen sollte. Dort hatte er eine Zweizimmerwohnung in einem vierstöckigen Haus gemietet; es lag in einem etwas älteren Viertel nahe dem Zoo und einem großen Park. Die Wohnung gefiel mir, aber mit Hongwei dort zu leben machte mir Angst. Wieder einmal versuchte er, mich zu vergewaltigen. Und wieder wehrte ich ihn ab, als hätte ich nichts zu verlieren, als hätte ich einen Dämon in mir. Ich war so voller Angst und Wut, dass ich, selbst wenn er mich nur zufällig im Schlaf berührte, laut aufschrie und so heftig weinte, dass ich nicht mehr aufhören konnte. Ich wurde jedes Mal fast ohnmächtig, und ich glaube, ich jagte ihm wirklich Angst ein. Hongwei wurde bewusst, dass er mich nicht mit Gewalt nehmen konnte, es sei denn, er hätte mich zerstören wollen.

Daraufhin sperrte Hongwei mich in einem Zimmer der Wohnung ein, tage- oder wochenlang – ich habe keine Ahnung, wie lange es dauerte. Er öffnete die Tür nur, um mir Essen zu reichen. Aber noch immer änderte ich meine Meinung nicht. Also beschloss er eines Tages, mir die Realität meiner Situation zu zeigen.

Wir fuhren zwei, drei Stunden zu einem Haus auf dem Land, wo Hongwei mich einem jungen, schwangeren nordkoreanischen Mädchen vorstellte, das mit einem Chinesen zusammenlebte. Hongwei ließ sie übersetzen, um ganz sicherzugehen, dass ich ihn verstand: Sollte ich mich weigern, mit ihm zu schlafen, werde er mich an einen Bauern verkaufen. Er wollte, dass ich begriff, er biete mir eine sehr viel bessere Alternative.

»Dann soll er mich verkaufen«, sagte ich zu dem Mädchen.

Ungläubig schüttelte Hongwei den Kopf. Er ließ mich allein mit ihr, damit ich nachdenken konnte. Sie erklärte mir, Hongwei gehe davon aus, für mich einen hohen Preis zu erzielen, denn ich sei Jungfrau und sichtlich sehr jung.

Ich dachte, ich könne ihr vertrauen, da wir beide Nordkoreanerinnen waren und sie offensichtlich Mitleid mit mir hatte. »Rettest du mich?«, fragte ich sie. »Kannst du mir helfen zu fliehen und meine Mutter zu finden?«

Sie sprach mit ihrem Mann, und beide waren einverstanden. Wir heckten einen Plan aus. Als Hongwei nicht achtgab, schlich ich mich zur Hintertür hinaus, sprang über einen Zaun und rannte zu einem alten baufälligen Haus im Wald. Die chinesische Schwiegermutter des Mädchens kam bald nach. Wenige Stunden später traf ein Mann auf einem Motorrad ein und brachte mich zu einem Haus in den Bergen, das einem ihrer Verwandten gehörte.

Dort angekommen wurde mir klar, dass sie mich hereingelegt hatten. Das nordkoreanische Mädchen und ihr Mann hatten mich Hongwei geraubt und wollten mich auf eigene Faust weiterverkaufen. Sie kamen mit einem anderen Menschenhändler zu mir in die Berge, und das Mädchen erklärte mir: »Wenn du bereit bist, mit diesem Mann zu schlafen, sucht er dir einen reichen jungen Ehemann in einer großen Stadt. Dann musst du keinen Bauern heiraten.«

Ich weigerte mich beharrlich und sagte ihnen, eher wolle ich sterben, als dass ich dies zulasse.

Das nordkoreanische Mädchen verbrachte etwa eine Woche mit mir, in der sie mich davon überzeugen wollte, ich solle mich verkaufen lassen.

Unterdessen hatte Hongwei einige seiner kriminellen Freunde herbeigerufen, damit sie ihm halfen, mich zu finden. Sie fuhren mit ihren Motorrädern die ganze Gegend ab und durchsuchten Häuser und Hütten nach mir. Das Ehepaar, das mich geraubt hatte, erzählte Hongwei, ich sei davongerannt, doch er glaubte ihnen nicht. Er drohte ihnen, weil er mich zurückbekommen wollte, aber sie blieben bei ihrer Geschichte. Der Chinese, der mich fortgebracht hatte, bot sich sogar an, ihm bei der Suche behilflich zu sein.

Durch seine Verbindungen zu anderen Menschenhändlern erfuhr Hongwei schließlich, wo ich mich versteckt hielt. Er schlug dem Ehepaar einen Handel vor: Wenn sie nicht mit ihm kooperierten, würde er sie bei der Polizei anzeigen, und das schwangere Mädchen würde nach Nordkorea zurückgeschickt. Sollten sie mich aber unversehrt zurückbringen, würde er für mich bezahlen. Sie nahmen den Handel an. Hongwei kaufte mich also ein zweites Mal. Die exakte Summe habe ich nie erfahren, aber ich weiß, dass der Preis um einiges höher war, als Zhifang für mich bezahlt hatte.

Als ein anderer Mann auf einem Motorrad an meinem Versteck in den Bergen auftauchte, glaubte ich, ich sei endlich gerettet. Doch stattdessen fuhr er mich in die Stadt, wo Hongwei mich mit einer Gruppe finster aussehender Männer erwartete.

»Geht es dir gut?«, fragte Hongwei. »Haben sie dir wehgetan?«

Ich schüttelte nur verneinend den Kopf. Ich hatte keine Lust, mit ihm zu reden.

Wenn nordkoreanische Zwangsbräute den Menschenhändlern davonlaufen, werden sie normalerweise brutal geschlagen oder sogar getötet. Nicht so Hongwei. Er schien so froh, mich wiederzuhaben, dass er all seine Gangsterfreunde, die ihm bei der Suche geholfen hatten, zu einem üppigen Essen in ein Restaurant einlud. In derselben Nacht nahmen wir einen Bus zurück nach Jinzhou.

Als wir von der Bushaltestelle zu der Wohnung gingen, fühlte ich mich sehr stark und gelassen, denn ich hatte bereits den Entschluss gefasst, mich diesem Leben nicht zu ergeben, sondern mich umzubringen. Ich hatte die Kontrolle über alles andere verloren, aber diese letzte Entscheidung blieb mir. Seit meiner Flucht aus Nordkorea war nicht ein einziger Tag vergangen, an dem ich nicht geweint hatte; ich hatte mir gar nicht vorstellen können, dass ich so viele Tränen in mir hatte. Aber am letzten Tag meines Lebens würde ich nicht mehr weinen.

Gerade als ich aufgegeben hatte, war Hongwei voller Hoffnung. Obwohl er kein religiöser Mann war, betete er manchmal zu Buddha. Die Auffassung von Religion war mir völlig fremd. In Nordkorea huldigten wir ausschließlich den Kim-Diktatoren, und wir glaubten an *juche*, die Doktrin der nationalen Selbstbestimmung, die Kim Il-sung begründet hatte. Jede andere Religion auszuüben ist strengstens verboten und kann den Tod bedeuten. Aber Wahrsager sind sehr beliebt in Nordkorea (wenn auch nicht offiziell erlaubt), und viele Leute sind abergläubisch, was Zahlen und Daten angeht. Daher verstand ich Hongweis äußerst abergläubische Haltung. Er zählte die Schritte, als wir zur Wohnung gingen, und kaum dort angekommen, verbrannte er dieselbe Anzahl an Höllengeldscheinen – Falschgeld, das man den Ahnen als Opfergabe ins Jenseits schickt. Er hoffte, dies bringe ihm Glück mit mir. Aber es funktionierte nicht.

Wieder versuchte er, mich zu vergewaltigen. Er drückte meine Arme aufs Bett, aber ich biss ihn und trat kräftig zu, sodass ich ihm entkam. Ich rannte in die Küche und griff nach einem Messer, das ich mir, mittlerweile auf dem Balkon stehend, an den Hals hielt.

Ich tobte und schrie auf Koreanisch: »Wenn du näher kommst, springe ich!« Er verstand nicht, was ich sagte, aber er sah in meinen Augen, dass ich bereit war zu sterben.

Hongwei sagte mit beruhigender Stimme auf Chinesisch: »*Biedong, biedong.*« Was so viel heißt wie »rühr dich nicht«. Er sprach mit einfachen Worten, damit ich ihn verstand, und machte Gesten, um mir ein Geschäft begreiflich zu machen, das er im Kopf hatte. »Du meine Frau«, sagte er. »Mama kommen. Papa kommen. Schwester kommen.«

Plötzlich hatte er meine ganze Aufmerksamkeit. Langsam ließ ich das Messer sinken. Wir setzten uns, und er legte mir – noch immer pantomimisch und mit einfachen Worten – sein Angebot dar: Wenn ich mit ihm als seine *xiao-xifu* oder seine »kleine Frau« – was so viel bedeutet wie Geliebte – zusammenlebe, werde er meine Mutter ausfindig machen und sie zurückkaufen. Außerdem werde er in Nordkorea nach meinem Vater suchen und einen Schleuser bezahlen, der ihn nach China bringen solle. Und er werde mir helfen, meine Schwester zu finden.

Und wenn ich ablehnte? Da er mich offenbar nicht verkaufen könne, übergebe er mich der chinesischen Polizei. Das würde ich selbstverständlich niemals zulassen.

In diesem Augenblick konnte ich nicht richtig logisch denken, aber ich erkannte die Gelegenheit, dass ich etwas tun konnte, das nicht nur mir zugutekäme. Die meiste Zeit in meinem Leben hatte ich nur an mich gedacht. Doch nun bot sich mir die Chance, meine Familie über meine Ehre zu stellen. Ich war bereit gewesen zu sterben, um der Schande einer Vergewaltigung zu entgehen. Nun hatte ich eine andere Wahl: selbstsüchtig zu sterben oder meine Familie zu retten.

Erst einmal musste ich allerdings überlegen: Konnte ich diesem Mann trauen?

Seit ich Nordkorea verlassen hatte, waren mir nur Lügen aufgetischt worden. Aber etwas an der Art, wie Hongwei mir dieses Geschäft unterbreitete, überzeugte mich von seiner Ehrlichkeit. Und schließlich hatte er so entschieden nach mir gesucht, nachdem ich weggelaufen war. Er wusste, sollte er nicht Wort halten, würde ich mich umbringen; und auf seine ihm eigene barbarische Art schien er mir aufrichtige Gefühle entgegenzubringen.

Letztendlich blieb mir gar keine Wahl.

Lange Zeit hielt ich es für eine Geschäftsvereinbarung und nicht für Vergewaltigung. Erst heute, nach einigen Jahren, wird mir das Ausmaß dessen bewusst, was damals passiert ist. Es war entsetzlich. Mein dreizehnter Geburtstag lag erst sechs Monate zurück, und ich war klein für mein Alter. Als Hongwei sich auf mich legte, dachte ich, er sprenge mich auseinander. Ich zitterte vor Angst, und der Geschlechtsakt war so schmerzhaft, abstoßend und gewalttätig, dass ich glaubte, es geschähe nicht mir. Nach einer Weile fühlte ich mich, als hätte ich meinen Körper abgestreift und säße neben dem Bett auf dem Boden. Als sähe ich mir selber zu, aber ich war nicht ich.

Kaum war Hongwei mit mir fertig, ging ich ins Badezimmer und duschte eine Ewigkeit. Ich fühlte mich so schmutzig und war so verzweifelt wie noch nie in meinem Leben. Ich schrubbte meine Haut, bis sie blutete, das gab mir ein Stück Erleichterung. Ich entdeckte, dass mir körperlicher Schmerz half, den seelischen Schmerz weniger wahrzunehmen; und eine ganze Zeitlang wurde es mir zur Gewohnheit, mich mit einem rauen Tuch wund zu rubbeln. Manches Mal war es der einzige Ausweg, den inneren Qualen zu entfliehen.

Als Hongwei nachsah, warum die Dusche so lang lief, fand er mich kraftlos auf dem Boden des Badezimmers. Er sagte kein Wort und trug mich ins Bett, aber ich sah, dass ihm Tränen übers Gesicht rannen.

Ich meinte, ich würde den Verstand verlieren. Der Geschlechtsakt war so ekelerregend, dass ich mich jede Nacht übergab. Lange Zeit konnte ich nur einige Löffel Reis am Tag zu mir nehmen. Schließlich wurde ich innerlich taub, und Hongwei dachte, ich würde mich erholen. Aber ich tat nur so, als wäre ich lebendig, während ich mir selbst aus der Ferne zusah, als spielte ich eine Rolle in einem Film, der kein Ende nehmen wollte. Nur schwelender Hass auf diesen Mann erfüllte noch mein Inneres. Ich malte mir aus, ihn im Schlaf zu töten und davonzulaufen. Aber wo sollte ich hin? Und wer außer mir konnte meine Familie retten?

»Bald finden wir deine Mutter«, sagte mir Hongwei eines Morgens. »Aber zu unserem Handel gehört noch mehr. Du wirst mir bei meinen Geschäften helfen müssen.«

Ich war gerade mal zwei Monate in China, als ich anfing, für Hongwei zu arbeiten. Als er zwei junge Nordkoreanerinnen in der Wohnung unterbrachte, sprach ich mit ihnen und übersetzte für sie ein bisschen. Ich wusch sie, so wie Young-sun es mit mir gemacht hatte, suchte Kleidung und Make-up für sie aus und unterwies sie in Hygiene. Ganz anders als meine Mutter und ich wussten diese beiden Mädchen bei der Flucht, dass sie in China verkauft würden. Es mache ihnen nichts aus, sagten sie. Es sei besser, als in Nordkorea zu sterben.

Hongwei nahm mich mit, weil ich ihm helfen sollte, diese Frauen auf dem Land zu verkaufen. Nachdem das Geschäft geglückt war, fuhren wir in das Dorf, wo er meine Mutter verkauft hatte; dort traf ich ihren chinesischen »Ehemann«. Ich sprach mittlerweile ausreichend Chinesisch, um ihm klarzumachen, dass ich meine Mutter zurückkaufen wolle. Wir handelten einen Preis aus – es war mein erster richtiger Geschäftsabschluss. Hongwei bezahlte etwas über 2000 Dollar, um sie für mich zurückzukaufen; er hatte also noch einen kleinen Gewinn bei diesem Handel gemacht.

Einige Tage später trafen wir die Familie an einem geheimen Ort auf dem Land, wo die Übergabe stattfinden sollte. Es war Juni, und das Gras stand hoch. Meine Mutter sah mich bereits aus weiter Ferne; sie rannte über einen Feldweg auf mich zu, und wir fielen uns in die Arme. Sie hatte keine Ahnung, was mit mir geschehen war, noch wusste sie, dass ich sie holen kam. Ein einziges Mal nur war es ihr gelungen, Zhifang in Changchun anzurufen, doch er hatte nichts preisgeben wollen, außer ich sei fort. Wir waren so glücklich, uns wiederzusehen, dass uns unentwegt die Freudentränen liefen. Zum ersten Mal seit vielen Wochen lächelte ich und fühlte mich sogar lebendig.

Aus Gewohnheit zog mich meine Mutter huckepack auf ihren Rücken, wie sie es getan hatte, als ich noch ein kleines Kind war.

»Lass mich doch mal sehen, wie viel meine Kleine gewachsen ist, während ich fort war«, sagte sie. Aber ich war keine Kleine mehr. Später gestand sie mir, dass sie mich in meinen neuen Kleidern und mit dem Make-up kaum erkannt hatte. Auch ich erkannte mich nicht mehr. Ich sah nicht mehr wie ein Kind aus, und alles, was in meinem Inneren noch kindlich gewesen war, hatte ich verloren. Als wäre das Blut in meinen Adern getrocknet und ich zu einer anderen Person geworden. Ich empfand Mitleid mit niemandem, nicht mit den Mädchen, bei deren Verkauf ich half, noch mit mir selbst. Mein einziges Ziel bestand nun darin, meine Familie wieder zusammenzubringen.

Es gab keinerlei Nachricht von meiner Schwester. Hongwei erzählte uns, er habe die anderen Menschenhändler gefragt, ob sie wüssten, was mit ihr geschehen sei, aber er habe nichts in Erfahrung bringen können. Es war eine Enttäuschung, doch ich hatte noch immer die Hoffnung, er könne sie über sein Netzwerk ausfindig machen. Und schon bald sollten wir meinen Vater wiedersehen.

Meine Mutter klaubte ihre wenigen Habseligkeiten zusammen und verließ diesen schrecklichen Bauernhof, ohne sich noch einmal umzublicken. Zu dritt machten wir uns auf den Rückweg nach Jinzhou.

Ich hasste Hongwei noch immer, aber ich lernte, mit ihm zu leben. Anfangs war er manchmal sehr harsch mit mir, mit der Zeit wurde er jedoch milder, und ich glaube, allmählich respektierte er mich, vertraute mir und liebte mich auf seine Weise.

Hongwei hatte es nie leicht gehabt im Leben. Er war auf einem Bauernhof westlich von Chaoyang geboren, einer alten Stadt mit buddhistischen Tempeln, Parks, Wolkenkratzern und mit Straßengangs. Als er zwölf, dreizehn war, lief er von zu Hause weg und schloss sich in der Stadt einer Bande an, die eine Reihe von Karaoke-Clubs kontrollierte. Das waren nicht die netten Bars, wo man Lieder singt, wie man sie in Seoul oder in anderen Städten findet. Das waren Clubs, wo Frauen mehr Unterhaltung boten, als nur Drinks zu servieren. Hongwei hatte nie eine höhere Schulbildung genossen, aber er konnte lesen und schreiben und war sehr clever. Mit fünfzehn war er der Anführer dieser Bande mit seinem eigenen Karaoke-Imperium. Er nutzte seine Verbindungen, um in viele verschiedene Geschäftsbereiche vorzudringen, etwa in die Gastronomie und die Immobilienentwicklung. Etwa zwei Jahre vor meiner Flucht aus Nordkorea war er in den Menschenhandel eingestiegen. Eine ganze Zeitlang gab es da das ganz große Geld zu verdienen.

In Chaoyang hatte Hongwei eine chinesische Frau und zwei Kinder, einen Sohn und eine Tochter. Die Tochter war, wie ich später erfuhr, nur ein Jahr jünger als ich.

Nachdem Hongwei meine Mutter zurückgekauft hatte, verriet sie ihm, ich sei nicht sechzehn, sondern in Wirklichkeit erst dreizehn Jahre alt. Ich hatte es nicht für nötig gehalten, ihm mein wahres Alter zu sagen, da ich mir nicht vorstellen konnte, dass es von Belang sein könnte. Doch er schien bestürzt.

»Ich hätte nie mit ihr geschlafen, wenn ich gewusst hätte, dass sie noch so jung ist«, sagte er.

Ich weiß nicht, ob dies der Wahrheit entsprach, aber danach ging er etwas freundlicher mit mir um, und allmählich sah ich in ihm fast so etwas wie ein menschliches Wesen. Aber ich erwartete noch immer von ihm, dass er all seine Versprechen hielt, einschließlich dem, meinen Vater aus Nordkorea zu holen. Hongwei hatte Kontakte nach Changbai, insbesondere zu Frauen, deren Geschäft darin bestand, Waren über die Grenze hin und her zu schmuggeln. Sie wurden angeheuert, um Nordkoreanern Geld zu überbringen, deren Verwandte ihnen vom Ausland aus helfen wollten. Sie schmuggelten auch chinesische Handys ins Land hinein, damit getrennte Familien in Verbindung treten konnten. Dies war sehr gefährlich, aber für den richtigen Preis ließ es sich organisieren.

Im August heuerte Hongwei eine dieser Schmugglerinnen an, sie sollte meinen Vater suchen.

KAPITEL 14

Ein Geburtstagsgeschenk

Der 15. August ist ein hoher Feiertag in Nordkorea, da an dem Tag der Kapitulation Japans im Jahr 1945 gedacht wird. Genau an diesem Tag machte die Frau, die Hongwei engagiert hatte, meinen Vater in unserer alten Wohnung in Hyesan ausfindig. Er besaß kein eigenes Telefon, und ihn auf anderem Wege zu kontaktieren hätte ihn in Gefahr gebracht. Darum brachte ihm die Frau ein chinesisches Handy. Er hockte auf dem Balkon und sah hinaus auf den Jalu-Fluss, als ich ihn zur verabredeten Zeit anrief.

»*Abuji*? Ich bin's, Yeonmi! Mit *Umma* und mir ist alles in Ordnung. Wie geht es dir?«

Stille am anderen Ende. Er konnte nicht glauben, nach fast fünf langen Monaten meine Stimme zu hören.

»Mir geht es gut, Töchterchen«, antwortete er schließlich. »Ich bin so glücklich, deine Stimme zu hören. Wo bist du?« Wir hatten nicht viel Zeit, miteinander zu reden, weil die Polizei immerzu Ortungen illegaler Anrufe durchführte. Ich konnte ihm nur rasch erzählen, meine Mutter und ich seien in China, und wir befänden uns in Sicherheit. Und dass wir Eunmi noch nicht gefunden hätten, aber noch immer nach ihr suchten.

»Du fehlst mir so sehr, Vater«, sagte ich. »Ich hole dich nach China. Wir werden einen Schleuser bezahlen, der dich zu uns bringt.«

»Bitte mach dir keine Sorgen um mich«, entgegnete er.

»Komm doch einfach, Vater«, sagte ich. »Ich kümmere mich um alles.« Ich sagte ihm, wir könnten nach seiner Ankunft gemeinsam nach Eunmi suchen.

»Einverstanden. Ich komme«, sagte er.

Er weinte die ganze Nacht, nachdem die Frau gegangen war.

Mein Vater hatte uns nach unserer Flucht lange gesucht. Er war zu der Adresse gegangen, die Eunmi für mich zurückgelassen hatte, und erfuhr, dass die Frau, die uns verkauft hatte, Jo Yong-ae hieß. Als er sie aufforderte, sie möge ihm erzählen, was mit seiner Frau und seinen Töchtern geschehen sei, gab sie zu, mich und meine Mutter nach China geschmuggelt zu haben. Aber Yong-ae behauptete, nichts über Eunmi zu wissen. Mein Vater hatte nicht die geringste Ahnung, was mit uns geschehen war, nachdem wir die Grenze überquert hatten. Yong-ae wollte ihm nichts sagen, außer, wir seien an einen Ort gegangen, wo wir keinen Hunger mehr litten. Ihm blieb nur die Hoffnung, dass wir mit ihm in Verbindung treten würden.

Nach unserer Flucht fanden sein Bruder und unser früherer Nachbar für ihn eine Frau, die bei ihm wohnte, für ihn kochte und putzte. Sie alle glaubten, meine Mutter komme nie mehr zurück. Er erzählte uns, er habe nicht mehr schlafen, nicht mehr essen und nicht aufhören können zu weinen.

Unterdessen glaubten viele Leute, die uns kannten, mein Vater habe uns nach China geschickt. Schließlich war er ein cleverer Mann mit vielen Verbindungen. Wie sollte er nicht wissen, wo wir waren?

Die beiden Teenager, die bei uns in der Wohnung wohnten, waren der festen Überzeugung gewesen, mein Vater könne auch ihnen helfen, über die Grenze zu gelangen. Die beiden Mädchen waren arm und verzweifelt. Obwohl er ihnen erklärt hatte, er sei nicht in der Lage, ihnen zu helfen, flehten sie ihn weiterhin an und sagten ihm, sie könnten nicht länger in Nordkorea leben.

Schließlich stimmte er zu, ihnen bei der Flucht zu helfen, unter der Bedingung, dass sie ihre Mutter einweihten, ehe sie flohen. Er gab ihnen Yong-aes Adresse, und die beiden flohen mit ihrer Hilfe – ohne jedoch ihrer Mutter Bescheid gegeben zu haben. Sie wussten, sie würde sie nie gehen lassen. Als die Mutter entdeckte, dass ihre Töchter verschwunden waren, beschuldigte sie meinen Vater. Später erzählte er meiner Mutter, Yong-ae habe ihm 100 Yuan (etwa 13 Dollar) dafür gegeben, dass er die Mädchen zu ihr geschickt habe. Aber er habe ein schlechtes Gewissen dabei gehabt, weil es ihrer Mutter so viel Kummer bereitet habe. Er wusste nicht, dass sie als Zwangsbräute verkauft würden – oder dass genau das meiner Mutter und mir widerfahren war. Er hatte sich einfach gedacht, reiche Chinesen würden für die Adoption von Nordkoreanern bezahlen.

Es dauerte noch sechs lange Wochen, bis die erfolgreiche Flucht meines Vaters eingefädelt war. Ich wusste, dass er noch immer sehr krank war, aber ich nahm an, er arbeite einfach zu viel und esse zu wenig. Als ich wieder mit meinem Vater telefonierte, versprach ich ihm, ihn in China aufzupäppeln und wieder gesund zu machen.

»Ja, natürlich«, entgegnete er. Er war stets hoffnungsvoll und klagte nie über Schmerzen. Aber ich hörte die Schwäche in seiner Stimme. Wir durften keine Zeit verlieren.

Mittlerweile gefielen mir unsere schöne Wohnung und das Viertel in Jinzhou sehr gut. Ich genoss den nahe gelegenen Park und den Markt. Doch schon bald sollten wir wieder umziehen.

Gegenüber von unserem Gebäude lag an der Hauptstraße ein Blumengeschäft, das mich faszinierte, da ich nie zuvor eines gesehen hatte. Wenn man in Nordkorea Blumen möchte, geht man hinaus und pflückt sich welche. Aber hier gab es ganze Läden voller wunderschöner Blumen. Manchmal ging ich in dieses Geschäft, nur um den süßlichen, würzigen Duft einzuatmen, gekauft habe ich nie etwas. Die Dame, die den Laden führte, kannte mich mittlerweile. Bald lächelte sie mich an und winkte mir zu, wenn sie mich sah. Es machte mich nervös, denn mir war klar, sollte jemand entdecken, dass ich eine illegale Nordkoreanerin war, wäre schon bald die Polizei hinter uns her. Als ich Hongwei meine Sorge anvertraute, packte er unsere Sachen zusammen, und schon am nächsten Tag zogen wir aus. Womöglich hätten wir die Wohnung ohnehin bald verlassen, denn es war zu riskant, lange am selben Ort zu verweilen.

Unsere nächste Unterkunft befand sich in einem anderen Stadtviertel, eine geräumige Einzimmerwohnung mit einer Küche und einem Bad. Manchmal hatten wir neun Frauen bei uns, die auf dem Boden schliefen und darauf warteten, verkauft zu werden.

Während meine Mutter zurückblieb und sich um die Wohnung kümmerte, schickte mich Hongwei hinaus, damit ich für ihn die Geschäfte erledigte, so wie Zhifang Young-sun benutzt hatte. Es war überaus riskant, denn ich reiste mit illegalen Flüchtlingen durch die ländlichen Gegenden. Ich musste vortäuschen, viel älter zu sein, denn auf eine Dreizehnjährige würden die Frauen nicht hören. Meine Arbeit bestand darin, für sie zu übersetzen, ihnen Busfahrkarten zu kaufen oder Taxis zu mieten, um sie zu Hongwei zu bringen; und ich musste ihnen klarmachen, sie müssten kooperieren, wenn sie in China bleiben wollten. Wenn sie mit ihren potenziellen Ehemännern zusammentrafen, sagte ich den Männern, diese Frauen würden Chinesisch lernen, so wie ich es getan hatte, und ihnen ergebene Ehefrauen sein. Den Frauen sagte ich, diese Männer seien nett und reich, deshalb könnten sie ihren Verwandten bald Geld schicken.

Ich versuchte es den Frauen, die ich verkaufte, leichter zu machen, aber manchmal ging das nicht. Die Menschenhändler waren Vergewaltiger und Verbrecher, und viele Frauen litten erbärmlich. Eine junge Frau, etwa fünfundzwanzig Jahre alt, war bei ihrer Flucht von einer Brücke auf einen gefrorenen Fluss gesprungen. Bis sie in Changchun ankam, konnte sie sich von der Taille abwärts nicht mehr bewegen. Sie erzählte mir, Zhifang habe sie dennoch vergewaltigt. Und Hongwei gelang es, sie noch an einen Bauern zu verkaufen. Es war entsetzlich. Leider gab es viele Fälle wie diesen, manche waren noch grausamer.

Es macht mich krank, wenn ich daran denke, was ich und viele andere Mädchen tun mussten, um in China zu überleben. Ich wollte, all das wäre nie geschehen, und ich müsste nie mehr darüber sprechen. Aber ich will, dass jeder die schockierende Wahrheit über den Menschenhandel erfährt. Würde die chinesische Regierung ihrer herzlosen Politik, die Flüchtlinge nach Nordkorea zurückzuschicken, ein Ende setzen, verlören all diese Menschenhändler die Macht, diese Frauen auszubeuten und zu versklaven. Aber natürlich: Wäre Nordkorea nicht die Hölle auf Erden, sähen die Frauen sich nicht gezwungen zu fliehen.

Hongwei verkaufte in der Regel Zwangsbräute, doch hin und wieder wollte eine Frau auch als Prostituierte arbeiten, um das Geld an ihre Familie in Nordkorea zu schicken. Als ich nach China kam, hatte ich keine Ahnung, was Prostitution überhaupt bedeutet. Doch dann nahm mich Hongwei eines Tages mit nach Huludao; viele Südkoreaner und andere Touristen kommen in diese geschäftige Hafenstadt, weil es dort billigen Sex gibt. Hongwei lieferte eine Frau in einem Bordell ab, und ich sollte dabei übersetzen.

Die Betreiberin war eine Chinesin mittleren Alters, die auffallend freundlich zu mir war. Sie zeigte mir den schönen Schreibtisch in ihrem Büro und führte mich durch die Flure, von denen kleine, mit Vorhängen abgetrennte Kabinen abgingen, in die gerade mal eine Pritsche passte. Außerdem gab es eine Dusche, obwohl es mir ein Rätsel war, weshalb sich jemand mitten am Tag darunterstellen sollte.

Mehrere Frauen aus Nordkorea arbeiteten in dem Bordell, darunter ein überaus hübsches Mädchen aus Pjöngjang, das bereits sieben Jahre dort war. Alle meinten, wie gut man hier Geld verdienen könne und dass es Kimchi und andere koreanische Speisen zu essen gebe. Außerdem könne man dort Männer aus Südkorea kennenlernen. Ich war ganz aus dem Häuschen, weil ich nichts dagegen gehabt hätte, einen Mann zu treffen, der mit dem weichen Akzent des Südens sprach, so wie in den Filmen, die ich früher angeschaut hatte.

Als ich Hongwei sagte, ich würde gerne bei der netten Bordellbetreiberin bleiben, fuhr er mich an. »Bist du verrückt? Schlag dir das sofort aus dem Kopf.«

»Nein, ich will, dass du mich an sie verkaufst«, hielt ich dagegen.

Er holte aus und schlug mir ins Gesicht.

»Du hast doch überhaupt keine Ahnung«, sagte er; und dann machten wir, dass wir wegkamen.

In den folgenden Monaten war ich noch etliche Male in Huludao und begriff allmählich, auf was ich mich eingelassen hätte. Die Männer zahlten fünf Dollar für den Sex, davon durften die Prostituierten einen Dollar behalten. Das war ein ausgezeichneter Verdienst, deswegen wollten die Frauen auch in diesem Bordell arbeiten. Dafür mussten sie sich jedoch jeden Tag mit bis zu einem Dutzend Männer einlassen, darunter mit Bauern, die so dreckig waren, dass der Gestank nicht mit Wasser und Seife wegzuwaschen war. Aber es gab noch weitaus schlimmere Etablissements.

Hongwei erzählte mir von Hotels in Beijing und Shanghai, wo Mädchen am Weglaufen gehindert wurden, indem man ihnen Drogen spritzte und sie abhängig machte.

Ohne Zweifel ist der Menschenhandel ein hässliches und brutales Geschäft. Und dennoch finden wir Menschen Wege, uns miteinander zu verbinden. Selbst in übelsten Zeiten können wir zusammen weinen und lachen. Meine Mutter und ich lernten viele Frauen kennen, die eine Zeitlang unser Leben teilten, und einige von ihnen wurden unsere Freundinnen.

Myung-ok war Anfang vierzig, sie stammte aus Hyesan und war zwei Mal aus Nordkorea geflohen. Beim ersten Mal überquerte sie mit ihrer Tochter, die etwa mein Alter hatte, den Fluss, anschließend wurden sie gemeinsam verkauft. Sie lebte bereits mit ihrem chinesischen Ehemann zusammen, als die Polizei die beiden aufgriff und in die Heimat abschob. Weil die Tochter zu jung war für ein Straflager, steckte man sie in die »Umerziehung« – was bedeutete, sie musste wochenlang Hunger und Schläge ertragen. Myung-ok wurde in ein Straflager geschickt, wo sie gefoltert wurde und durch die Arbeit fast zu Tode kam.

Nach ihrer Freilassung beschloss die Frau, erneut die Flucht zu wagen, dieses Mal allein, da ihre Tochter aus lauter Angst in Nordkorea zurückblieb. Myung-ok schaffte es ein zweites Mal über die Grenze und kam in die Hände von Zhifang, der sie an Hongwei verkaufte. Meine Mutter und Myung-ok verstanden sich gut, da beide aus Hyesan stammten und Myung-ok eine freundliche Art hatte.

Leider verkaufte Hongwei sie an einen behinderten Bauern, der sie schlecht behandelte. Der Mann fürchtete so sehr, sie könnte weglaufen, dass er ihr überallhin, sogar ins Bad, folgte. Sie ertrug es nicht länger und floh in die quirlige Stadt Shenyang im Nordosten, wo sich sehr viele nordkoreanische Flüchtlinge versteckten. Doch Hongwei hatte Kontakte in die Unterwelt von Shenyang, seine Männer fanden und verprügelten sie. Sie wurde wieder zu dem Bauern gebracht. Wäre es ihr gelungen, für immer wegzulaufen, hätte Hongwei dem Bauern das

Geld erstatten müssen; er verkaufte seine Frauen mit einer einjährigen Garantie, als wären sie Autos.

Bis meine Mutter und ich die Geschichten hörten, die Myung-ok und andere Frauen uns erzählten, hatten wir die Gefahr, von der Polizei verhaftet und nach Nordkorea zurückgeschickt zu werden, nicht wirklich begriffen. Geschichten über Frauen, die mit halbchinesischen Babys schwanger waren, waren noch schlimmer; sie wurden nach der Abschiebung in Nordkorea zur Abtreibung gezwungen oder hingerichtet. Daraufhin schworen meine Mutter und ich uns, dass wir nie lebend gefangen genommen würden.

Im September 2007 versuchte mein Vater, zum ersten Mal zu fliehen. Ich hatte ihm gesagt, es komme ihm jemand entgegen, wenn er durch den Fluss wate. Doch da war niemand. Hongwei hatte Zhifang Geld gegeben, damit er die Flucht organisiere, doch der fette Chinese hatte versagt. Um zurück nach Nordkorea zu gelangen, musste mein armer Vater wieder den Soldaten entkommen.

Am 1. Oktober versuchte er es erneut. Zu der Zeit stand das Wasser hoch, und es war kalt. Dieses Mal reiste Hongwei selbst nach Changbai, um sicherzugehen, dass nichts schieflief, und bezahlte Zhifang den Gegenwert von 1300 Dollar – was ein sehr hoher Preis für einen Flüchtling aus Nordkorea war. Hongwei war erschrocken, als er sah, wie mager und schwach mein Vater war. Er hatte gehofft, ihn als Arbeiter zu verkaufen, sodass er seine Schulden zurückzahlen könnte. Doch nun wurde ihm klar, dass mein Vater zu krank war, um auch nur per Bus zu reisen; Hongwei heuerte darum ein Taxi an, das ihn und zwei Frauen, die er ebenfalls gekauft hatte, den ganzen weiten Weg bis nach Jinzhou brachte.

Am 4. Oktober 2007, an meinem vierzehnten Geburtstag, trafen sie ein – sechs Monate nach meiner Ankunft in China. Als meine Mutter und ich ihn durch die Tür treten sahen, stürzten wir uns in seine Arme. Ich konnte kaum glauben, dass ich nun beide Eltern wieder um mich hatte. Und es war zum ersten Mal seit vielen Jahren, dass mein Vater an meinem Geburtstag bei mir war. Früher war er wegen seiner Geschäfte auf Reisen und später im Gefangenenlager gewesen. Darum beschloss Hongwei, eine ganze besondere Feier auszurichten. Während meine Eltern und ich uns weinend und redend in den Armen lagen, besorgte er allerlei Essen und Getränke für uns. Da ich ihm erzählt hatte, mein Vater liebe Fleisch, kaufte er Ente, Huhn, Rind und Schwein. Es lebten zu der Zeit einige Nordkoreanerinnen bei uns in der Wohnung, und so feierten wir alle zusammen ein großes Fest. Mein Vater konnte fast nicht glauben, was für Köstlichkeiten er vor sich hatte, doch es war herzzerreißend, denn er war zu schwach, um irgendetwas davon zu essen.

In dieser Nacht zeigte er meiner Mutter und mir einen Plastikbeutel mit Opium; er hatte ihn bei sich, um sich damit umzubringen, hätte man ihn bei seinem Grenzübertritt verhaftet. Er werde es auch nehmen, sagte er, wenn er in China verhaftet werden sollte, er wolle nicht zurückgeschickt werden oder Gefahr laufen, der Polizei unseren Aufenthaltsort zu verraten. Er war sehr glücklich, am Leben zu sein und seine Familie wiederzusehen. Nur Eunmi fehlte. Wir hatten zwar noch immer keine Nachricht von ihr, aber mein Vater war voller Hoffnung. Er schmiedete Pläne für die Suche nach ihr, wenn seine Bauchschmerzen behandelt wären. Und dann würde er vielleicht einen Weg finden, ein neues Geschäft aufzuziehen, damit er wieder für uns sorgen könnte. Mein Onkel Min-sik hatte recht gehabt, als er meiner Mutter erklärte, ihr zukünftiger Ehemann sei wie eine Pflanze, die auch auf Felsen wachse.

Mein Vater begriff rasch, welches Arrangement mich mit Hongwei verband. Es brach ihm das Herz zu sehen, dass seine junge Tochter von diesem alten Mann ausgebeutet wurde; aber die Realität war vielschichtiger, und so brachte er Hongwei gemischte Gefühle entgegen. Mein Vater war ihm dankbar, dass er Wort gehalten und meine Mutter gerettet hatte, dankbar, dass ich nicht an einen Bauern verkauft worden und für immer verloren war. Er wusste, es hätte so viel schlechter für mich ausgehen können. Er dankte Hongwei dafür, dass er ihn nach China geholt hatte und ihm erlaubte, unter seinem Dach zu wohnen. Aber in seinem Inneren hasste er Hongwei auch. Mein Vater hatte mich kaum wiedererkannt mit meinem geschminkten Gesicht und den manikürten Nägeln. Ich war ein anderer Mensch geworden, der nun Verantwortung trug für das Leben meiner Eltern und so vieler anderer. Und er konnte nichts daran ändern, konnte mir diese Last nicht nehmen. Er musste sich bei allem auf mich verlassen. Und er war so schwer krank.

Mein Vater gehörte nicht zu den Männern, die ihre innersten Gefühle preisgeben oder ihre Schwäche eingestehen. Er lächelte mich immerzu an und sagte, alles werde wunderbar. Ich war ihm sehr dankbar, dass er mich wie eine Erwachsene behandelte. Aber ich weiß auch, dass es ihn niederschmetterte, mich meiner Kindheit beraubt zu sehen. Nur einmal ließ er seine Gefühle durchschimmern: Er drückte mich an sich und atmete meinen Duft ein. »Du hast deinen süßen Babygeruch verloren, Yeonmiya«, sagte er sanft. »Ich vermisse deinen Kinderduft.«

Meine Mutter und ich drängten ihn, uns alle Neuigkeiten aus Hyesan zu erzählen. Er sprach von den Söhnen seines Bruders, die darauf hofften, Ärzte zu werden, und von seinen Schwestern in Pjöngjang und Hyesan. Seine jüngere Schwester in Hyesan war Witwe, die sehr viel Pech im Leben hatte. Sie und ihre Tochter, die mein Alter hatte, litten an Tuberkulose. Mein Vater bat mich, mich um sie und die übrige Familie zu kümmern, falls ihm etwas zustoßen sollte.

Chun-guen war mittlerweile beim Militär, wie er es vorgehabt hatte. Selbst nach meinem Verschwinden sei er mir treu geblieben. Mein Vater erzählte, auf der Suche nach mir sei er immer wieder zu ihm gekommen. »Wo ist Yeonmi?«, habe Chun-guen gefragt und dabei sehr traurig und ängstlich ausgesehen. Mein Vater hatte ihm nichts sagen können.

Mein Vater musste so schnell wie möglich für Untersuchungen und Tests in ein modernes chinesisches Krankenhaus. Doch es gab ein Problem: Er war ein Illegaler. Wir konnten nicht einmal vortäuschen, er wäre ein Nordkoreaner auf Verwandtenbesuch, da seine Ausweispapiere vernichtet worden waren, als er ins Straflager gekommen war. Und ihn so in ein richtiges Krankenhaus einzuliefern wäre sehr kostspielig und riskant gewesen. Das Personal hätte ihn den Behörden übergeben können. Stattdessen brachten wir ihn in eine kleine Klinik, wo ihm nicht allzu viele Fragen gestellt würden. Mein Vater litt weiterhin entsetzliche Schmerzen, und obwohl er Hunger hatte, war ihm zu übel, um zu essen. Die Ärztin untersuchte ihn und sagte uns, der Fall sei zu ernst, als dass sie etwas tun könne. »Er muss sofort in ein größeres Krankenhaus«, riet sie uns. Aber das ging nicht. Sie gab ihm also Medikamente, die seine Schmerzen lindern sollten. Als wir ihn wieder nach Hause brachten, war er so weiß, als wäre alles Blut aus ihm gewichen. Da entschieden wir, unser Leben aufs Spiel zu setzen und ihn in ein Krankenhaus zu bringen.

Hongwei war nicht glücklich darüber, aber er willigte ein, uns bei der Anmeldung behilflich zu sein. Anfang November, genau einen Monat nach seiner Ankunft in China, wurde mein Vater in den Operationssaal eines Krankenhauses in Jinzhou gerollt. Die Chirurgen öffneten seinen Bauch und nähten ihn gleich wieder zu.

Wir konnten die schlechte Nachricht am Gesicht des Arztes ablesen, als er nach der OP auf uns zukam.

»Ich fürchte, wir können nichts für ihn tun«, sagte er. »Der Patient hat einen fortgeschrittenen Dickdarmkrebs, der bereits in alle Organe gestreut hat.« Er erklärte uns, es gebe so viele Tumore, dass es zwecklos sei, sie operieren zu wollen. Meinem Vater blieben vielleicht noch drei bis höchstens sechs Monate zu leben. Wir könnten nichts anderes tun, als ihm die Zeit so angenehm wie möglich zu machen.

KAPITEL 15

Staub und Knochen

Meine Mutter verstand nicht, was der Arzt sagte, ich musste es ihr übersetzen. Wobei ich eigentlich nur begriffen hatte, dass mein Vater sehr bald sterben müsse. Ich wusste nichts über Krebs, da er in Nordkorea sehr selten vorkommt. Das soll nicht heißen, dass es diese Krankheit dort nicht gibt; sie bleibt eher unerkannt. Die meisten Leute sterben nicht an Krebs, da sie vorher durch anderes zu Tode kommen.

Meine Mutter und ich brachten es nicht über uns, meinem Vater zu gestehen, was die Ärzte entdeckt hatten. Es tat uns in der Seele weh; und so wachte er nach dem Eingriff auf und glaubte, alles werde wieder gut.

Wir mussten ihn so rasch wie möglich aus dem Krankenhaus abholen und brachten ihn in die Wohnung. Kaum war die Betäubung verflogen, kamen seine Schmerzen wieder. Er konnte nichts essen. Sein Zustand verschlechterte sich von Tag zu Tag, und die besonderen Schmerzmittel, die er brauchte, konnten wir uns nicht leisten, ebenso wenig den intravenösen Tropf, der ihm Erleichterung verschafft hätte, oder die Nahrungsergänzungsmittel, die sein Leben womöglich verlängert hätten. Die Operation war so kostspielig gewesen, dass ich mich scheute, Hongwei um weiteres Geld zu bitten.

»Warum geht es mir nicht besser, Töchterchen?«, fragte er mich immer wieder. »Wenn man mir hier in China nicht helfen kann, sollte ich vielleicht nach Nordkorea zurückkehren.« Zudem plagten ihn Schuldgefühle gegenüber seiner Familie. Wir hatten erfahren, dass seine Geschwister nach seiner Flucht von der Polizei befragt worden waren. Die Söhne meines Onkels Jin waren unehrenhaft aus dem Militär entlassen worden, und ob sie Ärzte werden dürften, war mehr als fraglich. Meine Tante in Hyesan war bei der Befragung gefoltert worden. Mein Vater bedauerte seine Entscheidung und wollte heimkehren, um ihnen zu helfen. Er meinte, er könne der Polizei erklären, er sei kein Überläufer, er sei nur wegen der medizinischen Behandlung nach China gegangen.

Nun war der Moment gekommen, wo meine Mutter und ich ihm offenbaren mussten, dass er Krebs habe und die Ärzte ihm nicht mehr viel Zeit gaben.

»Dann will ich in das Land zurück, wo ich geboren bin«, sagte er.

Wir flehten ihn an, er möge es nicht tun. Er sei zu krank, um zu reisen, und schaffe er es bis Hyesan, würde er im Gefängnis sterben. »*Abuji*, wer wird sich dort um dich kümmern?«, sagte ich traurig. »Und wer wird dich beerdigen?«

Danach sprach er nie mehr davon, nach Nordkorea zurückkehren zu wollen.

Die nächsten Monate waren sehr hart. Die chinesische Regierung hatte angefangen, rigoros gegen Menschenhändler vorzugehen, und Hongweis Geschäfte wurden gefährlicher und warfen weniger Gewinn ab. Das war im Jahr 2008, als das ganze Land sich auf die Olympischen Sommerspiele in Beijing vorbereitete. Erst später erfuhr ich, dass westliche Regierungen und Menschenrechtsgruppen Druck auf China ausgeübt hatten, es solle mit Migranten, ethnischen Minderheiten und politischen Dissidenten im Land besser umgehen. Laut der Nachrichtenberichte, die nie zu uns drangen, reagierte Beijing darauf, indem es alle, die womöglich die Regierung in Schwierigkeiten bringen und Chinas großen internationalen Triumph gefährden konnten, festnahm. Wir wussten damals nur, dass es teurer wurde, die Polizei zu bestechen, und dass sie Jagd auf Nordkoreaner machte und sie im Rekordtempo in ihre Heimat abschob. Immer mehr potenzielle Kunden von Hongwei zögerten, ihm seine Frauen abzukaufen, weil die Polizei vielleicht ihren Bauernhof durchsuchen und sie ihnen wegnehmen könnte.

Hongwei wurde immer ärgerlicher und gereizter. Er verbrachte die meiste Zeit auf dem Land, wo er versuchte, die Frauen loszuwerden, die er bereits gekauft hatte, und er wollte, dass ich ihm dabei helfe. Ich war hin- und hergerissen, ich wollte einerseits Zeit mit meinem sterbenden Vater verbringen und andererseits Hongwei bei seinen Geschäften unterstützen.

Wir besaßen keine Fotos von meinem Vater und hatten das Gefühl, es sei sehr wichtig, welche aufzunehmen, damit man sich an ihn erinnern würde. Da er zu krank war, um vor die Tür zu gehen, vereinbarten wir mit einem Fotografen, dass er zu uns in die Wohnung kommen solle. Mein Vater trug einen schönen Pullover, den wir ihm in China gekauft hatten. Meine Mutter und ich hatten unsere besten Kleider angezogen und waren geschminkt. Ich war mit Gold behangen, das Hongwei mir gekauft hatte. Wir setzten meinen Vater im Bett zwischen mir und meiner Mutter auf, und er brachte für die Bilder ein kleines Lächeln zustande. Ich sah zehn Jahre älter aus, als ich tatsächlich war. Mein Vater war so abgemagert, dass ich ihn auf diesen Fotos kaum wiedererkenne. Unsere Posen waren steif und förmlich. Der Tod füllte den Raum zwischen uns.

Als sich der Zustand meines Vaters verschlechterte, bereitete ihm selbst das Atmen Schmerzen; er konnte nicht mehr alleine auf die Toilette gehen, was eine schreckliche Schmach für einen so würdevollen Mann war. Doch er klagte nie. Als er immer schwächer wurde, wollte er unbedingt, dass ich bei ihm war. Aber ich war noch zu jung, um zu begreifen, was der Tod bedeutet. Selbst nachdem er gestorben war, glaubte ich, ich würde ihn wiedersehen, weil es ihm doch immer gelungen war, zu mir zurückzukommen.

Oft wollte er in dieser Zeit über seine Kindheit reden. Ich lauschte seinen Geschichten, zum Beispiel wie er einmal, als er mit Freunden in Hyesan spielte, fast durch einen Stromschlag umgekommen wäre. Er hatte mit beiden Händen einen unter Strom stehenden Draht berührt und wurde durch die Luft geschleudert. In einem Krankenhaus kam er in einem Bottich voller Wasser wieder zu sich, das die Elektrizität aus seinem Körper ausleiten sollte. Meistens sprach er mit warmherziger Wehmut über seine Kinderjahre. Als er klein gewesen sei, so erzählte er, habe das öffentliche Verteilungssystem so gut funktioniert, dass seine Freunde und er jeden Monat Süßigkeiten bekamen.

An seinen guten Tagen spielten wir zum Zeitvertreib Halma. Als wir noch in Nordkorea lebten, war er immer der beste Spieler gewesen, und nur einige wenige Partien konnte ich gegen ihn gewinnen. Aber nun schlug ich ihn. Ich zeigte keine Gnade, obwohl er krank war! Eines Tages zog er mich lächelnd an sich und küsste mich mit einem tiefen Atemzug auf den Kopf. »Yeonmi-ya, du bist es«, sagte er. »Ich rieche wieder deinen Babygeruch.«

Hongwei spürte immer mehr die Last, dass er für uns drei sorgen musste. Die Lage war sehr angespannt. Eines Nachts kam Myung-ok, die Frau, die Hongwei nach ihrer Flucht nach Shenyang wieder eingefangen hatte, betrunken in die Wohnung und machte zu viel Lärm. Als Hongwei ausholte, um sie zu schlagen, warf ich mich dazwischen, und er schlug mich stattdessen. Unser Leben wurde immer chaotischer. Es wurde sogar noch schlimmer, nachdem wir Myung-ok zu ihrem chinesischen Bauern zurückgebracht hatten und sie wieder fortlief. Hongwei war gezwungen, in dieses Dorf zurückzukehren und sein Garantieversprechen einzulösen.

Anfang Januar rief mich meine Mutter an, als ich gerade mit Hongwei auf dem Land war.

»Yeonmi, du musst sofort kommen. Dein Vater stirbt.«

Ich hörte die Panik in ihrer Stimme. Ich nahm ein Taxi zurück nach Jinzhou und fand meinen Vater im Bett vor, er schien verwirrt.

»Bist du das, Yeonmi?« Er hielt meine Hand, konnte mich aber nicht sehen. »Bist du das, meine Tochter? Wo ist meine Tochter?«

Ich wusste nicht, ob er nach mir oder nach Eunmi rief, von der wir nun schon seit neun Monaten nichts mehr gehört hatten. Meine Mutter sagte mir, er habe ihre Schlaftabletten gefunden und sie alle auf einmal genommen. Er wollte sich umbringen, damit er mir nicht länger Schwierigkeiten bereitete.

»Ach, Vater«, schluchzte ich. »Mach dir keine Gedanken. Es ist alles in Ordnung. Ich bleibe bei dir.«

Aber natürlich war nicht alles in Ordnung, und ich konnte nicht bei ihm bleiben. Hongwei rief immerzu an und beharrte darauf, dass ich zurückkomme und ihm helfe, die Frauen zu verkaufen. Doch der Geist meines Vaters war so stark, dass er seinen Körper nicht verlassen wollte. Schließlich musste ich meiner Mutter sagen, ich müsse fort, komme aber so schnell wie möglich wieder.

Mein Vater hielt noch Wochen durch. Immer wieder kam ich mit dem Bus oder einem Taxi zurück, um nach ihm zu sehen, auch wenn ich für jeden Weg viele Stunden brauchte. Hongwei wurde wütender und gewalttätiger. Einmal warf er ein schweres Glas nach mir, das mich hinter dem Ohr traf. Ein anderes Mal schlug er mich vor den Augen meines Vaters. Ich weiß nicht, wie ich diese schreckliche Zeit überlebte.

Schließlich konnte mein Vater nicht mehr sprechen, und Hongwei brachte mich ein letztes Mal zurück, damit ich mich von ihm verabschiede. Ich hielt meinen Vater umschlungen und fragte ihn: »Was brauchst du? Was kann ich für dich tun?« Aber er brachte kein Wort mehr heraus. Das Einzige, was er tun konnte, war die Augen zu öffnen, um mich wissen zu lassen, dass er mich gehört hatte. Ich hielt seine Hand und sah, dass seine Fingernägel sehr lang geworden waren. »Das ist etwas, das ich tun kann«, sagte ich ihm. Vorsichtig schnitt ich ihm die Nägel der einen Hand, wobei ich ihm sanft die Finger rieb. Er schlief ein, ehe ich mich um die andere Hand kümmern konnte.

»Das können wir morgen fertigmachen«, sagte ich und rollte mich neben ihm auf dem Boden zusammen.

Ich wachte morgens um halb acht auf und sah, dass er nicht mehr atmete. Da sein Körper noch warm war, legte ich mich neben ihn und hielt ihn im Arm. Seine Augen waren geöffnet, ich konnte sie nicht schließen, egal wie lange ich meine Hand auf seine Lider drückte. In Korea sagen wir, wenn jemand im Tod nicht die Augen schließt, dann weil er etwas auf dieser Welt nicht erfüllt hat. Ich glaube, mein Vater suchte noch immer nach Eunmi, und dies ließ ihn nicht in Frieden ruhen. Mir kam der Gedanke, ich sei wie mein Vater und könnte nie die Augen schließen, ehe ich nicht meine Schwester gefunden hätte.

Ich war außer mir vor Kummer und weigerte mich, meinen toten Vater loszulassen. Ich konnte einfach nicht glauben, dass ich ihn nie wiedersehen sollte. Ich versuchte, mit ihm zu sprechen, weil ich dachte, er würde vielleicht aufwachen. Dass der stärkste Mann, den ich je kennengelernt hatte, einfach starb und ich nichts dagegen tun konnte, war für mich unbegreiflich. Ich schnitt ihm die Nägel der anderen Hand und bürstete sein Haar.

Ich wusch sein Gesicht mit einem Tuch und hüllte ihn in eine Decke, um ihn warm zu halten. Ich blieb bei ihm, bis es Nacht wurde und wir seine Leiche umbetten mussten.

Wir hatten mit meinem Vater, als er noch in der Lage war zu reden, über sein Begräbnis gesprochen. Er hasste die Vorstellung, verbrannt zu werden, doch er wollte eines Tages in Nordkorea beerdigt werden, und er wusste, dass wir ihn würden einäschern lassen müssen, um ihm diesen Wunsch zu erfüllen. Als ich bereit war, ihn gehen zu lassen, wickelten meine Mutter und ich ihn in festes Papier, die Art, die man zum Schutz von Böden bei Bauarbeiten benutzt. Um Mitternacht halfen uns zwei Männer, die für Hongwei arbeiteten, ihn hinten in einen Wagen zu legen.

Hongwei hatte auch beschlossen, es sei mal wieder an der Zeit umzuziehen. Darum packten wir unsere Habseligkeiten zusammen und fuhren gen Norden nach Chaoyang. Er kannte einen Ort, wo man meinen Vater heimlich einäschern würde. Selbst im Tod mussten wir uns vor den Behörden verstecken. Dort angekommen fuhren sie das Auto rückwärts an das Krematorium heran und luden die Leiche aus. Meine Mutter und ich sahen zu, als sie sie ins Feuer schoben und die Tür schlossen. Zum ersten Mal seit mein Vater gestorben war, schluchzte ich. Meine Mutter weinte mit mir, aber die Männer ermahnten uns, leise zu sein, man könnte uns hören.

Es dauerte etwa eine Stunde, bis die Flammen ihr Werk vollendet hatten. Es blieben nur Staub und Knochen von ihm übrig. Wir mussten den Ort rasch wieder verlassen, da wir ansonsten Gefahr liefen, entdeckt zu werden; ich schaufelte die Asche meines Vaters in eine Dose, die ich mitgebracht hatte. Der Mann, der die Maschine bedient hatte, bot mir Handschuhe an, da die Überreste noch sehr heiß waren, aber ich lehnte sie ab. Ich sammelte die Brösel und Knochenstückchen mit bloßen Händen, um ihr Gewicht zu spüren; am Ende blieb so wenig von ihm übrig.

Wir verließen die Stadt und fuhren einige Stunden, bis wir ein Städtchen namens Yangshanzhen erreichten, wo es ein Haus gab, in dem wir bleiben konnten. Wir hatten bereits beschlossen, die Asche meines Vaters an einem geheimen Ort in der Nähe zu begraben, oben auf einem Hügel, der Ausblick auf einen Fluss bot. Sonnenschein und Wasser hatte er immer sehr gemocht. Meine Mutter blieb in dem Haus des Freundes zurück, während Hongwei und seine Männer mich durch die Felder und den Berg hinaufführten. Ich umklammerte die Dose mit den Überresten meines Vaters, als ich ihnen in dieser bitterkalten Nacht folgte. Nachdem die Männer ein Loch in den gefrorenen Boden gegraben hatten, legte ich das Foto meines Vaters in das Gefäß, das ich zu dem fließenden Wasser ausrichtete, damit er es betrachten könne, während er auf meine Rückkehr wartete.

Nie zuvor in meinem Leben hatte ich mich so einsam gefühlt.

KAPITEL 16

Entführt

Hongwei ging das Geld aus. Die drastischen Maßnahmen der chinesischen Regierung gegen den Menschenhandel in den Monaten vor den Olympischen Sommerspielen 2008 hatten ihm das Geschäft kaputt gemacht, also brauchte er eine andere Möglichkeit, sein Geld zu verdienen. Einmal mehr zogen wir um, diesmal in eine Wohnung nach Shenyang, und er machte sich auf die Suche nach möglichen Investitionen in Immobilien, von denen er sich mehr Profit versprach.

Shenyang ist ein weitläufiges Industrie- und Finanzzentrum im Nordosten Chinas, das als Hauptstadt des Verbrechens gilt. Die Stadt befindet sich in der Hand gewalttätiger Banden und korrupter Beamter, die zwar regelmäßig von der Regierung in Beijing ausgetauscht, nur um gegen neue ersetzt zu werden, die auch nicht besser waren. Die Bauunternehmer, die Hongwei in Shenyang kannte, waren allesamt Gangster, und wenn sie nicht mit ihren zwielichtigen Deals beschäftigt waren, verbrachten sie ihre Abende in privaten Spielsalons. Hongwei nahm mich mit in diese verruchten, verrauchten Clubs, wo ich ihm dabei zusah, wie er würfelte oder Roulette spielte. Er meinte, ich brächte ihm Glück, aber er hat hundertmal mehr verloren als gewonnen. Als der Winter vorbei war, kümmerte sich Hongwei überhaupt nicht mehr um seine Geschäfte, weil er besessen war von einem chinesischen Lotteriespiel namens Mark 6. Schon bald verlor er zwischen 1000 und 4500 Dollar pro Tag. Hongwei war so spielsüchtig, dass er weder aß noch schlief und sich mit nichts anderem mehr befasste. Er tauchte tagelang ab, dann kam er mit betrunkenen Freunden zurück, die Drogen nahmen und sich Prostituierte in unsere Wohnung holten. Wenn ich mich darüber beklagte, wurde Hongwei gewalttätig.

Wieder einmal waren meine Mutter und ich in verzweifelter Lage. Er gab uns nicht mal 10 Yuan (etwa 1,30 Dollar) die Woche, um davon Lebensmittel einzukaufen, und wir waren beide gefährlich unterernährt. Meine Mutter bekam eine Halsentzündung, aber ich hatte kein Geld, um mit ihr zum Arzt zu gehen. Schließlich kam ich an einen Punkt, an dem ich nicht mehr weiterwusste. Wir spazierten durch die Stadt, und ich konnte ihr nicht mal Wasser geben, um ihre Schmerzen zu lindern, weil eine Flasche Wasser in Shenyang fast 40 Cent kostete. So ging es nicht mehr weiter, und wir wussten beide, dass es für uns nur einen Ausweg gab.

»Du musst mich verkaufen, Yeonmi-ya«, sagte meine Mutter. »Bitte. Ich möchte verkauft werden. Ich bin dir hier nur eine Last.«

Ich schämte mich für mein Versagen. Ich hatte mit Hongwei eine Vereinbarung getroffen, um meine Familie zu retten, und das war nun dabei herausgekommen: Meine Schwester war verschollen, mein Vater war tot, und meine Mutter litt Hunger. Und was war aus mir geworden? Hongwei wollte, dass ich ihm ein Kind gebar, aber das durfte ich nicht zulassen. Auf keinen Fall würde ich das Kind meines Vergewaltigers austragen. Ich verstand nichts von Empfängnisverhütung. So etwas gab es in Nordkorea nicht. Also tat ich, was zu tun war, als die ersten Anzeichen von Übelkeit aufkamen. In China gibt es Medikamente, die man schlucken kann, um zu beenden, was begonnen hat. Danach fühlte ich mich wie tot, und vielleicht war ich es auch. Ich hatte mir nie vorstellen können, dass sich meine Lage so sehr verschlimmern würde. Doch nun war es so weit: Mir blieb nichts anderes übrig, als meine Mutter zu verkaufen.

Ich suchte und suchte nach einem geeigneten Mann für sie, doch alle hatten Angst vor der Polizei. Also sprach ich die Frauen, die wir bereits verkauft hatten, darauf an, und eine rief mich zurück, weil sie einen möglichen Interessenten kannte. Es gab da eine Bauernfamilie mit einem unverheirateten Sohn in einem Dorf weiter westlich, noch hinter Chaoyang. Hongwei willigte ein, denn er hatte keine Verwendung für meine Mutter, und so trafen wir uns mit dieser Familie. Die Leute machten einen netten Eindruck, die Arbeit war nicht allzu schwer, und für meine Mutter gab es mehr als genug zu essen. Außerdem versprach die Familie, dass sie Kontakt zu mir halten durfte. Also verkauften wir sie für 2.850 Dollar.

Kaum waren wir wieder in Shenyang, da hatte Hongwei das ganze Geld verzockt.

Nun musste ich wieder ohne meine Mutter auskommen, und ich fühlte mich elend. Hongwei hatte kein Geld mehr und war frustriert, was er an mir ausließ. Aber so deprimiert ich auch sein mochte, spürte ich doch eine Kraft in mir, die sich nicht geschlagen geben wollte. Vielleicht war es bloßer Zorn, vielleicht aber auch so eine unbestimmte Gewissheit, dass mein Leben eines Tages in irgendeiner Form von Bedeutung sein könnte. In meinem Vokabular existierte kein Wort für »Würde«, und ich hatte auch keine Vorstellung von Moral. Ich wusste einfach, was sich falsch anfühlte, was ich nicht hinnehmen konnte. Und diese Situation konnte ich nicht länger hinnehmen. Ich musste einen Ausweg finden.

Es gab viele nordkoreanische Flüchtlinge in Shenyang. Die meisten lebten im Verborgenen, aber manch einer hatte sich einen chinesischen Personalausweis besorgt, um sich als Mitglied der koreanischen Minderheit auszugeben. Ein Ausweis war die Voraussetzung für einen Job und ein Leben ohne Angst, also hörte ich mich unter Hongweis Freunden um, wo ich einen solchen Ausweis herbekommen konnte. Selbst Hongwei begriff, dass ich langsam für mich selbst sorgen musste, und er ließ mir etwas mehr Freiraum.

Einer seiner dubiosen Freunde namens Li organisierte mir einen falschen Ausweis, aber der war so schlecht gemacht, dass man damit niemanden täuschen konnte. Eines Tages traf ich mich mit diesem Li und einem Gangsterpärchen zum Mittagessen, und denen erzählte ich von meiner Not. Die Freundin meinte, sie würde ein paar Leute kennen, die mir vielleicht zu einem echten Ausweis verhelfen konnten, oder zumindest zu einer täuschend echten Fälschung.

Nach dem Essen nahm mich die Freundin des Gangsters mit in einen edlen Privatclub. Die Männer, die dort in teuren Anzügen auf bequemen Ledersesseln saßen, bekamen Speisen serviert. Und jeder dieser Männer befand sich in Gesellschaft einer eleganten, schönen, jungen Frau.

Die Freundin schien dort einige Leute zu kennen, denn sie grüßte den einen oder anderen und führte mich dann zu einem konservativ gekleideten Mann von Anfang vierzig, der allein an seinem Tisch saß. Tatsächlich war er der einzige Mann im ganzen Raum, der keine Frau an seiner Seite hatte. Und doch schien jeder ihn zu kennen und behandelte ihn mit großem Respekt.

»Das Mädchen kommt aus Nordkorea, und sie möchte arbeiten, aber dafür braucht sie einen Ausweis«, sagte die Gangsterfreundin.

»Setz dich«, sagte er und deutete auf den Stuhl an seiner Seite. Er nannte sich Huang, obwohl ich nicht weiß, ob das sein richtiger Name war.

»Warst du schon mal hier?«, fragte mich Huang. Ich sagte

ihm, es sei das erste Mal. Er suchte meine Hände und Arme nach Narben und Tätowierungen ab, die mich als Prostituierte ausgewiesen hätten. Da waren keine.

»Trinkst du oder rauchst du?«

»Nein«, sagte ich.

»Gut«, sagte er. »Fang gar nicht erst damit an.« Er winkte die Kellner und den Geschäftsführer und sogar ein paar der langbeinigen Frauen an seinen Tisch und fragte alle, ob ich dort arbeiten würde, was sie verneinten.

»Du gehörst nicht hierher«, sagte der Mann. »Ich will nicht, dass du so endest wie diese Mädchen.«

»Ich brauche nur einen Ausweis, damit ich mir Arbeit in einem Restaurant suchen kann«, erklärte ich ihm.

»Ich habe ein paar Leute bei der Polizei. Vielleicht kann ich dir helfen«, sagte er beiläufig. Für mich ging es um Leben und Tod, doch aus seinem Mund klang es, als sei es keine große Sache.

Ich sagte, ich wäre ihm für seine Hilfe sehr dankbar.

Er fragte mich, ob ich in den Park mitkommen wollte, weil wir uns dort besser unterhalten könnten. Er wirkte so höflich und zuvorkommend, dass ich keine Bedenken hatte, also willigte ich ein. Ich hätte es besser wissen müssen, aber irgendwie hatte ich offenbar doch noch Vertrauen in die Menschheit. Mein Leben lang hatte man mir beigebracht, Lügen zu glauben. Es war mir eine unheilvolle Gewohnheit geworden.

Das Auto, das auf dem Parkplatz schon auf ihn wartete, sah aus wie ein Panzer, mit Lichtern auf dem Dach und einem großen Bett anstelle einer Rückbank.

»Was hältst du davon?«, fragte er. »Davon gibt es in China nicht viele.«

Wir fuhren zu einem großen, öffentlichen Park im Norden der Stadt, wo wir im Auto saßen und uns unterhielten.

»Erzähl mir von dir«, sagte er. »Wie alt bist du?«

Ich war erst vierzehn, sagte ihm aber, ich sei achtzehn, weil man in China mit achtzehn seinen Ausweis bekommt.

»Hast du Familie?«, fragte er.

»Ich habe eine Mutter«, sagte ich. »Und ich versuche, meine Schwester zu finden. Deshalb brauche ich einen Ausweis, um arbeiten zu können.«

»Wie steht's mit einem Freund?«

»Es gibt da einen Mann, der für mich sorgt, aber ich bin dabei, mich von ihm zu lösen.«

»Dann wirst du eine Wohnung brauchen«, sagte er. »Ich besitze hier einige Apartments. Eins liegt direkt gegenüber von diesem Park. Da könntest du eine Weile bleiben, solange du auf deinen Ausweis wartest. Möchtest du es dir mal ansehen?«

Huang fuhr mich zu einem der luxuriösesten Gebäude in Shenyang. Seine riesige Wohnung im 27. Stock sah aus wie ein Museum. Er gab vor, ein großer Kunst- und Antiquitätenhändler zu sein, der aus bescheidenen Verhältnissen stammte und nun einer der reichsten und mächtigsten Männer Shenyangs sei. Später fand ich heraus, dass er nicht mal die Grundschule beendet hatte und kaum seinen eigenen Namen schreiben konnte. Und doch kam er mir so kultiviert vor. Ganz und gar nicht wie ein Verbrecher.

Seine Wohnung war voller Gemälde, antiker Elfenbein-Buddhas und Porzellanvasen. Er deutete auf einen fein geschnitzten Holzstuhl und meinte, der sei etwa 650 000 Dollar wert.

In der Lobby gab es Wachleute, und ein Warnsystem schlug Alarm, wenn man versuchte, den Balkon zu betreten oder versehentlich die falsche Tür öffnete. Das ganze Gebäude war wie eine Festung.

»Bleib hier, dann besorg ich dir deinen Ausweis. Ich kümmere mich um alles.«

Anfangs war ich Huang sehr dankbar. Ich rief meine Mutter an, um ihr zu sagen, dass es mir gut ging und ich jemanden gefunden hatte, der mir einen Ausweis besorgen würde. Hongwei hinterließ mehrmals Nachrichten, aber ich schrieb ihm, er müsse sich keine Sorgen machen. Und anfangs schien es auch, als würde alles gut gehen.

Am nächsten Tag holte mich Huang mit dem Auto ab, und wir fuhren zu seinem Antiquitätenladen. Dann nahm er mich mit in die gigantische Wohnung eines Freundes, damit ich ihm dabei zusehen konnte, wie er auf einem Indoor-Golfplatz das Putten übte. Er nahm mich sogar mit zum Grab seiner Mutter und später dann zu einem alten Wahrsager, der meinte, ich sei vom Glück bevorzugt. Der Alte las in meiner Hand, dass ich einen Sohn bekommen würde.

»Du bist etwas Besonderes«, erklärte mir Huang. »Ich möchte der Vater deines Sohnes sein.«

Ich wusste nicht, was ich sagen sollte. Ich wusste nur, dass ich bei diesem Mann nicht bleiben konnte. Das Problem war allerdings, dass er mich nicht aus den Augen ließ.

Wir fuhren ans andere Ende der Stadt, und er führte mich in ein Luxusapartment, in dem sieben schöne, junge Frauen lebten.

»Siehst du? Wenn du bei mir bleibst, wirst du viele Freundinnen haben«, sagte er. »Du musst nie mehr einsam sein.«

Die meisten der Mädchen waren jung, aber ich war mit Abstand die Jüngste. Eine ging aufs College und saß über ihre Bücher gebeugt. Huang streckte sich auf einem Sessel aus, und ein paar Mädchen fingen an, ihm die Hände und Füße zu massieren. Ich nutzte die Gelegenheit, einem anderen Mädchen in die Küche zu folgen.

»Ich will hier nicht bleiben«, raunte ich ihr zu. »Hilfst du mir zu fliehen?«

»Bist du verrückt?«, sagte sie. »Was hättest du davon? Der Mann ist reich, und er ist großzügig.«

An diesem Abend brachte mich Huang zurück in seine Wohnung mit den vielen Antiquitäten. Als er kurz nebenan war, nahm ich mein Handy und rief meine Mutter an.

»Ich glaube, ich kann hier nicht bleiben, *Umma*«, sagte ich auf Koreanisch. »Irgendwas stimmt mit diesem Kerl nicht. Er hat Frauen, die ihm die Füße massieren, meint aber, er möchte ein Kind von mir, weil ein Sohn das Einzige ist, was ihm zu seinem Glück noch fehlt …«

Da spürte ich plötzlich, dass Huang neben mir stand. Ich glaube nicht, dass er ein Wort verstanden hatte, aber er muss am Klang meiner Stimme gemerkt haben, worum es ging, denn er riss mir das Handy aus der Hand.

»Machen Sie sich keine Sorgen«, erklärte er meiner Mutter auf Chinesisch. »Ich werde Ihrer Tochter einen Ausweis besorgen und schicke Ihnen jeden Monat Geld. Alles wird gut.« Sie sprach kein Chinesisch, also verstand sie gar nicht richtig, was vor sich ging, nur dass ich vermutlich entführt worden war.

Huang legte auf und steckte mein Handy ein.

Dann packte er mich. Ich riss mich los.

»Nein, ich will das nicht«, sagte ich. »Ich will arbeiten.«

Mit einem Mal wurde seine Stimme kalt.

»Weißt du, was sie mit Verrätern machen, die nach Nordkorea zurückgeschickt werden?«, sagte er. »Man bindet sie mit Draht zusammen. Und der wird durch die Schultermuskeln gestochen, damit sie nicht weglaufen können. Ich könnte dich noch heute Nacht zurückschicken lassen. Oder ich könnte dich töten lassen, ohne dass irgendwer je erfahren würde, was aus dir geworden ist.«

Wieder versuchte er, mich zu packen, aber ich habe ihn gebissen. Da schlug er mir so fest ins Gesicht, dass ich blutete.

Dann trat er einen Schritt zurück.

»Im Grunde habe ich das gar nicht nötig«, sagte er. »Ich kann jede haben. Alle lieben mich, selbst Studentinnen. Und ich werde schon dafür sorgen, dass du mich auch willst.«

Damit ließ er mich in seiner Wohnung allein und schloss die Tür ab.

Von da an wollte ich nur noch raus. Ich war nicht aus Nordkorea geflohen, um Sklavin dieses Mannes zu werden, eine Trophäe, ein Schmuckstück seiner Sammlung. Hongwei war schon schlimm, aber wenigstens hatte er ein Herz. Dieser Mann war kalt wie ein Reptil. Ich war noch niemandem begegnet, der mir solche Angst machte.

In der Nacht probierte ich alle Türen aus, aber jedes Mal ging der Alarm los, und die Wachleute kamen angelaufen. Man hatte mich entführt, und niemand wusste, wo ich war.

Am nächsten Tag versuchte es Huang mit einer anderen Taktik. Er brachte mir hübsche Kleider und Schmuck und wollte, dass ich alles anprobierte. »Sag mir einfach, was du haben möchtest, und ich kaufe es dir«, meinte er.

»Ich möchte, dass Sie mich gehen lassen«, sagte ich.

»Nein, wenn ich erst mit dir fertig bin, wirst du noch darum betteln, bei mir bleiben zu dürfen.«

Ich weiß nicht, wie lange ich in der Hand dieses Entführers war. Eine Woche vielleicht oder länger.

Ich wurde rund um die Uhr bewacht. Wenn ich nicht mit Huang zusammen war, behielten mich seine Mätressen im Auge. Ich hatte das entsetzliche Gefühl, in der Falle zu sitzen. Wie in Nordkorea lastete die ständige Angst so sehr auf mir, dass sie mich zu erdrücken drohte. Ich sah keinen Ausweg mehr.

Huang unternahm keinen weiteren Versuch, mich zu vergewaltigen, aber er konnte grob und grausam sein. Als ich nicht essen wollte, versuchte er, das Essen mit Gewalt in mich hineinzustopfen. Er drohte mir, dann war er plötzlich wieder freundlich. Ich dachte, ich würde dort niemals lebend rauskommen.

Dann saß ich eines Tages mit einigen seiner Mätressen in Huangs größtem Antiquitätengeschäft, als überraschend Hongweis Freund Li den Laden betrat. Huang kam aus seinem Büro, um nachzusehen, wer es war.

»Hallo, Bruder Huang«, sagte Li. »Es ist mir eine Ehre, Euch kennenzulernen.«

»Woher weißt du, wer ich bin?«, fragte Huang.

»Wer kennt Euren großen Namen nicht?«, sagte Li. Dann deutete er in meine Richtung. »Die Mutter dieses Mädchens vermisst ihre Tochter. Und ich soll Euch von Hongwei bestellen, dass auch er sie wiederhaben möchte.«

»Sag Hongwei, dass sie ihn nicht mehr braucht«, entgegnete Huang. »Stimmt's nicht, Kleine?«

Er sah zu mir herüber, und ich nickte. Ich fürchtete, wenn ich zögerte, würde er uns alle töten, auch Hongwei und meine Mutter.

»Sag ihm, wie gut ich dich behandle«, verlangte er.

»Er behandelt mich sehr gut«, erklärte ich Hongweis Freund.

Huang schickte ihn fort, die Nachricht zu überbringen.

Kurz darauf klingelte mein Handy in Huangs Hosentasche. Als er sah, dass Hongwei anrief, ging er ran.

Hongwei hatte bei seiner verzweifelten Suche nach mir ganz Shenyang auf den Kopf gestellt. Irgendwann erreichte er dann meine Mutter, und die hat ihm geholfen, mich zu finden. Später hat er mir erzählt, was er damals am Telefon zu Huang gesagt hatte.

»Gib sie zurück, oder wir haben Krieg«, sagte Hongwei. »Du hast die Wahl der Waffen: Polizei oder Gangs. Ich kann mit beidem dienen.«

»Willst du nur wegen eines Mädchens wirklich so einen Aufstand machen?«, fragte Huang.

»Die Frage ist eher, ob du bereit bist, für sie dein Leben und dein ganzes Geld zu opfern«, sagte Hongwei.

Nach diesem Anruf brachte mich Huang zurück in die von Wachleuten und Alarmanlagen gesicherte Wohnung. Ich wusste, wozu Hongwei imstande war, aber ich wusste auch, dass mein Entführer ihm nicht nachgeben konnte. Also versuchte ich es anders. »Ich sehe ein, wie sehr ich mich geirrt habe«, erklärte ich Huang. »Ich möchte nicht wieder zu Hongwei zurück. Du bist ein viel bedeutenderer Mann. Warum solltest du dich auf einen Krieg gegen ihn einlassen? Er hat nichts zu verlieren, aber für dich steht alles auf dem Spiel. Ich werde ihm sagen, dass ich ihn nicht mehr will.«

Ich konnte ihn davon überzeugen, dass ich mir in Wahrheit nichts sehnlicher wünschte, als meine Mutter wiederzusehen. »Ich bin doch nur traurig, weil ich sie so sehr vermisse«, sagte ich.

Dieser Mann mochte zwar ein rücksichtloser Verbrecher sein, aber er war auch ein frommer Buddhist, der seine Mutter liebte. »Bitte lass mich gehen, damit ich meine Mutter noch einmal wiedersehen kann. Sie lebt in Chaoyang. Danach komme ich zu dir zurück, und wir verschwenden keinen Gedanken mehr an Hongwei.«

Ich konnte ihn dazu bewegen, mir zu glauben. Am nächsten Tag bot er mir an, mich von einem seiner Fahrer nach Chaoyang bringen zu lassen, aber ich versicherte ihm, er bräuchte mich nur in den Bus zu setzen. Das sei viel einfacher. Er war derart überzeugt davon, mich bekehrt zu haben, dass er einwilligte. Er gab mir sogar mein Handy zurück.

Sobald sich der Bus in Bewegung setzte, rief ich Hongwei an.

Hongwei holte mich am Busbahnhof von Chaoyang ab. Er weinte, als er mich sah.

»Oh, meine Yeonmi-ya. Was hast du dir nur dabei gedacht?«,

schluchzte er. »Du weißt doch gar nicht, wie es in der Welt da draußen zugeht.«

Er fuhr mich zu dem Bauernhof, auf dem meine Mutter lebte. Niemand sonst wusste, wo ich war, und er meinte, dort sei ich in Sicherheit, falls Huang nach mir suchen sollte.

Mir fiel auf, dass Hongwei mich erst vermisst hatte, als ich nicht mehr da war. Und ich staunte, dass er bereit gewesen war, einen Krieg gegen einen so reichen und mächtigen Mann zu riskieren, nur um mich zurückzubekommen. Ich glaube, Hongwei war wohl selbst ein wenig überrascht. Später hat er mir erzählt, dass er bis dahin noch nie etwas für die Liebe riskiert hatte.

Die freundliche Bauernfamilie lud mich ein, bei meiner Mutter zu bleiben. Möglicherweise hätten wir noch eine ganze Weile dort gewohnt, aber inzwischen war Juli 2008, und Anfang August sollten die Olympischen Spiele in Beijing beginnen. Im Nachbardorf war die Polizei schon von Haus zu Haus gegangen, auf der Suche nach Illegalen. Wir hörten von mehreren nordkoreanischen Frauen, die bereits deportiert worden waren. Unsere chinesische Familie fürchtete, dass uns vielleicht jemand aus dem Ort verraten könnte und man den Hof durchsuchen würde. Also riefen wir Hongwei an, der dafür sorgte, dass wir in Yangshanzhen unterkamen, nicht weit von der Stelle, wo mein Vater begraben war. Allerdings wurden wir dort sofort als nordkoreanische Flüchtlinge erkannt, weshalb Hongwei uns wieder in seinen Heimatort Chaoyang brachte. Eine Weile wohnten wir alle zusammen, aber wir hatten kein Geld. Meine Mutter versuchte, Myung-ok auf dem Handy zu erreichen – die Frau, die ihrem chinesischen Ehemann fortgelaufen war. Myung-ok war in Shenyang. Und sie hatte Arbeit.

»Was machst du denn?«, wollte meine Mutter von ihr wissen.

»Nichts allzu Schreckliches«, sagte Myung-ok. »Wenn du nach Shenyang kommst, stelle ich dich meinem Boss vor.«

Meine Mutter und ich waren völlig verzweifelt. Dauernd mussten wir umziehen. Nicht nur, weil wir vor der Polizei Angst hatten. Hongwei fühlte sich außerdem von dem Geist meines toten Vaters verfolgt.

Anfangs erschien ihm mein Vater nur in Albträumen. Später sah er ihn am Reiskocher stehen, wenn Hongwei in die leere Wohnung kam. Oder mein Vater saß einfach nur auf dem Bett und starrte die Wand an. Hongwei weinte und schluchzte, mein Vater würde ihm nie verzeihen, was er mir angetan hatte. Aber jetzt wüsste er, dass er mich gehen lassen musste. Er beteuerte, wie sehr er bereue, mir meine Unschuld genommen zu haben, und wie sehr es ihm leidtue, mir wehgetan zu haben, auch wenn es dafür jetzt wohl zu spät sei. Aber er versprach, immer auf mich Acht zu geben, und er wollte für den Rest seines Lebens den Geist meines Vaters ehren und sein Grab pflegen.

Meine Gefühle für diesen Mann waren widersprüchlich. Ich hatte ihn so lange gehasst und konnte mir nicht vorstellen, ihm jemals zu verzeihen, und doch hatte sich mein Herz für ihn erweicht. Er war nicht nur schlecht. In gewisser Weise war er für mich sogar ein wahrer Segen gewesen. Er hatte meine Mutter zurückgeholt, er hatte meinen Vater nach China gebracht und mir geholfen, ihn dort zu begraben. Und ich weiß, dass er sich alle Mühe gegeben hat, meine Schwester zu finden.

Als wir damals zusammenlebten, hatte er mir manchmal Goldschmuck gekauft, den ich die ganze Zeit versteckt hielt. Jetzt gab ich ihn zurück. Er brauchte ihn dringender als ich. Im Grunde erkaufte ich mir damit meine Freiheit.

Ich dankte ihm für alles, was er für mich getan hatte, und sagte ihm Lebwohl.

Meine Mutter und ich nahmen den nächsten Bus nach Shenyang.

KAPITEL 17

Wie Manna vom Himmel

Als meine Mutter und ich in Myung-oks Apartment in Shenyang saßen, erzählte sie uns endlich Näheres von dem Job, den sie uns besorgen konnte. Sie meinte, wir müssten uns nur mit Männern am Computer unterhalten.

Myung-ok arbeitete für einen Chinesen, einen sogenannten *laoban*, der mehrere Wohnungen angemietet und mit Computern und Internetverbindungen ausgestattet hatte. Ein *laoban* war ein kleiner Handlanger, der im Auftrag eines Gangsterbosses aus Shenyangs Chatroom-Unterwelt handelte. Am unteren Ende der Hackordnung standen die nordkoreanischen Frauen, die keine Wahl hatten. Die Frauen wohnten in kleinen Schlafzimmern, in denen sie rund um die Uhr »chatten« konnten. Die Kunden – fast ausschließlich südkoreanische Männer – suchten auf den diversen Webseiten nach Frauen, die ihnen gefielen, und bezahlten dann minutenweise dafür, sich mit ihnen unterhalten und sie sich ansehen zu dürfen. Die meisten Frauen zogen sich für die Männer aus, aber manche verstrickten sie nur in erotische Fantasien. Es ging darum, die Männer so lange wie möglich online zu halten und ihre Kreditkarten zu belasten. Das meiste Geld steckten die *laoban* ein.

Bis dahin hatte ich noch nie etwas von »Webcams« gehört. Für meine Mutter und mich war das doch eine eher skurrile Art und Weise, seinen Lebensunterhalt zu verdienen. Zuerst versuchte ich, Arbeit in einem Restaurant zu finden, aber ohne

Ausweis war es unmöglich, einen Job zu bekommen. Die Polizei hatte Razzien durchgeführt und suchte überall nach Illegalen. Unsere Arbeitsmöglichkeiten waren extrem eingeschränkt. Ich war nach wie vor erst vierzehn, wusste aber nur zu gut, wozu Menschen bereit waren, um zu überleben – und vieles davon war erheblich schlimmer als ein Chatroom für Erwachsene. So bedrückend meine Lage auch gewesen sein mochte, hatte Hongwei mich doch nie unter Drogen gesetzt oder an andere Männer weitergereicht. Angesichts der Tatsache, dass wir nun ohne seinen Schutz auskommen mussten, schien mir ein Chatroom keine so schlechte Wahl.

Es war bestimmt kein erstrebenswerter Job, aber wenigstens musste man mit niemandem Sex haben. Man gehörte niemandem und verdiente ganz gut dabei. Mein Plan war, so lange zu arbeiten, bis ich das Geld für einen glaubwürdigen Ausweis beisammen hatte. Damit konnte ich mir dann einen besseren Job suchen und für meine Mutter sorgen.

Kurz nachdem wir dort angefangen hatten, kündigte die clevere und höchst umtriebige Myung-ok ihrem chinesischen Boss und besorgte sich ihre eigene Lizenz für einen Chatroom. Sie bot uns bessere Konditionen an, also gingen wir mit.

Nach heutigen Ansprüchen war die Technik damals primitiv, für uns jedoch war sie nach wie vor verblüffend. Meine Mutter und ich hatten noch nie einen Computer gesehen, sodass wir erst lernen mussten, wie man die Buchstaben eingab, um dann staunend zu erleben, wie diese auf dem Bildschirm erschienen.

Meine Mutter tat sich schwer damit. Wenn ein Kunde sich meldete, dauerte es ewig lange, bis sie die richtigen Tasten gefunden hatte, um »Hallo« einzugeben, sodass – wenn sie wieder aufblickte – der Bildschirm leer war und der Kunde weg.

»Lass mich das machen, *Umma*«, sagte ich. Zwar brauchte ich auch lange, aber meinen Kunden schien das Warten nichts auszumachen. Sie nahmen sogar hin, dass ich mich nicht ausziehen wollte. Nur mein Gesicht war zu sehen, und wenn sie allzu derb oder penetrant wurden, schaltete ich sie einfach ab. Ich kam damit durch, weil die Männer neugierig waren und mehr über mich erfahren wollten. Normalerweise schrieb ich nur, was sie hören wollten, aber einige lernte ich auch näher kennen und führte mit ihnen richtige Gespräche. Mein Chatroom wurde immer beliebter, und manchmal wollten sogar sechs oder sieben Männer gleichzeitig mit mir chatten. Da musste ich aufpassen, dass ich nichts durcheinanderbrachte und dem falschen Mann antwortete.

Je mehr man arbeitete, desto mehr war zu verdienen. Wenn ich rund um die Uhr online blieb, konnte ich etwa 4000 Yuan – über 500 Dollar– monatlich verdienen, nach Abzug der siebzig Prozent für die Bosse.

Endlich hatten meine Mutter und ich genug Reis zu essen und mussten nicht jede Nacht befürchten, vergewaltigt zu werden. Aber frei waren wir nicht. Der Chatroom war auch nur ein Gefängnis. Sobald wir die Wohnung verließen, mussten wir fürchten, erkannt zu werden. Ich weiß gar nicht, wovor ich mehr Angst hatte: davor, der chinesischen Polizei in die Hände zu fallen oder Huang oder einem seiner Leute über den Weg zu laufen. Ich wusste, dass er noch immer nach mir suchte, und Huang war kein Mensch, mit dem man sich ungestraft anlegte.

In der Nähe unserer Wohnung gab es eine Schule. Von unserem Fenster aus konnte ich Mädchen meines Alters sehen, die Schultaschen bei sich trugen und mit ihren Freundinnen spielten. Ich fragte meine Mutter: »*Umma*, wann kann ich endlich auch so sein?« Sie wusste gar nicht, wie sie darauf reagieren sollte.

Als ich schon dachte, mein Leben müsste ewig so weitergehen, lernte meine Mutter eine Nordkoreanerin namens Hae-soon kennen. Sie hatte für Myung-ok im Chatroom gearbeitet, lebte aber inzwischen mit einem Südkoreaner in Shenyang zusammen. Eine Flucht nach Südkorea hatten wir bisher nie in Betracht gezogen, aber Hae-soon wusste alles über Südkorea und meinte, dass man uns dort einbürgern und dabei unterstützen würde, Arbeit und eine Wohnung zu finden. Allerdings wusste sie auch, wie gefährlich die Flucht aus China war. Wer erwischt und nach Nordkorea zurückgeschickt wurde, hatte sein Leben verwirkt. Sich in China Arbeit zu suchen war ein Verbrechen, doch die Flucht nach Südkorea war Hochverrat, und dafür kam man entweder in ein Straflager für politische Gefangene, aus dem es kein Entrinnen gab, oder man wurde auf der Stelle hingerichtet.

Hae-soon wusste von einer Möglichkeit, aus China herauszukommen, die für andere gut funktioniert hatte. In der Stadt Qingdao gab es christliche Missionare, die einen quer durch China bis in die Mongolei bringen konnten, wo nordkoreanische Flüchtlinge angeblich willkommen waren. War man erst in der Mongolei, würde die südkoreanische Botschaft sich um einen kümmern. Hae-soon war entschlossen, nach Qingdao zu gehen und die Reise anzutreten, nur fehlte ihr der Mut, es allein zu tun. Also bat sie mich und meine Mutter mitzukommen.

Sobald ich die Geschichte dieser Frau gehört hatte, wusste ich, dass ich in die Mongolei musste. Meine Mutter hatte schreckliche Angst. Es ginge uns doch gut in Shenyang, sagte sie. Es sei zu riskant wegzugehen, und sie versuchte, mir den Plan auszureden. Doch ich hatte die Hoffnung noch immer nicht aufgegeben, eines Tages nicht mehr ums nackte Überleben kämpfen zu müssen. Ich wusste nicht, was aus uns werden würde, aber ich wusste, dass ich lieber sterben wollte, als weiter so zu leben – tief in meinem Herzen wusste ich, dass ich es verdiente, wie ein Mensch behandelt zu werden, nicht wie ein Tier. Wieder einmal hielt ich die Hände meiner Mutter und wollte sie erst loslassen, als sie einwilligte, mit mir in die Mongolei zu gehen.

Hae-soon gab uns die Handynummer eines Kontaktmannes bei der Mission. Als meine Mutter ihn anrief, erzählte er ihr, auch er sei aus Nordkorea geflohen, und allein Gottes Gnade sei es zu verdanken, dass er nun gesegnet und in Freiheit war. Sie erzählte ihm, dass wir hofften, es bis nach Südkorea zu schaffen, und dass wir meine Schwester suchten, die dort vielleicht schon auf uns wartete. Er erklärte ihr, Gott sei allmächtig. Wenn wir zu Gott beteten, würde alles gut werden. Er gab uns eine Nummer, die wir in Qingdao anrufen sollten. Die Leute dort würden uns Gott näherbringen, und sie könnten uns helfen, eine Möglichkeit zu finden, nach Südkorea zu gelangen.

Als meine Mutter mir das Gespräch schilderte, hatten wir beide keine Ahnung, was der Missionar meinte. Nordkorea ist ein atheistisches Land, und von diesem Christengott hörten wir zum ersten Mal. Aber wir waren gewillt, alles zu glauben, was uns das Überleben sicherte. Und das mit der Gnade klang vielversprechend. Einmal mehr beschlossen meine Mutter und ich, einen großen Schritt zu tun, ohne Genaueres darüber zu wissen.

Einzige Hürde war das Geld. Wir besaßen ein paar Ersparnisse, doch für diese Flucht würden wir mehr brauchen.

Ich kann nicht erklären wieso, aber wenn ich damals hungrig war, habe ich immer geglaubt, wenn ich es mir nur genug wünschte, würde Brot vom Himmel fallen. Mein Vater war von ähnlichem Optimismus, selbst unter widrigsten Umständen. Optimismus und harte Arbeit genügen jedoch nicht, um zu überleben. Man braucht auch Glück. Vielleicht hatte dieser alte Wahrsager ja recht gehabt, denn trotz allem, was mir zugestoßen ist, habe ich doch in meinem Leben auch großes Glück gehabt.

Unsere Flucht wurde erst möglich durch einen Freund, den

ich online kennengelernt hatte. Er hatte einen guten Job, war Ende dreißig, lebte in Südkorea und war mit der Zeit einer meiner Stammkunden im Chatroom geworden. Die meisten Männer, mit denen ich online zu tun hatte, ließ ich glauben, ich befände mich irgendwo in Seoul. Doch dieser Mann war anders. Er behandelte mich wie einen gleichwertigen Menschen, also habe ich ihm etwas von mir erzählt. Er war dermaßen bestürzt, dass er anbot, mir zur Flucht zu verhelfen. Er kam nach Shenyang geflogen, um sich mit mir zu treffen, und gab mir genug Geld, um davon alles bezahlen zu können. Dafür verlangte er nur, dass wir ihn anriefen, sobald wir es in den Süden geschafft hatten, obwohl ich glaube, dass er nicht einmal das ernstlich von uns erwartete. Er war ein einsamer Mann, der ein gutes Herz hatte.

Bald darauf waren wir bereit. Meine Mutter fragte Myung-ok, ob sie mitkommen wolle, aber sie hatte zu große Angst, auf der Flucht geschnappt zu werden.

Anfang Februar wurde es Zeit, Shenyang den Rücken zu kehren. Uns graute vor der gefährlichen Flucht. Ich kaufte mir eine dicke, braune Wolljacke, die ich auf der Reise tragen wollte, und wir beschlossen, uns eine letzte, üppige Mahlzeit in einem koreanischen Restaurant zu gönnen, was wir unter normalen Umständen niemals getan hätten. Später gingen wir sogar in eine Karaoke-Bar.

Ich selbst bin keine große Sängerin, doch die Stimme meiner Mutter fand ich schon immer wunderschön. Als ich klein war, hat sie mir vorgesungen, wenn sie Hausarbeiten erledigte oder mich ins Bett brachte. Sie hatte die schönste, sanfteste Stimme, die ich kannte. Diese Stimme zu hören riss eine Mauer ein, die ich um mein Herz errichtet hatte. Fast zwei Jahre lang waren alle meine fünf Sinne wie betäubt gewesen. Ich konnte die Welt um mich herum weder fühlen noch riechen, weder sehen noch hören oder schmecken. Hätte ich mir erlaubt, die Welt in ihrer ganzen Intensität zu erleben, wäre ich bestimmt verrückt geworden. Hätte ich mir erlaubt zu weinen, hätte ich wohl nie wieder aufhören können. So habe ich zwar überlebt, doch niemals Freude empfunden und mich niemals geborgen gefühlt. Als ich nun meine Mutter die alten Lieder singen hörte, erwachten meine Sinne zu neuem Leben. Ich war überwältigt von der grenzenlosen Liebe, die ich für sie empfand, aber auch von der schrecklichen Angst, sie zu verlieren. Diese Sorge lastete so sehr auf mir, dass ich den Schmerz körperlich spürte. Meine Mutter war alles für mich. Sie war alles, was ich hatte.

Jetzt war es an mir, das Versprechen endlich einzulösen, das ich meinem Vater gegeben hatte – sie zu beschützen und Eunmi zu finden. Und dafür mussten wir nach Südkorea.

KAPITEL 18

Den Sternen nach

Am nächsten Tag traten meine Mutter und ich mit Hae-soon die nervenaufreibende Busfahrt von Shenyang nach Qingdao an. Bis dorthin waren es ungefähr zwölfhundert Kilometer, und der Bus konnte jederzeit von der chinesischen Polizei für eine Ausweiskontrolle angehalten werden. Doch wir hatten Glück und schafften die Reise in zwei Tagen, ohne kontrolliert zu werden. Qingdao ist ein riesiger, moderner Hafen am Gelben Meer, gegenüber von Südkorea. Mit einem Reisepass konnte man von dort aus in etwas mehr als einer Stunde Seouls Flughafen Incheon erreichen. Nordkoreanische Flüchtlinge dagegen mussten erheblich verschlungenere Wege in die Freiheit nehmen.

Am Busbahnhof von Qingdao wurden wir von einer Frau mittleren Alters in Empfang genommen. Sie war koreanischer Abstammung und führte uns zu einem Wohnhaus in einem unscheinbaren Viertel. Dort wurden wir in einer von mindestens zwei sicheren Stadtwohnungen untergebracht, die eine im Verborgenen operierende protestantische Mission gemietet hatte. Es war der erste Zwischenstopp auf unserer Fluchtroute. Hier wurden Überläufer in der Bibel unterrichtet, während sie auf ihre Gelegenheit warteten, über die Mongolei zu entkommen. Geleitet wurde die Mission von einem südkoreanischen Pastor, mit Unterstützung dieser Koreanerin, und einem Han-Chinesen, der die gefährlichen Ausflüge zur mongolischen Grenze organisierte und auch führte.

Die Volksrepublik China hat ein kompliziertes, oft von Gewalt geprägtes Verhältnis zur organisierten Religion. Während der Kulturrevolution der 1960er wurden alle Kirchen verboten, doch in der jüngeren Ära wirtschaftlicher Reformen hat die atheistische Regierung manchen Kirchen gestattet, offen zu agieren. Allerdings ist es christlichen Missionen weder gestattet, Ungläubige zu bekehren, noch Nordkoreanern bei der Flucht in andere Länder zu verhelfen. Falls die Behörden herausfinden sollten, was in der Mission von Qingdao vor sich ging, bestand die Gefahr, dass der Pastor und seine Unterstützer dafür ins Gefängnis wanderten oder ausgewiesen wurden. Aus diesem Grund verschwieg man uns die richtigen Namen unserer Retter.

Wir drei aus Shenyang teilten uns die kleine Wohnung mit acht oder neun anderen Nordkoreanerinnen. Man schärfte uns ein, nicht zu laut zu sein und die Wohnung niemals allein zu verlassen – obwohl manche es trotzdem taten. Für Verpflegung standen jedem pro Tag fünf Yuan, etwa 65 Cent, zur Verfügung. Einmal pro Woche brachte uns die koreanische Frau zu einem Laden, in dem wir gefahrlos einkaufen konnten. Glücklicherweise hatten meine Mutter und ich genügend Geld, um uns mit mehr Lebensmitteln einzudecken, die wir dann mit unseren Mitbewohnerinnen teilten.

Von Jesus Christus hatten meine Mutter und ich bis dahin noch nie gehört. Eine der anderen Überläuferinnen erklärte es uns so: »Stellt euch einfach Gott als Kim Il-sung und Jesus als Kim Jong-il vor. Dann ist es besser zu verstehen.«

Ich muss zugeben, dass ich anfangs nur mitgespielt habe. Wenn ich denn Christus als meinen Retter betrachten sollte, um nach Südkorea zu gelangen, dann wollte ich die beste Christin sein, die man je gesehen hatte. Wir mussten jeden Morgen zum Gottesdienst und verbrachten dann den Rest des Tages mit

Bibelstudien. Der Pastor ließ uns seitenweise Sprüche Salomons auf Koreanisch schreiben. Wir haben viel gesungen und gebetet und Buße getan. Es fiel mir leicht, die Vorstellung eines allmächtigen, allwissenden Gottes zu übernehmen. Sie glich dem, was man uns über unseren Geliebten Führer in Nordkorea beigebracht hatte, der alles wusste und sich für uns um alles kümmerte, sofern wir ihm treu ergeben waren. Allerdings fiel es mir schwer zu verstehen, wie dieser Gott barmherzig sein konnte. Ich fragte mich, wieso es diesen Gott nur in Südkorea gab, und nicht auch bei uns im Norden.

Es dauerte jedoch nicht lange, bis mich die Lieder und der Geist des Evangeliums mitrissen, und ich gab mich voll und ganz der Botschaft der Hoffnung hin. Außerdem stellte ich fest, dass ich sehr gut beten konnte.

Kurz nach unserer Ankunft rief meine Mutter unsere Freundin Sun-hi an, die mit ihrem »Ehemann« und ihrer neunjährigen Tochter Hyong-sim in einer Provinz ganz in der Nähe lebte. Eine Weile hatten wir in einem von Hongweis Apartments zusammengewohnt, und sie hatte sich damals mit meiner Mutter auf Anhieb gut verstanden. Sie waren im selben Alter, kamen beide aus Hyesan (obwohl sie sich dort nicht gekannt hatten) und suchten ihre älteren Töchter, die sich im Netz chinesischer Menschenhändler verfangen hatten. Sun-his Lebensgeschichte war kompliziert und tragisch, aber sie selbst war eine unverwüstliche, geradezu heitere Person, und für uns gehörten sie und Hyong-sim schon bald zur Familie.

Meine Mutter erzählte Sun-hi von unseren Plänen und erwähnte, dass sie – wenn sie mit uns nach Südkorea fliehen wollte – nur Kontakt zur Mission aufnehmen müsste. Sun-hi und ihre jüngere Tochter hatten ein schweres Leben auf dem Bauernhof, und so konnten sie es kaum erwarten, von dort wegzukommen. Mitte Februar trafen die beiden in Qingdao ein und schlossen sich unserer Gruppe an.

Leider machten wir uns gerade bereit, in eine andere Wohnung umzuziehen. Meine Mutter kam mit Hae-soon nicht zurecht, die ein sehr forderndes Wesen hatte. Vielleicht konnte meine Mutter sie nur nicht um sich haben, weil sie selbst so unter Stress stand, aber sie mochte auf keinen Fall mehr mit Hae-soon unter einem Dach wohnen und mit ihr die Reise antreten. Der koreanischen Frau ließen wir zum Dank eine Spende für die Mission da und zogen kurzfristig in eine ähnliche Wohnung um, zu einer anderen Gruppe, die sich ebenfalls auf die Abreise vorbereitete. Zufällig handelte es sich dabei um die Leute, die als Nächstes in die Mongolei aufbrechen sollten. Daher würden wir China noch vor den anderen verlassen.

Unsere neue Gruppe bestand aus meiner Mutter, mir und drei weiteren Frauen – eine hatte fast zehn Jahre in China gelebt, eine war Anfang zwanzig und eine im Alter meiner Mutter. Außerdem gehörte eine junge Familie dazu: Vater, Mutter und ein kleiner Junge von etwa drei Jahren. Ihre südkoreanische Verwandtschaft hatte viel Geld dafür bezahlt, die Familie aus Nordkorea herauszuholen. Von der Grenze aus hatten sie sich direkt zur Mission in Qingdao aufgemacht, kannten also China überhaupt nicht und verstanden auch kein Wort Chinesisch.

Meine Mutter und ich mochten die Leute in dieser Gruppe, und wir fügten uns gut ein. Alle hatten ihr Bibelstudium abgeschlossen, und der Pastor war der Ansicht, wir wären nun bereit, uns auf den Weg zu machen.

Ende Februar rief der Pastor unsere neue Gruppe eines Tages zu einer Gebetsrunde zusammen. Wir lobten den Herrn und bereuten unsere Sünden, was für Nordkoreaner ein vertrautes Ritual ist. Wir saßen im Kreis, rügten uns selbst und baten Gott um Vergebung für alles, was wir Unrechtes getan haben mochten.

Das hatten wir mit dem Pastor schon oft genug getan, doch diesmal kam es anders. Nachdem ich fertig war, sagte der Pastor: »Mehr hast du nicht zu sagen?«

Verwundert sah ich ihn an. Er wandte sich meiner Mutter zu.

»Sicher gibt es noch mehr Sünden, von denen ihr uns berichten könntet.«

Wir waren schockiert. Meine Mutter und ich verständigten uns mit Blicken. Offenbar hatte ihm jemand aus der anderen Gruppe von unserer Arbeit im Chatroom erzählt.

»Wir haben unsere Sünden im Stillen vor Gott bereut«, sagte meine Mutter. »Müssen wir sie vor allen anderen beichten?«

Er meinte, um Vergebung zu erfahren, müssten wir eine vollständige Beichte ablegen.

Als wir anfingen zu weinen, bat er alle anderen, den Raum zu verlassen.

Meine Mutter und ich vertrauten ihm an, dass wir in Shenyang in Chatrooms gearbeitet hatten, dies aber längst bereuten. Wir hatten es nur getan, um zu überleben, und dachten, Gott hätte uns vergeben.

Ernst schüttelte der Pastor den Kopf.

»Nein, ihr habt euch versündigt. Ich kann nicht zulassen, dass ihr im Zustand der Sünde in die Mongolei geht. Ihr würdet alle Unschuldigen in Gefahr bringen.«

Wir flehten und bettelten den Pastor an und schworen, etwas derart Sündiges nie wieder zu tun. Es tat uns doch schrecklich leid. Konnte er uns denn nicht vergeben?

»Das ist nicht an mir«, sagte er. »Ihr müsst Gott bitten, euch zu vergeben.«

Da sagte meine Mutter: »Ihr habt recht, wir haben gesündigt, und wenn unsere aufrichtige Reue nicht genügt, dann bleiben wir hier, um die anderen nicht zu gefährden. Wir können nur sagen, dass es uns leidtut, und um Gnade bitten.«

Eine Weile sagte der Pastor nichts. Dann las er uns eine Passage aus dem Buch Jesaja vor, übersetzt ins Koreanische:

»›So kommt denn und lasst uns miteinander rechten‹, spricht der Herr. ›Wenn eure Sünde auch blutrot ist, soll sie doch schneeweiß werden, und wenn sie rot wie Scharlach ist, soll sie doch wie Wolle werden.‹«

Diese Worte trösteten mich, und ich dankte dem Pastor immer und immer wieder für seine Gebete. Und doch fühlte ich mich danach schmutzig und schämte mich für das, was ich getan hatte, um zu überleben.

Am nächsten Tag teilte die koreanische Frau meiner Mutter mit, dass wir uns der Gruppe anschließen durften.

Der Pastor kam noch einmal in die Wohnung, um uns eine gute Reise zu wünschen und mit uns zu beten, bevor wir in die Mongolei aufbrachen. Zum Abschied sagte er mir: »Bitte führe in Südkorea ein *anständiges* Leben.« Ich sah ihm an, dass er sich keine großen Hoffnungen machte – er glaubte, meine Vergangenheit würde meine Zukunft bestimmen. Wie konnte ich ihm nur begreiflich machen, dass ich nichts weiter wollte als leben und frei sein?

Unsere Gruppe sollte die Grenze zur Mongolei bei Nacht überqueren, zu Fuß. Februar war einer der kältesten Monate; in diesem Teil der Wüste Gobi fiel das Thermometer manchmal auf 40 Grad unter null. Eine Durchquerung bei dieser Eiseskälte galt als sicherer, weil weniger chinesische Grenzpatrouillen unterwegs waren und sie nicht damit rechneten, dass jemand das Risiko einging, auf einer so gefährlichen Wanderung zu erfrieren. Aber es bestand auch immer noch die Möglichkeit, dass wir verhaftet wurden, bevor wir die Grenze überhaupt erreichten. Für diesen Fall hatten meine Mutter und ich beschlossen, dass wir uns der Verhaftung entziehen wollten. Meine Mutter hatte einen großen Vorrat an Schlaftabletten gesammelt – dieselbe Sorte, mit der sich auch meine Großmutter umgebracht hatte. Ich versteckte eine Rasierklinge im Gürtel meiner Wolljacke, um mir damit die Kehle durchzuschneiden, bevor sie mich zurück nach Nordkorea schicken konnten.

Am Abend vor unserer Abreise rief ich Hongwei an. Wir hatten uns seit Monaten nicht gesehen, und meine Gefühle für ihn waren nach wie vor zwiespältig. Doch da ich nun den Tod vor Augen hatte, war ich mit meiner Vergangenheit im Reinen. Ich hatte schon zu viel Zeit und Energie in Hass und Auflehnung investiert. Jetzt war ich fünfzehn und hatte das Gefühl, mir liefe die Zeit weg, um zugleich auch meine Liebe und Dankbarkeit zu zeigen. Ich sagte Hongwei, dass ich Gott darum gebeten hatte, mein Vater möge ihm verzeihen und ihn nicht weiter heimsuchen. Und ich betete auch darum, ihm eines Tages verzeihen zu können. Außerdem sollte er wissen, dass ich vorhatte, über die Mongolei zu fliehen, denn sollte ich in dieser Wüste sterben, wäre er der Einzige, der sich an mich erinnerte.

Gegen Ende unseres Gesprächs weinte ich, und auch Hongwei sprach mit erstickter Stimme.

»Lebwohl, Yeonmi-ya«, sagte er. »Ich wünsche dir nur das Beste. Bitte bleib am Leben.«

In dieser Hinsicht bekam er, was er sich wünschte.

Wir brauchten vier lange Tage bis zur Grenze. Unser kleiner Trupp von Überläufern reiste per Bahn und Bus, in Begleitung des Han-Chinesen von der Mission. Er war mittelgroß, Ende vierzig und eher unauffällig, was von Vorteil ist, wenn man Flüchtlinge außer Landes schafft. Er sprach kein Koreanisch, und ich war diejenige aus unserer Gruppe, die am besten Mandarin sprach, also musste ich übersetzen, als er uns erklärte, was wir tun sollten, falls uns die Polizei anhielt. »Wenn einer von euch geschnappt wird, verratet bitte nicht die anderen aus der Gruppe«, sagte er. »Erzählt der Polizei, dass ihr allein unterwegs seid, und rettet damit die anderen.«

Natürlich waren wir alle furchtbar angespannt, als wir in Qingdao den Zug bestiegen. Wir fuhren den ganzen Tag und taten, als würden wir schlafen, damit uns niemand ansprach. In Beijing stiegen wir in einen Bus, und unsere Route führte durch das Gebirge, durch das die alten chinesischen Kaiser eine schier endlose Kette gewaltiger Steinmauern errichtet hatten, um die kriegerischen Stämme aus der Steppe im Norden abzuwehren. Je weiter wir auf unserer zweispurigen Straße ins karge Hochland der Inneren Mongolei vorankamen, desto flacher wurde das Land. Wir reisten ohne großes Gepäck, nur mit kleinen Rucksäcken für Wasser, Proviant und ein paar persönliche Gegenstände. Verzweifelt hielten wir uns daran fest, während wir die Augen nach allem offen hielten, was auf Straßensperren und Kontrollposten hindeuten mochte. Zum Glück blieben wir verschont.

Die lange Fahrt endete in Erlian, einem verschlafenen Grenzstädtchen mitten in der weiten Wüste Gobi. Wir kamen am frühen Morgen dort an, und unser Führer machte sich gleich auf die Suche nach einer Unterkunft, damit wir uns bis zum Abend verstecken konnten. Doch wohin wir auch kamen, überall wies man uns ab, weil wir uns nicht ausweisen konnten. Endlich fanden wir ein Gasthaus, in dem man Bargeld nahm und keine Fragen stellte.

Wir verbrachten den Tag in unserem Zimmer und warteten unruhig auf den Einbruch der Nacht. Meine Mutter und ich trauten den Leuten nicht, die das Gasthaus führten, und obwohl es bitterkalt war, ließen wir das Fenster in unserem Zimmer offen, damit wir schnell hinausspringen konnten, falls wir die Polizei kommen hörten. Als die Sonne langsam unterging, erklärte unser Führer, er würde uns bis nah an die Grenze bringen, doch von dort aus müssten wir allein weiterziehen. Da der Vater des kleinen Jungen der einzige Mann in unserer Gruppe war, übertrug man ihm die Aufgabe, uns durch die Wüste zu führen. Von der Frau in der Mission hatten wir zwei Taschenlampen und zwei Kompasse bekommen, und der Vater ließ sich zeigen, wie man sich damit orientierte. Wir sollten in nordwestliche Richtung laufen. Wir hatten fünf Stacheldrahtzäune zu überwinden, ehe wir einen besonders hohen Zaun erreichen würden. Das sei die Grenze. In der Mongolei sollten wir uns dem ersten Menschen, dem wir begegneten, als nordkoreanische Überläufer zu erkennen geben und den Behörden stellen. Falls keiner käme, sollten wir die Eisenbahnstrecke suchen und dieser bis zum nächsten Ort folgen.

So zumindest war es gedacht.

In der Nacht kam ein Taxi und fuhr uns zu einer Baustelle außerhalb des Ortes. Die Eltern des kleinen Jungen hatten ihm klargemacht, dass er nicht weinen durfte, um uns in der Wüste nicht zu verraten. Glücklicherweise war er ein braver Junge und gab keinen Mucks von sich, aber zur Not hätten wir Beruhigungsmittel dabeigehabt.

Unser chinesischer Führer gab uns einige letzte Anweisungen, die ich ins Koreanische übersetzte. »Die hellen Lichter, die man weit hinten in der Wüste sieht, kommen von einem Ort auf der mongolischen Seite«, sagte er. »In diese Richtung müsst ihr gehen. Die Lichter auf der chinesischen Seite sind viel schwächer. Von denen haltet euch fern.«

Über uns stand der Mond am sternenübersäten Himmel. Unser Führer deutete auf den hellsten Stern von allen.

»Solltet ihr von der Gruppe getrennt werden oder euren Kompass nicht benutzen können, guckt einfach nach oben und sucht diesen Stern. Da ist Norden.«

Damit schickte er uns los. Nachdem wir ein paar Schritte gegangen waren, drehten meine Mutter und ich uns um und sahen, dass er auf der gefrorenen Erde kniete. Er hielt die Hände gefaltet und hob sie gen Himmel. Ich fragte mich: *Was kümmern wir diesen Menschen, der nicht einmal unsere Sprache spricht, dass er bereit ist, sein Leben für uns zu riskieren?* Es rührte uns beide zu Tränen. Ich sprach ein leises Dankgebet, und wir tauchten ins Dunkel der Nacht.

Nirgendwo gab es Schutz, keine Bäume, nicht mal Sträucher – nur meilenweit Sand und Stein und hin und wieder ein Büschel dürres Gras. Es war, als lebte die Kälte und folgte uns, wohin wir auch gingen. Sie biss tief in meine Haut und umschlang meine Beine, machte sie schwer und langsam. Bald bereute ich, dass ich keinen Parka trug, sondern nur die Wolljacke, die ich mir in Shenyang gekauft hatte. Uns war geraten worden, möglichst wenig mit auf die Reise zu nehmen, aber das hatte ich wohl etwas zu wörtlich genommen. Nicht mal Handschuhe oder einen Schal hatte ich dabei. Ich lehnte mich an meine Mutter, um mich an ihr zu wärmen, und als ich nicht mehr aufhören konnte zu schlottern, gab sie mir ihren dicken Mantel. Die Schuhe meiner Mutter waren zu dünn für das holperige Gelände, sodass sie immer wieder stolperte. Der Vater des kleinen Jungen gab meiner Mutter ein Paar Sportschuhe, die er als Ersatz dabeihatte. Sie waren ihr viel zu groß, also band sie die Schnürsenkel so fest es ging, um die Schuhe nicht zu verlieren. Ich glaube, ohne seine Hilfe hätte sie es nicht geschafft.

Es war die längste Nacht meines Lebens. Bei jedem Geräusch, jedem Scheinwerfer in der Ferne gerieten wir in Panik. Nachdem wir uns unter dem vierten Stacheldrahtzaun hindurchgezwängt hatten, hörten wir Motorengeräusche, dann sahen wir den Lichtstrahl eines großen Scheinwerfers, der die Wüste absuchte. Wir warfen uns auf den Boden und rührten uns nicht von der Stelle. Dem Vater des kleinen Jungen hatte man für die Reise ein Handy gegeben, und damit rief er die Mission in Qingdao an. Konnte der Pastor uns sagen, ob der Suchscheinwerfer den Chinesen oder den Mongolen gehörte? Was sollten wir tun?

Die Antwort des Pastors lautete: »Lasst euch nicht erwischen.«

Wir blieben liegen und beteten, bis die Motorengeräusche und das Licht in der Ferne verschwunden waren. Danach wagten wir nicht mehr, die Taschenlampe anzumachen, um einen Blick auf den Kompass zu werfen, also ließen wir uns von den Sternen leiten, während wir durch die Wüste stapften. Nachdem wir unter dem fünften Stacheldrahtzaun hindurchgekrochen waren, dachte ich, wir hätten die Tortur bald überstanden. Doch dann schoben sich Wolken vor die Sterne, und wir verloren die Orientierung. Eine Weile sind wir wohl im Kreis gelaufen, bis uns eine Idee kam. Wir schirmten das Licht der Taschenlampe ab, indem wir uns um den Vater des kleinen Jungen drängten, damit er mit dem Kompass die richtige Richtung ermitteln konnte.

Von Stunde zu Stunde wurde es kälter, und mir kamen ernste Zweifel, ob wir es schaffen würden. Ich sah mich schon in der Wüste sterben. Würde irgendjemand meine Knochen finden und ein Grab schaufeln? Oder wäre ich verloren und vergessen, als hätte ich nie gelebt? Das Gefühl, auf dieser Welt ganz allein zu sein, war die beunruhigendste Erkenntnis, die ich je hatte, und auch die traurigste.

Außerdem begann ich in dieser Nacht, den Diktator Kim Jong-il zu hassen. Bisher hatte ich nicht sonderlich viel darüber nachgedacht, doch nun gab ich ihm die Schuld an unserem Elend. Ich hatte keine Angst mehr davor, schlecht über ihn zu denken, denn selbst wenn er meine Gedanken lesen konnte, würde er mir nichts anhaben können. Ich würde so oder so hier draußen sterben. Wollte er mich vielleicht zweimal umbringen? Doch selbst im Angesicht des Todes war es gar nicht so leicht, den Großen Führer zu verdammen. Seine Rache konnte mich zwar nicht erreichen, und doch fühlte es sich an, als folgte er mir auf Schritt und Tritt und versuchte, mich zurückzuhalten. Später erzählte mir meine Mutter, sie hätte genau dasselbe gedacht, während wir dort durch die Nacht stolperten.

Und als ich schon glaubte, es könnte nicht mehr schlimmer kommen, waren wir in der Dunkelheit plötzlich von wilden Tieren umzingelt. Ich hörte sie scharren und hecheln, wenn sie näher kamen, und sah den schwachen Glanz ihrer Augen, die sich im trüben Mondlicht spiegelten. Ich weiß nicht, ob es Ziegen oder Wölfe waren, aber ich war außer mir vor Angst.

»Helft uns! Ist da jemand? Irgendjemand?«, schrie ich. Inzwischen war es mir egal, ob wir es mit Chinesen oder Mongolen zu tun bekamen.

Doch da war niemand.

Ich wollte aufgeben, mich einfach hinlegen und sterben. Ich konnte keinen Schritt mehr weiter. Seit Stunden hatte ich Halluzinationen, sah Zäune am Horizont. »*Umma*, guck mal!«, sagte ich immer wieder. Doch wenn wir dort ankamen, war da nichts.

Kurz vor dem Morgengrauen wurde es so kalt, dass wir dachten, wir müssten alle erfrieren. Aus Verzweiflung machten wir ein kleines Feuer aus trockenen Zweigen und Gräsern, aber das Feuer war viel zu mickrig, und wir überlegten schon, unsere Ersatzkleider zu verbrennen, als wir plötzlich einen Zug hörten. Er schien ganz in der Nähe zu sein, dabei waren wir doch weit draußen in der Wüste. In der kalten, schweren Luft hörte es sich an, als käme das Geräusch aus verschiedenen Richtungen. Die meisten aus unserer Gruppe rannten in die eine Richtung, aber meine Mutter und ich hörten das Geräusch aus einer anderen Richtung, also rannten wir dorthin.

Minuten später nahm der große Grenzzaun in der Dämmerung Formen an. Ich hielt ihn für eine weitere Halluzination, doch dann sah ich die Löcher im Draht und Stofffetzen, wo andere sich vor uns durchgezwängt hatten. Wir waren am Ziel! Als wir durch eines dieser Löcher stiegen, rissen die Stacheln an meiner Jacke und meiner Hose, als wollte mich der Draht nicht hindurchlassen. Meine Mutter half mir, und mit einem Mal waren wir frei.

Hinter uns ging die Sonne auf und warf unsere langen Schatten in die Wüste. Meine Mutter nahm meine Hand und erinnerte mich daran, dass wir den 4. März hatten – es war der Geburtstag meines Vaters.

TEIL 3

Südkorea

KAPITEL 19

Die Freiheitsvögel

Kaum hatten wir die Freiheit ein paar Minuten lang genossen, da kam schon ein Soldat im Tarnanzug auf uns zugelaufen.

Er hob sein Gewehr und rief etwas in einer Sprache, die wir noch nie gehört hatten, was bedeutete, dass er Mongole sein musste. Wir waren gerettet!

»*Xièxie! Xièxie!*«, rief ich auf Chinesisch. »Danke! Danke!«

Der Soldat hörte nicht auf, uns anzuschreien, aber ich freute mich so sehr, verhaftet zu werden, dass ich auf und ab hüpfte und die Hände in die Luft warf. Er versuchte, ernst zu bleiben, musste aber doch lachen.

Die Stimmung wechselte schnell, als der Rest unserer Gruppe in der Ferne auftauchte, mit erhobenen Händen, gefolgt von mehreren bewaffneten Soldaten. Nachdem sie uns zusammengetrieben hatten, redeten die mongolischen Soldaten alle gleichzeitig in ihre Funkgeräte, und die Lage wurde ziemlich unübersichtlich. Innerhalb weniger Minuten kamen drei oder vier Militärfahrzeuge angerast und umstellten uns.

In einem der Fahrzeuge saß ein hochrangiger Offizier, und wir quetschten uns zu acht auf die beiden Sitzreihen hinter ihm. Sobald wir saßen, drehte er sich zu uns um und sagte in gebrochenem Chinesisch: »*Hòu Zhōngguó.*« »Zurück nach China.«

Wir waren fassungslos. Das konnte doch nicht sein! Ohne zu überlegen, sprangen wir aus dem Wagen. Nur meine Mutter und der Vater mit dem kleinen Jungen blieben sitzen. Die Soldaten versuchten, uns zurückzutreiben, aber wir krallten uns in ihre Uniformen, weinten und flehten um Gnade. »Rettet uns! Bitte schickt uns nicht zurück! Sie werden uns hinrichten!«

Ich tastete nach der Rasierklinge, die ich in meinem Gürtel versteckt hatte, um mir damit die Kehle durchzuschneiden. Es war mir bitterernst. Für mich war es das Ende.

»Wenn ihr uns zurückschickt, bringen wir uns um!«, rief ich.

»Ja, vorher sterben wir!«, schrie eine andere Frau.

Die Soldaten wirkten erschrocken, sogar beschämt. Schließlich sagte einer von ihnen: »Okay, dann nach Seoul.«

Das beruhigte uns vorerst, sodass wir wieder in den Wagen stiegen. Doch gerieten wir sofort wieder in helle Aufregung, als der Fahrer auf den chinesischen Grenzposten zuhielt.

»Nein! Wir können nicht zurück!«, schrie ich. Darauf fingen alle wieder an zu kreischen und zu betteln.

Eine der Nordkoreanerinnen stieß den Vater des kleinen Jungen an und raunte: »Bete!« Und er flüsterte zurück: »Ich bete ja!«

Ich war viel zu durcheinander, um mich an irgendwelche Gebete zu erinnern, aber die Missionare hatten uns erklärt, wenn uns kein Gebet einfiele, sollten wir einfach ein paar Worte sprechen. Im Stillen wiederholte ich immer wieder: »Das Blut Jesu ist mein Blut.« Ich wusste nicht, was das bedeutete, aber es schien mir angemessen, und mir wollte nichts anderes einfallen. Auf Menschen konnte ich mich momentan offensichtlich nicht verlassen, und ich hätte auch zu den Steinen, den Bäumen und zum Himmel gebetet, wenn es uns eine Hilfe gewesen wäre.

Während der kurzen Fahrt suchte meine Mutter verzweifelt nach einer Möglichkeit, ihre Tochter zu retten. Sie dachte daran, mich aus dem Wagen zu stoßen, damit ich weglaufen konnte, bevor wir China erreichen würden. In Nordkorea stürzen sich viele Leute aus fahrenden Zügen, um ihrer Verhaftung zu entgehen. Da fiel ihr ein, dass Autos nicht wie Züge sind – sie können anhalten, und ich wäre schon bald wieder eingefangen. Im Grunde blieb uns nur der Selbstmord. Doch zum Glück kam es nicht so weit.

Der Wagen rumpelte durch den Ort, vorbei an der Straße, die zum chinesischen Grenzposten führte, fuhr immer weiter geradeaus und bog schließlich auf eine mongolische Militärbasis ein.

Der Geländewagen hielt gleich hinter dem Tor, und wir acht wurden in ein flaches Gebäude geführt, das wie eine Kaserne oder ein Gefängnis aussah. Eine Frau nach der anderen wurde in einen Raum geführt und von einer Soldatin aufgefordert, sich auszuziehen. Sie durchsuchten sogar unsere Haare, um sicherzugehen, dass wir dort kein Geld oder Drogen versteckten. Die Soldatin nahm meiner Mutter alle chinesischen Yuan ab, die sie bei sich hatte. Man behandelte uns wie Verbrecher, nicht wie Flüchtlinge. Aber es gab dort einen großen Raum mit Etagenbetten, in denen wir schlafen konnten, und man gab uns zu essen. Über eine Woche blieben wir auf dieser Militärbasis, und immer wieder sagten die Soldaten, man würde uns zurück nach China schicken. Wir wussten nicht, ob sie es ernst meinten oder uns nur quälen wollten.

Hin und wieder kam ein mongolischer Offizier, machte Fotos von uns und stellte Fragen, wobei ich für alle aus der Gruppe übersetzen musste. Vom kleinen Jungen abgesehen, war ich die Jüngste, aber weil ich mit den Soldaten kommunizieren konnte, übernahm ich die Verantwortung für uns alle.

Wir waren erleichtert, als uns eines Tages ein paar hochrangige Beamte in den Zug nach Ulan Bator setzten; von dort brachte man uns dann zu einem anderen Militärstützpunkt außerhalb der Hauptstadt. Als wir dort ankamen, trafen wir auf zwanzig weitere Überläufer, und es sollten noch mehr kommen, während andere gingen.

Männer und Frauen waren in verschiedenen Räumen untergebracht. Es gab keine Betten, nur Bretter, auf denen Decken lagen. Einmal pro Woche bekamen wir heißes Wasser, damit wir baden konnten – die Männer waren immer zuerst dran, genau wie in Nordkorea. Die meiste Zeit froren wir, denn es war immer noch Winter, doch wir beklagten uns nicht. Für Nordkoreaner war eine solche Unterbringung ganz normal, fast luxuriös. Südkoreaner würden wahrscheinlich von einem Gefängnis sprechen.

Wir konnten nicht raus, und es gab strenge Schlafens-, Essens- und Arbeitszeiten. Die Erwachsenen putzten das Gebäude, während ich meist draußen den Hof fegte. Etwa einmal die Woche kam ein Vertreter der südkoreanischen Botschaft, stellte Fragen und ließ uns unsere Geschichten aufschreiben. Aber keiner wollte uns sagen, wie lange wir noch warten mussten und wo wir hier eigentlich gelandet waren.

Offenbar gab es zwischen der Mongolei und Südkorea so etwas wie eine inoffizielle Vereinbarung, nach der Flüchtlinge so lange in diesem Lager untergebracht wurden, bis man sie nach Seoul ausfliegen konnte. Offiziell gewährte die Mongolei nordkoreanischen Überläufern aus China sicheres Geleit in ein Drittland, doch in Wahrheit gestaltete sich die Situation weitaus schwieriger. Tatsächlich hatte sich das Problem der Überläufer mit der Zeit zu einem politischen und wirtschaftlichen Tauziehen entwickelt. Früher war die Mongolei ein sowjetischer Satellitenstaat gewesen, doch inzwischen erfreute sich das Land einer Mehrparteiendemokratie und einer wachsenden Marktwirtschaft. Man pflegte diplomatische und wirtschaftliche Beziehungen zu sowohl Nord- und Südkorea als auch zu China und den Vereinigten Staaten, und der jeweilige Stand dieser Beziehungen hatte direkte Auswirkungen auf die Behandlung der nordkoreanischen Flüchtlinge. 2005 kamen jeden Monat etwa fünfhundert Nordkoreaner über die Grenze. Als wir 2009 flohen, schafften es nur noch wenige, weil China seine Grenzpatrouillen verstärkt hatte und die Mongolei darauf aus war, ihre Beziehungen zu Pjöngjang zu pflegen. Die Lage wurde so schwierig, dass Fluchthelfer die Überläufer inzwischen von der Mongolei fernhielten und eine Alternativroute durch Südostasien bevorzugten.

Unsere Gruppe aus acht Nordkoreanern gehörte zu den letzten, die von der Mission in Qingdao in die Mongolei geschickt wurde. Sun-hi traf mit ihrer Tochter einen Monat nach unserer Flucht in der Mongolei ein. Nachdem man meine Mutter und mich früher losgeschickt hatte, waren Sun-hi, Hyong-sim und die Unruhestifterin Hae-soon alle einer dritten Gruppe zugeteilt worden, die noch später als alle anderen loszog. Es war ihr Glück – jedes einzelne Mitglied unserer ursprünglichen Gruppe wurde noch vor der Grenze von den Chinesen verhaftet. Alle wurden zurück nach Nordkorea geschickt.

Zwei Wochen später hatte sich Sun-his Gruppe auf den Weg gemacht. Genau wie wir schafften sie es durch den Zaun und wurden gleich darauf von mongolischen Grenzwächtern aufgegriffen, die sie zurück nach China schicken wollten. Sun-hi schluckte Gift, um dem zuvorzukommen, doch man brachte sie ins Krankenhaus, und dort konnte man ihr Leben retten. Später hörten wir, dass die Mission in Qingdao kurz darauf geschlossen worden war. Die koreanische Frau und der Han-Chinese, der uns zur Grenze geführt hatte, wurden verhaftet und mussten ins Gefängnis, weil sie Nordkoreanern zur Flucht in die Freiheit verholfen hatten.

Meine Mutter und ich wussten nicht, wie lange man uns in der Mongolei festhalten würde oder ob man uns vielleicht doch zurück nach China schicken wollte. Mit jedem Tag des Wartens verließ uns der Mut ein wenig mehr. Es tat gut, an der frischen Luft zu arbeiten, weil ich mir dadurch nicht so sehr wie in einem Gefängnis vorkam, und das Umland von Ulan Bator ist von schlichter Schönheit. Manchmal gesellte sich meine Mutter zu mir, und gemeinsam betrachteten wir die Berge und stellten uns vor, frei zu sein. Mehrmals täglich sah ich schlanke, silberne Jets aufsteigen, die von einem Flughafen in der Nähe starteten. Je höher sie stiegen, desto eher glichen sie Vögeln, die in die Freiheit flogen. Als meine Mutter sah, dass ich mich gar nicht davon losreißen konnte, sagte sie: »In so einem Flugzeug werden wir auch nach Südkorea fliegen. Bald sind wir frei.« Und jedes Mal versuchte ich mir vorzustellen, dass ich mitflog und am Himmel verschwand, doch wollte es mir einfach nicht gelingen.

Am 20. April 2009 holte uns ein Vertreter Südkoreas ab und brachte uns zum internationalen Flughafen von Ulan Bator. Da wir keine Ausweise hatten, gab man uns Pässe mit falschen Namen, die uns durch den mongolischen Zoll und die Passkontrolle bringen sollten.

Man legte uns nahe, am Flughafen nicht Koreanisch zu sprechen, also saßen wir schweigend in der Abflughalle und wagten kaum zu atmen. Sobald ich jemanden in Militäruniform sah, zuckte ich zusammen. (Das geht mir manchmal heute noch so.) Schließlich eskortierte man uns zur Maschine. Ich war unglaublich erleichtert, dass wir nicht aufgehalten wurden. Natürlich hatten wir noch nie im Leben ein Flugzeug von innen gesehen. Als wir unsere Plätze einnahmen, blickten wir uns verwundert an, dann klatschten wir uns ab. Diese Geste kannte ich aus südkoreanischen Filmen. Ich war bereit, eine gute Südkoreanerin zu werden. Das glaubte ich zumindest.

Während wir darauf warteten, dass die Maschine zur Startbahn rollte, hielten wir einander fest bei den Händen. Ich kam mir vor wie im Film. Alle möglichen Gedanken rasten durch meinen Kopf. Noch einmal durchlebte ich jeden Augenblick unserer Wanderung durch die Wüste Gobi, dachte an den zugefrorenen Fluss, den wir auf dem Weg nach China überquert hatten, und daran, wie knapp ich den Menschenhändlern entkommen war, bis wir endlich die Mongolei erreicht hatten. Ich sah meinen Vater, der mich auf meinem Weg begleitet und mir geholfen hatte, am Leben zu bleiben, der bei aller Gefahr immer bei mir gewesen war. Ich fühlte mich so schuldig, weil er sterben musste, ohne je das Gefühl von Freiheit erlebt zu haben, und nun ging ich ohne ihn. Ich schämte mich, überlebt zu haben, während so viele Freunde und Verwandte gestorben oder auf ewig dazu verdammt waren, in der Hölle auf Erden zu leben. Allein der Gedanke, dass meine Mutter glücklich war, und die Hoffnung, dass wir meine Schwester bald finden würden – wenn sie denn nicht schon in Südkorea auf uns wartete –, konnten meine Trauer und meine Schuldgefühle lindern.

Ich hatte einen Fensterplatz und freute mich darauf, den Horizont und das weite Meer zu sehen, das ich nur von Bildern und aus Filmen kannte. Doch als wir dann die Startbahn entlangrumpelten, wurde mir plötzlich ganz schwindlig. Für den Rest des dreieinhalbstündigen Fluges vermied ich es, einen Blick aus dem Fenster zu werfen, selbst bei unserem Anflug auf den Incheon International Airport in Südkorea. Ich wollte mir meinen ersten Blick auf die Freiheit nicht damit verderben, dass mir übel wurde.

Man wies uns an, nach der Landung auf unseren Plätzen sitzen zu bleiben und abzuwarten, bis alle anderen ausgestiegen waren. Dann kam ein Mann vom National Intelligence Service an Bord, dem südkoreanischen Geheimdienst, um uns aus der Maschine zu eskortieren. Schon bald gesellten sich weitere Agenten hinzu, die uns durch den Flughafen begleiten sollten. Sie sahen gut aus und sprachen mit so einem hübschen Akzent wie die Südkoreaner, die ich aus den Filmen kannte. Meine Mutter stieß mich an, damit ich die Männer nicht so anstarrte.

Als ich aus dem Flugzeug stieg, betrat ich einen anderen Planeten. Vor mir lag ein gigantischer weißer Korridor in gleißendem Licht. Das Laufband rollte wie ein Zauberteppich dahin und brachte uns zum Hauptterminal. Die hübschen südkoreanischen Mädchen, die uns entgegenschwebten, trugen feine Lederjacken und Miniröcke und hatten bonbonfarbene Kopfhörer auf den Ohren. Am liebsten hätte ich mich in einem Mauseloch verkrochen, um meine schäbige Wolljacke und die geflickten Jeans zu verbergen. Ich schämte mich, wie ein armes Mädchen vom Lande gekleidet zu sein.

Am Ende des Laufbands traute ich mich kaum, den spiegelblanken Marmorboden zu betreten. Er sah aus wie ein zugefrorener Fluss, und ich fürchtete auszurutschen. Dann waren alle gezwungen, auf mich zu warten, weil ich aufs Klo musste. Ich dachte, ich hätte in China moderne Toiletten gesehen, doch was mich hier erwartete, war unglaublich. Die Schüsseln glänzten so sauber, dass ich sie für Waschbecken hielt. Und die Wasserhähne über den eigentlichen Waschbecken sprangen wie von Zauberhand an, wenn man daran vorüberkam, und gingen dann unerwartet wieder aus. Es war mir unangenehm, um Hilfe zu bitten, und ich kam mir schrecklich dumm und ungeschickt vor. Noch bevor ich Südkorea offiziell betreten hatte, hatte ich schon das Gefühl, ihm nicht gewachsen zu sein.

Die attraktiven NIS-Agenten führten uns acht durch die hinteren Gänge des Flughafens zu einem wartenden Bus.

Unser erster Anlaufpunkt war ein Krankenhaus, in dem ich zum ersten Mal in meinem Leben richtig untersucht wurde. Es war schon seltsam, von Ärzten mit diesen modernen Apparaten durchleuchtet zu werden. Am seltsamsten jedoch war es, dass ich in einen Becher pinkeln sollte. *Wie bitte?* Ich hatte keine Ahnung, wie ich das anstellen sollte. Und außerdem war der Becher so hübsch – den konnte ich doch nicht dafür benutzen!

Es dauerte nicht lange, bis die Ärzte mit den Ergebnissen zurückkamen. Mit mir war alles okay. Ich hatte keine ansteckenden Krankheiten. Bald schon stünde es uns frei, den nächsten Schritt auf unserer Reise zu tun.

Das National Intelligence Center liegt in einem streng gesicherten Sperrgebiet etwa eine Stunde Autofahrt außerhalb von Seoul. Gleich nach unserer Ankunft mussten wir unsere Sachen abgeben und bekamen große Taschen mit Kleidung und Shampoo und allem, was man so braucht. Das war der Moment, in dem der freundliche Empfang ein Ende hatte, und uns wurde klar, dass es sich bei diesem Bau eher um ein Gefängnis als um eine Flüchtlingsunterkunft handelte. Die Leute, die uns in Empfang nahmen, waren grob und benutzten derbe Worte, sogar den Kindern gegenüber. Wie schon in der Mongolei wurden wir auch hier nacheinander in einen Raum geführt und mussten uns ausziehen und eingehend untersuchen lassen. Es war erniedrigend und entwürdigend, ein deprimierender Beginn unseres Lebens in Freiheit.

Das Zentrum ist dazu da, Schwindler auszusieben: Chinesen koreanischer Abstammung, die nach Südkorea emigrieren wollen, und nordkoreanische Agenten, die sich als Überläufer tarnen. Die Sorge ist berechtigt, denn im Laufe der Jahre wurden einige Dutzend Flüchtlinge als Spione überführt und festgenommen. Allerdings ist das nur ein Bruchteil der mehr als 26000 Nordkoreaner, die das Zentrum durchlaufen haben und jetzt in Südkorea leben.

Von den NIS-Agenten erfuhren wir, dass man Verhöre durchführen und Recherchen anstellen würde, bevor man uns ins Land ließ. Meine Mutter und ich mussten uns absprechen, wie viel wir von unserer Geschichte preisgeben wollten. Wir waren in großer Sorge, nachdem der Pastor in Qingdao so scharf reagiert hatte, als er erfuhr, dass wir in einem Chatroom gearbeitet hatten. Wir dachten, je weniger diese Südkoreaner über uns wussten, desto besser. Also versuchten wir, uns eine Geschichte einfallen zu lassen, die den Umstand ausließ, dass ich mit dreizehn in China verkauft worden war, und auch dass ich als Hongweis Geliebte mit ihm zusammengelebt hatte. Aber unsere Geschichte wurde so kompliziert und schwer zu merken, dass meine Mutter beschloss, es sei besser, einfach die Wahrheit zu sagen. Das Einzige, was sie für sich behielt, war die Tatsache, dass sie von meinem Vater geschieden war. Diese Scheidung hatte sie sowieso nie anerkannt, weil sie sich nur darauf eingelassen hatten, damit sie den Wohnort wechseln konnte, als er im Straflager war. Sie wollte meinen Vater in Ehren halten, indem sie seine Frau blieb, selbst im Tode.

Nachdem wir durchsucht worden waren, führte man unsere kleine Gruppe in einen Raum, in dem schon mindestens zwanzig neue Überläufer auf Decken am Boden lagen. Man gab jedem von uns Stift und Papier und sagte, wir sollten alles über uns aufschreiben. Nachdem die Zettel eingesammelt waren, durften wir uns unterhalten, schlafen oder fernsehen, wenn auch nur den koreanisch synchronisierten Discovery Channel. Ich lernte viel über das Leben am Meeresgrund, über einsame Inseln und über Krokodile in Afrika. Ich habe sogar zum ersten Mal gesehen, wie ein Baby im Bauch der Mutter heranwächst. Wir mussten sehr lange warten, aber ich habe in der Zeit viel gelernt. Auch das Essen war gut. Man gab uns Kekse und andere Süßigkeiten, und wir lernten köstliche neue Gerichte wie Curry kennen. Einige vom Personal behandelten uns abfällig, doch die meisten waren wirklich sehr nett und hilfsbereit. Mehrere Stunden am

Tag hatten wir Gelegenheit, Sport zu treiben, aber ansonsten wurden wir isoliert. Sobald jemand von dort zur nächsten Phase seiner Verhöre weiterzog, kam jemand Neues und nahm seinen Platz ein.

Wir hörten viele furchtbar traurige Geschichten von den Leuten, denen wir dort begegneten. Wir erfuhren, dass eine Freundin von Myung-ok, die im Chatroom gearbeitet hatte, um ihre Flucht durch Südostasien bezahlen zu können, auf dem Weg nach Thailand im Mekong ertrunken war. Diese Route hatten meine Mutter und ich auch nehmen wollen, nur war sie für uns zu teuer gewesen. Es gab keinen sicheren Weg aus Nordkorea, und wir konnten froh sein, dass wir es lebend geschafft hatten.

Nach etwa zwanzig Tagen in dem großen Raum durften wir in ein kleineres Zimmer zu einer Frau mit drei kleinen Kindern ziehen. Sie erzählte uns, ihr Mann sei in China vor ihren Augen verhaftet worden, aber um ihre Kinder zu retten, habe sie so getan, als kannte sie ihn nicht. Sie fühlte sich schrecklich schuldig, weil sie ihn zurückgelassen hatte. Meine Mutter versuchte, ihr zu versichern, dass sie das Richtige getan hatte, doch nachts weinte die Frau im Schlaf um ihn.

Nach zwei Wochen wurde es schließlich Zeit für unsere Einzelverhöre. Man führte meine Mutter und mich in verschiedene Zellen, in denen es jeweils ein kleines Bett, einen Tisch, einen Stuhl und eine winzige Waschgelegenheit gab. Zu den Mahlzeiten brachte jemand das Essen herein und holte das Tablett wieder ab, wenn man fertig war.

Der für mein Verhör zuständige Agent war groß und mittleren Alters, und er sprach mit einem seidigen Akzent, den ich anfangs charmant fand. Doch waren mir viele seiner Fragen sehr unangenehm, und ich fühlte mich genauso wie in Qingdao.

Er fing damit an, mich zu fragen, was ich in der Schule gelernt hätte, und andere Sachen, die nur nordkoreanische Kinder kennen konnten wie etwa das »Gelöbnis der Jungpioniere«. Er ließ mich eine Karte unserer Nachbarschaft zeichnen und fragte, was meine Familie in Nordkorea gemacht hätte. Manchmal bestellte er mich zur näheren Befragung in sein Büro, manchmal rief er mich auch an, um etwas zu überprüfen, was meine Mutter gesagt hatte. Ich weiß, dass es sein musste, aber es machte mir Angst. Besonders als er mit mir über China reden wollte.

Gegen Ende des Verhörs fragte er: »Bist du tätowiert?«

Ich wusste, dass er eigentlich fragte: »Warst du eine Hure?« Prostituierte in China sind oft an ihren Tätowierungen an Armen und Rücken zu erkennen. Meine Wangen brannten vor Scham, dass dieser Mann sich berechtigt fühlte, mir eine solche Frage zu stellen. War das inzwischen nicht egal? Er wusste über meine Vergangenheit Bescheid, er wusste, dass ich in einem Chatroom gearbeitet hatte. Er sah mich an, als wäre ich etwas, das er sich eben vom Schuh gekratzt hatte. In seinen Augen war ich einen Dreck wert.

»Nein, ich bin nicht tätowiert«, sagte ich.

»Bist du *sicher*?«, fragte er.

»Ich bin nicht tätowiert. Wieso wollen Sie mir nicht glauben?«

»Ich könnte jemanden rufen, um dich ausziehen zu lassen.«

»Tun Sie das! Prüfen Sie es nach! Jetzt sofort!«

»Okay, okay, ganz ruhig«, sagte er. »Ich glaube dir.«

Der NIS-Mann wechselte schnell das Thema. »Und was hast du in Südkorea vor?«

Ohne zu zögern, sagte ich: »Ich möchte an der Universität studieren.«

Er schnaubte überrascht und sagte: »Na, das wird wohl nichts werden.« Dann fügte er hinzu: »Aber ich schätze, jeder hat wohl eine zweite Chance verdient.«

Eine zweite Chance?, dachte ich. *Kriminelle bekommen eine zweite Chance.* Ich wusste, dass ich nicht kriminell war. Ich hatte getan, was ich tun musste, um zu überleben und meine Familie zu retten. Doch langsam verließ mich der Mut. Ich merkte, dass es für mich hier keine Hoffnung gab. Ich fühlte mich schmutzig und verloren wie damals, als mir der Pastor eine Predigt über die Sünde gehalten hatte. Wenn das die normale Reaktion der Leute war, sobald sie erfuhren, wer ich war, dann würde ich eben jemand anders werden müssen. Jemand, der in Südkorea akzeptiert wurde. Bisher hatte sich für mich alles darum gedreht, am Leben zu bleiben. Ich hatte einen Weg gefunden, in Nordkorea zu überleben. Ich hatte es geschafft, in China zu überleben. Aber ich fragte mich, ob ich die Kraft hatte, auch hier zu überleben. Ich fühlte mich so schrecklich müde.

Ich kehrte in meine Zelle zurück und blickte aus dem Fenster auf ein Land, von dem ich geglaubt hatte, dass ich dort frei sein würde. Ich sah nur die nächste Hölle. Wie einfach wäre es, mein Handgelenk über die scharfe Metallkante der Fensterbank zu ziehen, um so tief zu schneiden, dass mein Leben aus mir hervorbrach wie ein Sturm und ebenso schnell endete.

Doch dann erinnerte ich mich daran, dass ich ein Versprechen gegeben hatte. Wie mein Vater wollte auch ich nicht ruhen, bis meine Schwester gefunden war. Ich wollte leben, um sie wiederzusehen.

Während unserer Flucht aus China hatten meine Mutter und ich ausnahmslos jeden gefragt, ob er Eunmi begegnet sei. Keiner konnte sich erinnern. Auch den NIS-Agenten hatten wir ihren Namen genannt, schon als wir im Zentrum angekommen waren, aber auch dort wusste man nichts über sie. Ich war am Boden zerstört, doch längst noch nicht bereit aufzugeben. Wenn sie in China war und noch lebte, musste ich sie nur irgendwie wissen lassen, wo wir waren, dann würde sie schon eine Möglichkeit finden, zu uns zu stoßen.

Anfang Juni war es so weit: Unsere Gruppe von etwa 130 Überläufern durfte die Aufnahmeeinrichtung verlassen. Der Geheimdienst hatte uns alle als unbedenklich eingestuft. Am Abend vor unserer Abreise organisierte das Personal eine große Party, um uns in unserem neuen Leben willkommen zu heißen. Sie wünschten uns Glück, weil sie wussten, dass wir es brauchen würden. Unsere nächste Station war ein Eingliederungszentrum, in dem man Nordkoreanern beibrachte, Südkoreaner zu werden.

KAPITEL 20

Träume und Albträume

Als Erstes brachte man uns im Eingliederungszentrum von Hanawon bei, die Nationalhymne zu singen. Das fiel uns leicht. Schließlich hatten wir so etwas als Nordkoreaner unser Leben lang zur Perfektion gebracht. Alles andere fiel uns erheblich schwerer.

Hanawon – etwa siebzig Kilometer südlich von Seoul gelegen – bedeutet »Haus der Einheit«. Die Anlage mit den roten Backsteinbauten und dem grünen Rasen ist mit einem hohen Zaun gesichert und wurde 1999 vom südkoreanischen Ministerium für Wiedervereinigung gebaut, das eingerichtet worden war, um sich auf den Tag vorzubereiten, an dem Nord und Süd wieder vereint sein würden. Das Programm war dazu gedacht, Flüchtlingen den Übergang in eine moderne Gesellschaft zu erleichtern – was in gewaltigem Maßstab nötig sein wird, falls Nordkoreas 25 Millionen Einwohner jemals die Chance bekommen sollten, ins 21. Jahrhundert einzutreten.

Die Republik Korea hat sich mehr als sechs Jahrzehnte unabhängig vom »Einsiedlerreich« entwickelt, sodass heute selbst die Sprache eine andere ist. In gewisser Weise ist Hanawon ein Boot-Camp für Zeitreisende aus dem Korea der 1950er- und 1960er-Jahre, die ohne Bankautomaten, Einkaufszentren, Kreditkarten und das Internet aufgewachsen sind. Oft benutzen Südkoreaner eine mir fremde Umgangssprache, und das Englische hat sich als »Konglish« ins Vokabular eingeschlichen. Zum

Beispiel heißt eine Handtasche in Südkorea jetzt *»han-du-bag-u«*. Und Einkaufen heißt *»syoping«*. Mit Erstaunen erfuhr ich, dass die Leute aus Spaß »shoppen« gingen. Und da war noch so viel mehr: Drucker, Scanner, Hamburger, Pizza, Salat, das alles waren für mich nicht nur neue Worte, sie waren der Code für eine vollkommen neue Welt.

Das Ganze war ebenso rätselhaft wie aufregend. Unsere Betreuer in Hanawon versuchten, uns in drei Monaten so viel wie möglich beizubringen, bevor wir in unsere hyper-wettbewerbsorientierte, digitalisierte und demokratisierte neue Heimat entlassen wurden.

Gleich zu Anfang wurde unser kleiner Trupp aus Qingdao einem Team zugeteilt – der Gruppe 129 – und bekam Freizeitkleidung ausgehändigt, bestehend aus Sporthosen, T-Shirts, Kapuzenpullis und Laufschuhen, die wir während unseres Aufenthaltes tragen sollten. Die Einrichtung war dafür ausgelegt, etwa zweihundert Überläufer zu beherbergen, doch als man uns dort unterbrachte, war sie mit sechshundert Bewohnern restlos überfüllt – ausschließlich Frauen und Kinder. Die erwachsenen Männer waren woanders einquartiert. Wir schliefen zu viert oder zu fünft in einem Zimmer und nahmen unsere Mahlzeiten gemeinsam im Speisesaal ein.

Während man meiner Mutter und den anderen Erwachsenen beibrachte, wie man ein Bankkonto eröffnet, eine Kreditkarte benutzt, die Miete bezahlt und sich als Wähler registrieren lässt, bereitete ich mich mit den anderen Kindern und Teenagern auf das rigorose südkoreanische Bildungssystem vor. Zuerst testete man unseren Wissensstand. Ich war fünfzehn Jahre alt, aber nachdem ich so lange keine Schule besucht hatte, war ich in Mathe auf dem Stand der zweiten Klasse und im Lesen und Schreiben sogar noch schlechter.

Ich musste wieder ganz von vorn anfangen.

Vielen von uns fiel es schwer, sich an den Klassenraum zu gewöhnen. Still zu sitzen fand ich unbequem und unnatürlich. Und was man uns beibrachte, war oft einfach ungeheuerlich. Der Begriff »Amerikanische Bastarde« fand in unseren Schulbüchern keine Verwendung mehr als Einheit für Addition und Subtraktion – dafür gab es jetzt hübsche bunte Äpfel und Orangen. Dennoch beherrschte ich das Einmaleins nicht. Und ich brauchte Hilfe bei den einfachsten Dingen wie dem ABC. Mit einem fremden Alphabet hatte ich bisher nur zu tun gehabt, wenn wir russische Worte in koreanischen Schriftzeichen darstellen sollten. Plötzlich ein ganz neues Alphabet lernen zu müssen schien mir eine kaum zu bewältigende Aufgabe.

Die Ausbilder verbrachten viel Zeit damit, uns von der Welt jenseits der abgeriegelten Grenzen Nordkoreas zu erzählen. Zum ersten Mal erfuhren wir, dass es auf der ganzen Welt blühende Demokratien gab und Nordkorea eines der ärmsten Länder auf dem Planeten war – und das menschenverachtendste dazu. Jeden Tag stellten die Lehrer fundamentale Überzeugungen auf den Kopf, die man uns von Geburt an eingetrichtert hatte. Manche Dinge waren leichter hinzunehmen als andere. Ich konnte mir gut vorstellen, dass Kim Jong-il in luxuriösen Palästen lebte, während sein Volk hungerte. Aber ich konnte nicht hinnehmen, dass sein Vater, der Große Führer Kim Il-sung – und nicht die bösen Invasoren der Yankees und Südkoreaner –, den Koreakrieg in den 1950ern begonnen haben sollte. Lange Zeit weigerte ich mich einfach, das zu glauben. Es gehörte zu meiner Identität, davon auszugehen, dass Nordkorea von jeher ein Opfer imperialistischer Aggression gewesen war. Es fällt nicht leicht, eine Weltsicht aufzugeben, die dir ins Mark übergegangen und ins Hirn eingebrannt ist wie die Stimme des eigenen Vaters. Hinzu kam: Wenn alles, was man mir bisher beigebracht hatte, gelogen war – woher sollte ich dann wissen, dass diese Leute nicht auch logen? Autoritäten war nicht mehr zu trauen.

In Hanawon lernten wir auch ein paar Regeln der Gesellschaft, in der wir leben wollten. Zum Beispiel erklärte man uns, dass man hier niemanden schlagen durfte. Es würde uns viel Geld kosten und möglicherweise ins Gefängnis bringen. Für die Jungen war es ein Schock, doch in meinen Ohren klang das gut. Weder in Nordkorea noch in China gab es solche Gesetze, und wenn mich damals jemand geschlagen hatte, erwartete ich nicht, dass man ihn dafür bestrafte. Ich dachte, ich hätte keine Wahl, weil ich schwach war. Von daher gefiel mir dieses Rechtssystem sehr gut, weil es schwache Menschen vor denen schützte, die mehr Macht besaßen. Dass es so etwas überhaupt gab, hätte ich mir nie träumen lassen.

Ich weiß nicht, ob die anderen Überläufer auch solche Probleme hatten, aber für mich war das Schwierigste am ganzen Programm zu lernen, wie man sich im Unterricht vorstellt. Kaum einer wusste, wie man das machte, also brachten uns die Lehrer bei, dass man zuerst sagt, wie man heißt, wie alt man ist und wo man herkommt. Dann kann man den Leuten von seinen Hobbys, seinem Lieblingssänger oder -filmstar erzählen und darüber reden, »was man später einmal werden möchte«. Als die Reihe an mir war, saß ich nur stocksteif da. Ich hatte keine Ahnung, was ein »Hobby« sein sollte. Als man mir erklärte, es sei etwas, das mich glücklich machte, wusste ich überhaupt nicht, was das sein mochte. Mein einziges Ziel war doch immer gewesen, das Regime glücklich zu machen. Und wieso sollte sich jemand dafür interessieren, was »ich« werden wollte, wenn ich erwachsen war? In Nordkorea gab es kein »ich« – nur »wir«. Das Ganze war mir unangenehm und brachte mich völlig durcheinander.

Als die Lehrerin das merkte, meinte sie: »Wenn es dir so schwerfällt, dann verrate uns doch deine Lieblingsfarbe.« Aber wieder fiel mir nichts ein. In Nordkorea brachte man uns normalerweise bei, alles auswendig zu lernen, und meistens gab es auf jede Frage nur eine korrekte Antwort. Als die Lehrerin also nach meiner Lieblingsfarbe fragte, dachte ich, ich müsste die »richtige« Antwort geben. Ich hatte nie gelernt, den Teil meines Gehirns zu benutzen, der für das »kritische Denken« zuständig ist, der Teil, der sich damit auseinandersetzt, warum das eine besser zu sein scheint als das andere.

Die Lehrerin meinte: »Das ist nicht so schwierig. Ich fange an: Meine Lieblingsfarbe ist Pink. Und deine?«

»Pink!«, sagte ich erleichtert, dass ich endlich die korrekte Antwort geben konnte.

In Südkorea lernte ich, die Frage »Was denkst du?« zu hassen. Wen interessierte schon, was ich dachte? Es dauerte lange, bis ich anfing, für mich selbst zu denken und zu begreifen, wieso meine eigenen Ansichten von Bedeutung waren. Nachdem ich nun allerdings fünf Jahre geübt habe, frei zu sein, weiß ich, dass meine Lieblingsfarbe Frühlingsgrün ist und dass meine Hobbys Lesen und Fernsehdokus sind. Mittlerweile plappere ich nicht mehr die Antworten anderer nach.

Ich glaube, unsere Lehrer in Hanawon handelten nur in bester Absicht, als sie uns davor warnten, wie schwierig es sei, mit Studenten wetteifern zu müssen, die in Südkorea geboren waren. Nach dem Pearson Index steht Südkorea in Bezug auf sein Bildungsniveau weltweit an erster Stelle, während Großbritannien den 6., Deutschland den 12. und die Vereinigten Staaten den 14. Platz belegen. Man erklärte uns, südkoreanische Kinder seien so verrückt nach Bildung, dass sie sieben Tage die Woche lernten und in ihrer Freizeit Einzelunterricht nahmen, um ihren Klassenkameraden voraus zu sein. Vermutlich wollte man damit nur sicherstellen, dass wir in unseren Erwartungen realistisch blieben, was unsere Integration in öffentliche Schulen anging. Mir jedoch raubten sie damit alle Hoffnung. Am liebsten hätte ich schon aufgegeben, bevor ich überhaupt anfing.

Ich hätte nie gedacht, dass Freiheit so grausam und so schwierig sein könnte. Bisher hatte ich immer geglaubt, frei zu sein bedeute, Jeans tragen zu können und alle Filme sehen zu dürfen, die ich sehen wollte, ohne Angst haben zu müssen, verhaftet zu werden. Jetzt merkte ich, dass ich ununterbrochen denken musste – und das war anstrengend. Es gab Zeiten, in denen ich mich fragte, ob ich nicht – vom ständigen Hunger mal abgesehen – in Nordkorea besser dran gewesen wäre, wo mir alles Denken und alle Entscheidungen abgenommen wurden.

Ich war es leid, dass ich ständig Verantwortung übernehmen musste. In China war ich unsere Ernährerin gewesen und hatte meine Mutter am Leben erhalten. Ich wusste einfach nicht, wie aus mir jetzt wieder ein Kind werden sollte. Als wir in Hanawon angekommen waren, hatten meine Mutter und ich uns ein Zimmer mit einer Frau und deren Tochter geteilt, die ungefähr in meinem Alter war. Die Frau beschwerte sich, ich sei zu selbstständig, zu erwachsen. Ich sollte mich mehr wie ein Kind benehmen. Aber ich wusste nicht mehr, was das bedeutete. Innerlich fühlte ich mich tausend Jahre alt.

Ich wollte, dass die Leute mich mochten, also gab ich mir Mühe, mich vor den Müttern jung zu verhalten, und versuchte gleichzeitig, mich den anderen Teenagern anzupassen. Ich weiß nicht, wie gut das funktioniert hat. Wir sahen uns jeden Tag und unternahmen gemeinsame Ausflüge, aber ich fühlte mich doch sehr allein. Die Lehrer fuhren mit uns nach Seoul, zeigten uns das Kriegsmuseum und den Hangang, brachten uns bei, eine Busfahrkarte zu kaufen und mit der U-Bahn zu fahren. Ich wurde ganz nervös von all dem Lärm und den Maschinen, den blinkenden Reklametafeln und den Menschenmassen überall. Ich lächelte und tat, als hörte ich zu. Äußerlich war ich ein braves Kind, aber innerlich war ich zerrissen.

Eines Tages stand ich mit ein paar gleichaltrigen nordkoreanischen Kids im Speisesaal herum. Einer der Jungen lästerte über ein schwangeres Mädchen in unserer Gruppe.

»Nordkoreanischen Mädchen kann man nicht trauen«, sagte ein anderer. »Die sind doch alle schon mal verkauft worden. Die hier konnte es nur nicht mehr verbergen.«

»Ich weiß gar nicht, was ihr da redet«, erklärte ich. »Was meint ihr mit ›verkauft‹?«

Sobald das Thema China aufkam, ging ich einfach darüber hinweg. Meine Mutter und ich sprachen nie über die Vergangenheit, auch nicht wenn wir ganz allein waren. Wir sahen uns nur an und verstanden uns wortlos: *Die Vögel und die Mäuse konnten uns immer noch flüstern hören.* Meine Mutter hatte ihre ganz eigenen Probleme in dieser seltsamen, neuen Welt, in der wir bald leben würden. Aber sie hatte eine viel bessere Einstellung dazu als ich. Jeder Tag, an dem sie nicht ums Überleben kämpfen musste, war für sie ein guter Tag.

Wir gaben uns beide große Mühe, unsere schrecklichen Erlebnisse zu verdrängen und nach vorn zu blicken. Ich wollte mein altes Leben ausradieren, doch der Horror suchte mich heim, sobald ich einschlief. Albträume quälten mich, und in allen tauchte immer wieder diese Szene auf: Um mich herum war reißendes Wasser. Ich musste einen Fluss überqueren. Jemand verfolgte mich, dem ich nicht entkommen konnte. Manchmal wurden die Albträume so schlimm, dass ich schreiend aufwachte. Dann brauchte ich einen Moment, bis ich die dicke Decke auf meinem Bett erkannte und mir einfiel, dass ich in Sicherheit war. Ich hatte überlebt. Ich war draußen.

Manchmal jedoch fragte ich mich sogar mitten am Tag, ob

ich noch in Nordkorea war und alles andere womöglich nur ein Traum.

Bestimmt tausendmal am Tag musste ich mich kneifen. Ich dachte, ich würde jeden Moment aufwachen und mich in unserem kalten Haus in Hyesan wiederfinden, wo ich allein mit meiner Schwester auf dem Boden lag, zum Mond draußen vor dem Fenster aufblickte und mich fragte, wann wohl meine Mutter nach Hause kommen und uns etwas zu essen mitbringen würde.

Manchmal kniff ich mich, bis ich blutete, weil ich Schmerz brauchte, um zu spüren, dass dieses Leben real war. Manchmal tat ich es nur, weil ich nicht sicher war, ob ich überhaupt noch etwas spürte. Eine Taubheit erfüllte und entfernte mich gleichzeitig von mir selbst, machte es mir unmöglich, mich in die Welt einzubringen.

In Nordkorea kannten wir keine Worte für »Depression« oder »posttraumatischen Stress«, also hatte ich weder eine Ahnung, was das sein mochte, noch ob ich möglicherweise daran litt. Die Idee einer »Therapie« war mir so fremd, dass ich gar nicht wusste, wovon die Rede war, als man mir so etwas anbot. Erst vor Kurzem habe ich Studien gelesen, die darauf hindeuten, dass fast 75 Prozent der nordkoreanischen Flüchtlinge in Südkorea unter psychischem Stress leiden. Diese Schätzung scheint mir eher zu niedrig angesetzt. Wir alle in Hanawon haben versucht, uns wie ganz normale Menschen zu verhalten, während uns die Qualen der Vergangenheit und die Ungewissheit unserer Zukunft innerlich auffraßen.

In den Anfangsjahren der Republik Korea wurden Überläufer aus dem Norden wie Helden gefeiert und üblicherweise mit Belohnungen und Stipendien überhäuft. Nach der Hungersnot der 1990er ergoss sich jedoch eine wahre Flüchtlingswelle nach

Südkorea, mit der das Umsiedlungsprogramm gänzlich überfordert war. 2009 erreichte die Zahl der Überläufer ihren Höhepunkt mit 2914 Neuankömmlingen.

Mittlerweile waren die Flüchtlinge – im Gegensatz zu den meist männlichen, gut ausgebildeten Überläufern der Vergangenheit – zu drei Vierteln arme Frauen aus den nördlichen Provinzen, genau wie meine Mutter und ich. Im Laufe der Zeit waren die Eingliederungsangebote immer geringer und restriktiver geworden. Dennoch boten sie uns Halt, als wir uns an unsere neue Heimat gewöhnten.

Am 26. August 2009 gab es in Hanawon eine Abschiedsfeier für die Mitglieder der »Gruppe 129«. Man überreichte meiner Mutter und mir die Einbürgerungsunterlagen für die Republik Korea. Ich war unglaublich erleichtert. Ich dachte, das sei die letzte Hürde auf unserem Weg in die Freiheit. Doch sobald ich durch das Tor von Hanawon hinaustrat, wollte ich am liebsten wieder umkehren. Jetzt war ich im Land der unzähligen Möglichkeiten, in dem die Supermärkte fünfzehn Sorten Reis anboten, und schon sehnte ich mich wieder dorthin zurück, wo man uns sagte, was wir tun sollten.

Kaum hatten wir uns in unserem neuen Leben eingerichtet, bekam ich zu spüren, dass Freiheit auch wehtun kann.

Meine Mutter und ich erhielten eine Eingliederungshilfe für unsere Unterbringung und andere Ausgaben im Wert von 25 234 Dollar für die nächsten fünf Jahre. Das hört sich nach viel Geld an, bis man bedenkt, dass es ungefähr die Summe ist, die ein durchschnittlicher südkoreanischer Haushalt im Jahr zur Verfügung hat. Überläufer müssen hart arbeiten, um mit den Normalbürgern mithalten zu können, und den meisten gelingt es nie. Man sagte uns, wir bekämen etwas mehr Geld, wenn wir bereit wären, uns außerhalb der überfüllten Hauptstadt anzusiedeln. Meine Mutter und ich willigten ein, und man schickte uns in eine kleine Industriestadt in der Nähe von Asan, etwa zwei Stunden Zugfahrt südlich von Seoul.

Der Staat wies uns eine Wohnung zu und bezahlte sie auch. Man richtete ein Bankkonto für meine Mutter ein, und wir bekamen für den Anfang eine einmalige Hilfszahlung. Nur zahlte man uns nicht alles auf einmal aus. Es gab chinesische Fluchthelfer, die Überläufer in Südkorea aufspürten, um Geld abzukassieren, das man ihnen schuldig geblieben war. Und es gab auch südkoreanische Gauner, die Flüchtlinge um ihr Umsiedlungsgeld betrogen. Das kam oft vor, weil Nordkoreaner meist zu gutgläubig waren, was die Welt da draußen anging.

In Nordkorea gibt es keine schriftlichen Verträge. Darum hatte man uns in Hanawon eingebläut, dass in dieser neuen Welt alles auf Papier festgehalten wird. Sobald man etwas unterschrieben hat, muss man dafür auch einstehen. Man kann es sich nicht einfach anders überlegen. Alte Gewohnheiten sind jedoch schwer abzulegen und neue schwer zu lernen. Daher dachte sich die Regierung, wenn man die Auszahlungen staffelte, könnten wir wenigstens nicht alles auf einmal verlieren. Allerdings hatten wir angesichts unserer Wohnsituation in Asan ohnehin nichts zu verlieren.

Die Wohnsiedlung stand auf einem Hügel am Ortsrand, nicht weit von ein paar kleinen Läden und einer Bushaltestelle, von der aus man in besiedeltere Gegenden gelangen konnte. Die Mieten waren dort sehr günstig, und in unserem Haus wohnten viele Sozialhilfeempfänger, darunter auch Alte und Behinderte, um die sich niemand kümmerte, dazu diverse Geisteskranke, die in eine Anstalt gehört hätten, und wir.

Wir hatten eine Ein-Zimmer-Wohnung mit einer kleinen Küche, einer Matte auf dem Boden als Bett und einem Balkon als Vorratslager. Im Haus wimmelte es nur so von Kakerlaken, die Leute pinkelten in den Hauseingang und in den Fahrstuhl, und nebenan wohnte ein Irrer, der bei Tag und Nacht herumschrie. Auf der anderen Seite wohnte zum Glück eine freundliche, alte Dame, die uns eine Reisschüssel und ein paar hübsche Teller schenkte, die sie nicht mehr haben wollte. Wir kauften uns einen kleinen, gebrauchten Kühlschrank. Alles andere in der Wohnung stammte vom Parkplatz, der zum Haus gehörte. Dorthin brachten die Mieter ihre ausrangierten Kleider und Haushaltsgegenstände. Meine Mutter und ich konnten unser Glück kaum fassen, als wir Lampen, Pfannen, Töpfe, eine gebrauchte Matratze und sogar einen kleinen Fernseher fanden. Ständig zogen Leute ein und aus, und so gab es jede Woche neue Schätze zu entdecken. Wir kamen zu dem Schluss, dass diese Südkoreaner sogar noch mehr nützliche Dinge wegwarfen als die Chinesen.

Wunderbar an Südkorea war auch, dass es in den Läden bezahlbares Obst gab. In Nordkorea waren Orangen und Äpfel für uns ein unvorstellbarer Luxus gewesen, also kaufte meine Mutter mit Begeisterung Obst, das sie für uns in kleine Stückchen schnitt. So schwer sie es in ihrem Leben auch gehabt hatte, fand sie doch immer etwas, wofür sie dankbar sein konnte. Außerdem hatte sie Humor und konnte über fast alles lachen, auch über sich selbst. Zum Beispiel kamen wir immer wieder mit den fremdartigen Produkten durcheinander, und einmal hat sich meine Mutter mein Parfüm in den Mund gespritzt, weil sie es für Atemspray hielt. Nachdem sie aufgehört hatte zu würgen und mich zu verfluchen, brach sie in schallendes Gelächter aus. Wir lachten, bis uns die Tränen über die Wangen liefen.

Kurz nach unserer Ankunft in Asan weckte mich mitten in der Nacht das Kichern meiner Mutter.

»Was ist los, *Umma*?«, fragte ich. »Was ist so komisch?«

»Der Kühlschrank, Yeonmi-ya!«, sagte sie. »Gerade habe ich gehört, wie er angesprungen ist.«

KAPITEL 21

Ein hungriger Geist

Als Erstes wollte ich ein paar echte Südkoreaner kennenlernen. Bisher hatten wir nur mit anderen Überläufern, südkoreanischen Agenten oder speziell geschultem Personal zu tun gehabt. Außerdem wollte ich lernen, wie man richtig mit einem Computer umgeht, also beschloss ich, einen PC-Club aufzusuchen, der mir zwischen den Läden in der Nähe unserer Wohnung aufgefallen war. Im Gegensatz zu Internetcafés, die jedermann offenstehen, sind das eher so etwas wie Privatclubs, in denen man eine stündliche Gebühr bezahlt, um Spiele zu spielen oder mit Freunden zu chatten. Ich band mir die Haare zu einem Pferdeschwanz und zog mir saubere Sachen an, dann lief ich den Hügel hinunter.

Der PC-Club lag im ersten Stock, am Ende eines schmuddeligen Treppenhauses aus Beton. Ich fand ihn hochmodern, mit all den bunten Lichtern und den leuchtenden Reihen der Bildschirme, vor denen hypnotisiert wirkende junge Männer saßen.

Ich nahm meinen ganzen Mut zusammen und öffnete die Glastür. Der ältere Mann am Empfang blickte auf, als ich eintrat.

»Ich würde gern einen PC benutzen …«, sagte ich.

Sobald er meinen Akzent hörte, wusste er, dass ich nicht aus Südkorea kam.

»Ausländer sind bei uns unerwünscht«, sagte er.

»Okay, ich komme zwar aus Nordkorea, aber jetzt bin ich

südkoreanischer Staatsbürger«, sagte ich zutiefst schockiert. Ich merkte, dass mir die Tränen in den Augen standen.

»Nein, du bist Ausländer«, sagte er. »Ausländer sind hier nicht erwünscht!«

Ich drehte mich um, rannte die Treppe hinunter und hörte nicht auf zu rennen, bis ich wieder in unsere Wohnung kam. Ich war am Boden zerstört.

Am nächsten Tag wollte ich nur im Bett liegen und mir die Decke über den Kopf ziehen, aber meine Mutter meinte, ich müsste mich anziehen. Es war Anfang September, und das Schuljahr hatte bereits begonnen. Es wurde Zeit, sich für den Unterricht anzumelden.

Obwohl ich mich den Prüfungsergebnissen nach auf dem Wissensstand einer Achtjährigen befand, war ich doch fast doppelt so alt und für die Grundschule viel zu groß. Wenn ich also das öffentliche Bildungssystem nutzen wollte, blieb mir nur die Mittelschule am Ort. Ich hätte auch eine private Förderschule für Überläufer besuchen können, aber ich wollte mich so schnell wie möglich in Südkorea eingliedern.

Die Mittelschule war ein moderner Backsteinbau. Überall hingen bunte Banner, die den Schülern zu ihren Erfolgen in Wissenschaft und Sport gratulierten. Meine Mutter und ich besuchten den Leiter in seinem Büro, und zuallererst erklärte er, wie schwer es für mich werden würde. »Vor ein paar Jahren hatten wir hier einen nordkoreanischen Jungen«, sagte er, »aber er konnte den Stoff nie aufholen und ist schließlich gescheitert.« Er warf mir einen vielsagenden Blick zu, als wollte er mir damit sagen, dass auch ich ein hoffnungsloser Fall sei.

»Und unsere Uniformen sind sehr teuer«, fügte der Mann hinzu. »Wir müssten dir eine gebrauchte besorgen, die dir deine Mutter dann ausbessern könnte.«

Dann gab man mir Gelegenheit, einige meiner neuen Klassenkameradinnen kennenzulernen. Die Mädchen trugen alle ihre schicken Uniformen. Ich dagegen steckte in abgetragenen Kleidern, die mir ein Sozialarbeiter gegeben hatte. Ich habe versucht, mit ihnen zu reden, aber sie haben mich nur angesehen und sind dann einfach weggegangen. Später habe ich mitbekommen, wie sich einige der Mädchen über mich unterhielten. Es war ihnen völlig egal, dass ich sie hören konnte.

»Was will diese Kreatur hier?«, fragte eine.

»Was hat die für einen komischen Akzent?«, fragte eine andere. »Will die hier spionieren oder was?«

Am Ende des Tages ging ich mit meiner Mutter nach Hause und kehrte nie wieder zurück.

Danach hatte ich solche Angst vor anderen Leuten, dass ich mich weigerte, die Wohnung zu verlassen. Sobald ich vor die Tür ging, brach mir der kalte Schweiß aus, und mein Herz raste so sehr, dass ich dachte, ich müsste sterben. Nur nachts, wenn sonst keiner da war, fühlte ich mich draußen wohl. Dann nahm mich meine Mutter mit zu einem kleinen Spielplatz für die wenigen Kinder, die in unserem Wohnblock lebten. Dort schaukelte ich dann hin und her, während meine Mutter von ihrem Tag erzählte oder mir alte Lieder vorsang.

»Du musst selbstbewusster werden, Yeonmi«, sagte sie. »Warum hast du solche Angst, wenn dich die Leute ansehen?«

Ich wusste überhaupt nicht, wie ich es ihr erklären sollte.

Nachdem ich mich einen Monat lang versteckt hatte, wurde mir klar, dass ich mich dazu zwingen musste, wieder raus in die Welt zu gehen. Selbst wenn viele Südkoreaner glaubten, ich hätte keine Zukunft, selbst wenn sie mich für dumm und zurückgeblieben hielten und mir nicht über den Weg trauten, würde ich es ihnen zeigen. Ich würde es schaffen, mit oder ohne ihre Hilfe. Und der erste Schritt war, sich Wissen anzueignen.

Vor seinem Tod hatte mein Vater mir anvertraut, was er am meisten bedauerte. Er war immer darauf bedacht gewesen, dass ich fleißig lernte und gute Noten nach Hause brachte. Er wusste, dass ich eines Tages Medizin studieren wollte wie so viele unserer Verwandten. Nach seiner Verhaftung hatte sich dieser Traum jedoch zerschlagen. Jetzt wollte ich ihm diesen Wunsch erfüllen.

Vieles von dem, was ich in Hanawon lernte, schien mir unsinnig. Aber einen Satz hörte ich dort immer wieder, und der ließ mich nicht mehr los: »In einer Demokratie wird harte Arbeit belohnt.« Anfangs konnte ich das nicht glauben. In Nordkorea wurde harte Arbeit nur dann belohnt, wenn man einen guten *songbun* und die richtigen Beziehungen hatte. Aber ich wusste, dass ich hart arbeiten konnte, und mich reizte der Gedanke, für meine Anstrengungen am Ende vielleicht belohnt zu werden. Noch hatte ich kein Wort für »Gerechtigkeit«, verstand den Begriff nicht einmal, aber dieser Gedanke gefiel mir. Ich wollte mich sofort daranmachen, meine Ziele zu erreichen. Ich hatte keine Zeit zu verschwenden.

Im November 2009 schrieb ich mich an der Heavenly Dream School ein, einem christlichen Internat für junge Nordkoreaner im nahe gelegenen Cheonan. Fast alle Förderschulen für Überläufer standen unter christlicher Leitung, und die Auswahl war nicht besonders groß. Ich suchte mir eine Schule, die es mir ermöglichte, in der Nähe meiner Mutter zu bleiben.

Ich hatte unglaublich viel nachzuholen. Ich nahm mir vor, als Quereinsteiger den Highschool-Abschluss zusammen mit den anderen Jugendlichen meines Alters zu schaffen, um danach weiter auf die Uni zu gehen. Wir waren etwa fünfzehn Teenager in der Heavenly Dream School, darunter ein paar Mädchen, die ich aus Hanawon kannte. Allerdings war ich nicht sonderlich beliebt. Ich wollte unbedingt das Einzige ablegen, was mich als Überläuferin auswies, und versuchte deshalb, den südkoreanischen Akzent anzunehmen. Die Mädchen fanden mich wunderlich und unnahbar. Die Lehrer erklärten mir, ich müsse mich »öffnen«. Ich hatte kein Interesse daran, in der Bibel zu lesen und in die Kirche zu gehen, was allen anderen viel bedeutete. Eigentlich wollte ich an der Heavenly Dream School nichts anderes als lernen. Ich war dermaßen wissbegierig, dass ich keine Ablenkung duldete. Mein Spitzname war »Lernmaschine«.

Meist blieb ich in meinem Zimmer und las für mich allein. Schon in Nordkorea hatte mir das Lesen viel Freude bereitet, doch gab es jetzt so viel mehr zu lesen als nur die Abenteuer von Kim Il-sung und Kim Jong-il.

Meine Mutter war erleichtert, dass ich ein Internat besuchte, weil man dort auf mich aufpasste und mir zu essen gab. Sie plante nämlich eine Reise nach China.

Gleich nach unserer Entlassung aus Hanawon nahm meine Mutter Kontakt zu einigen Schleusern in China auf, die wiederum eine Frau über die Grenze nach Hyesan schickten, um sich dort nach Eunmi zu erkundigen. Wir wollten wissen, ob sie in China verhaftet und nach Nordkorea zurückgeschickt worden war, wie so viele andere Frauen, die wir kannten. Doch in den zweieinhalb Jahren, die sie nun verschollen war, hatte niemand von meiner Schwester gehört.

Also ließen wir durch das Netzwerk der Menschenhändler in China verbreiten, dass wir bereit wären, für Informationen über Eunmi eine Belohnung von 10 000 Dollar zu bezahlen. Gleichzeitig beantragte meine Mutter einen südkoreanischen Reisepass. Unsere ersten Monate in Asan verbrachten wir in bitterer Armut, um für die Suche nach meiner Schwester so viel Geld wie möglich zur Seite zu legen. Sobald meine Mutter ihren Reisepass bekam, buchte sie einen Flug nach China.

Es muss meine Mutter unvorstellbare Überwindung gekostet

haben, diese Reise allein anzutreten. Nach wie vor sprach sie so gut wie kein Chinesisch und war noch nie allein gereist. Zwar besaß sie nun die südkoreanische Staatsbürgerschaft, aber das schützte sie nicht davor, wieder entführt und verkauft zu werden oder nordkoreanischen Agenten in die Hände zu fallen, die sie in den sicheren Tod schicken würden. Doch sie nahm allen Mut zusammen, flog in den Ferienort Dalian, weil der Flug dorthin billiger war, und machte sich dann auf die lange Busfahrt nach Shenyang.

Während sie nach Eunmi suchte, wohnte sie bei unserer Freundin Myung-ok, die uns den Job im Chatroom vermittelt hatte. Da wir uns damals verstecken mussten, hatten wir nicht gewagt, Kontakt zu den Verwandten meines Vaters aufzunehmen, die in der Stadt Yanbian im Nordosten Chinas lebten. Wir mussten befürchten, dass die Polizei auf uns aufmerksam würde, wenn wir versuchten, sie per Telefon ausfindig zu machen. Diesmal fand meine Mutter sie durch die Bank, in der die Tante meines Vaters gearbeitet hatte. Es tat gut, wieder Kontakt zu diesem Teil der Familie aufzunehmen, aber wir waren doch sehr enttäuscht, dass niemand etwas von Eunmi gehört hatte.

Nach zwanzig Tagen in China kam meine Mutter entmutigt nach Hause. Wir konnten meine Schwester zwar nicht finden, wollten die Hoffnung aber dennoch nicht aufgeben. Schließlich kehrte meine Mutter nicht mit gänzlich leeren Händen zurück. Bevor wir damals nach Qingdao gegangen waren, hatten wir unsere Habseligkeiten an einem sicheren Ort in Shenyang versteckt. Auf der Flucht wollten wir nichts bei uns haben, was uns als Nordkoreaner ausgewiesen hätte. Dazu gehörte auch ein kleiner Stapel von Familienfotos. Diese Bilder waren alles, was von meinem Vater, von Eunmi und der Familie übrig war, die wir liebten und hinter uns zurückgelassen hatten. Endlich hatten wir diese Bilder wieder.

Und noch etwas Gutes bewirkte diese Reise. Bisher hatte sich Myung-ok nie zur Flucht entschließen können, weil sie so schreckliche Angst hatte, dass man sie verhaften und zurückschicken würde, um sie zu foltern und hinzurichten. Meine Mutter erzählte ihr, wie schön es in Südkorea war und wie sehr man uns geholfen hatte, als wir dort ankamen. »Sieh dir das an!«, sagte sie zu ihrer Freundin und winkte mit ihrem Pass. »So einen kannst du auch bekommen. Du könntest reisen, wohin du willst, ohne Angst! Du wärst frei!«

Als sie den Reisepass sah, fasste Myung-ok den Mut, das Risiko auf sich zu nehmen. Meine Mutter und ich riefen ein paar Leute an und arrangierten für sie eine Flucht über Thailand. Wenige Monate später machte sie sich auf den Weg und gelangte zu guter Letzt nach Südkorea.

Ich blieb nicht sehr lange an der Heavenly Dream School. Als meine Mutter Ende November wieder aus China zurückkam, verließ ich die Schule und zog wieder in unsere Wohnung. Ich hatte das Gefühl, dass mir der Lehrplan nicht viel brachte, und auch die vielen religiösen Aktivitäten waren nicht mein Fall. Es gefiel mir nicht, so tun zu müssen, als wäre mein Glaube stärker, als er war. Und manchmal wurde ich beim Beten daran erinnert, wie der Pastor in Qingdao mir das Gefühl gegeben hatte, schmutzig und verdorben zu sein.

Zu Hause habe ich nur gelesen. Ich inhalierte Bücher wie andere Leute Sauerstoff. Ich las nicht nur, um etwas zu lernen oder zum Vergnügen. Ich las, um zu leben. Ich hatte nur dreißig Dollar im Monat zur Verfügung und gab alles, was mir nach Abzug der Lebenshaltungskosten blieb, für Bücher aus. Manche waren neu, andere stammten aus einem Antiquariat. Selbst wenn ich hungerte, bedeuteten mir Bücher mehr als Essen. Erst viel später erfuhr ich, dass es auch öffentliche Büchereien gab. Mittlerweile ist es schwer vorstellbar, aber anfangs wussten wir so gut wie gar nichts über das Leben in Südkorea.

Zuerst las ich koreanische Übersetzungen von Kinderbüchern, dann ging ich über zu Bilderbüchern über die Länder der Erde. Ich kaufte mir Bücher über römische Mythologie und Weltgeschichte. Ich las Biografien über Abraham Lincoln, Franklin D. Roosevelt und Hillary Clinton. Ich interessierte mich für Amerika und besonders für Biografien, weil sie von Menschen handeln, die in ihrem Leben viele Widerstände und Vorurteile überwinden mussten. Sie vermittelten mir das Gefühl, es schaffen zu können, auch wenn niemand an mich glaubte, nicht mal ich selbst.

In den nächsten anderthalb Jahren eignete ich mir den Stoff von zwölf Schuljahren an. Ich besuchte noch einige andere Förderschulen, um meinen Highschool-Abschluss zu bekommen (General Equivalency Diplomas für Middle School und High School). Doch auch dort lernte ich am liebsten allein. Ich nahm mir vor, hundert Bücher pro Jahr zu lesen – und das tat ich auch.

Ich las, um mich zu bilden, aber auch um die düsteren Erinnerungen zu verdrängen. Je mehr ich jedoch las, desto tiefer gingen meine Gedanken, desto weiter wurde mein Horizont, und meine Gefühle blieben nicht länger nur an der Oberfläche. Der südkoreanische Wortschatz war so viel reicher als das beschränkte Vokabular, das ich gelernt hatte. Je mehr Worte einem zur Verfügung stehen, um die Welt zu beschreiben, desto komplexer werden auch die Gedankengänge. Das Regime in Nordkorea will verhindern, dass man selbständig denkt. Zwischentöne sind unerwünscht. Alles ist entweder schwarz oder weiß. Beispielsweise gilt die einzige Art von »Liebe«, die man in Nordkorea zeigen darf, dem Führer. Wir kannten das Wort »Liebe« aus geschmuggelten Fernsehserien oder Filmen, doch gab es keine Möglichkeit, diese Empfindung auf den nordkoreanischen Alltag zu übertragen – weder in Bezug auf den Ehepartner noch auf Freunde oder Familie. In Südkorea dagegen gab es so viele unterschiedliche Möglichkeiten, Liebe auszudrücken – gegenüber den Eltern, Freunden, der Natur, Gott, Tieren und natürlich seinem Liebsten.

Als ich im NIS-Center darauf gewartet hatte, nach Hanawon gebracht zu werden, kamen manchmal Leute von außerhalb, die sich mit uns unterhalten wollten und uns baten, Fragebögen auszufüllen. Eine Frau erzählte uns von der Liebe. Sie meinte, wenn man zu Pflanzen »Ich liebe dich« sage, würden sie besser wachsen. Es sei also sehr wichtig, es auszusprechen, wenn man jemanden mag. Sie forderte uns auf, es zu demjenigen zu sagen, der gerade neben uns saß. Das war eine ausgesprochen skurrile Erfahrung, aber so lernte ich, dass es Möglichkeiten gab, seiner Liebe gegenüber Freunden oder sogar Pflanzen und Tieren Ausdruck zu verleihen. Selbst grundlegendste menschliche Emotionen müssen erlernt werden.

Mit der Zeit wurde mir klar, dass man erst wirklich wachsen und lernen kann, wenn man eine Sprache hat, innerhalb derer das möglich ist. Ich spürte förmlich, wie Leben in meine Hirnwindungen kam, als leuchteten neue Bahnen auf, wo es bisher düster und öde gewesen war. Beim Lesen lernte ich, was es bedeutet zu leben, Mensch zu sein.

Ich las Klassiker wie *Der Fänger im Roggen*, *Der Herr der Fliegen* und Tolstois Kurzgeschichten. Ich verliebte mich in Shakespeare. Als ich jedoch auf George Orwells *Farm der Tiere* stieß, war das für mich ein echter Wendepunkt. Es war, als wäre ich in einem Berg von Sand auf einen Diamanten gestoßen. Ich hatte das Gefühl, dass Orwell wusste, woher ich kam und was ich durchgemacht hatte. Die Farm der Tiere war genau wie Nordkorea, und was er beschrieb, war im Grunde mein Leben. Ich erkannte meine Familie in den Tieren wieder – Großmutter, Mutter, Vater, aber auch mich: Ich war eins dieser »neuen Schweine« ohne Ideen. Den Schrecken Nordkoreas auf eine simple Allegorie zu reduzieren nahm ihm seine Macht über mich. Das half mir, mich zu befreien.

In Hanawon bekamen wir manchmal Besuch von Überläufern, die ihren Weg in die südkoreanische Gesellschaft bereits gefunden hatten und uns von ihren Erfahrungen berichten wollten. Einer davon gab uns einen Tipp, wie man unter Südkoreanern Freunde findet, nämlich indem man sich über die angesagtesten Serien und beliebtesten Stars informierte, um dann darüber plaudern zu können. Sogar aus Film und Fernsehen konnte ich etwas lernen. Ich prägte mir die Namen der Schauspieler und die Geschichten ihrer jeweiligen Filme und Serien ein. Ich notierte mir alle Musikgruppen und hörte so viele Songs wie möglich, um die größten Hits der 70er, 80er und 90er zu erkennen.

Ich las Artikel über Prominente, erfuhr von ihren Skandalen, ihrer Vergangenheit, sodass ich mich über sie unterhalten konnte, als hätte ich mein Leben lang in Südkorea gelebt. Ich staunte über die vielen Prominentenhochzeiten und Designerkleider. Ich konnte mir nicht erklären, was ein Designer sein sollte, aber es gab einen Raum in der Schule, in dem ich Zugang zum Internet hatte und solche Sachen nachgucken konnte. Die ganze Idee hinter der »Prominenz« war mir fremd. Schöne Menschen wurden in Südkorea so verehrt wie unser Führer in Nordkorea. Der entscheidende Unterschied war allerdings, dass die Leute in Südkorea die Wahl hatten, wen sie anbeten wollten.

Allmählich verlor ich meinen Akzent und klang schon bald, als stammte ich aus Seoul. Auch in puncto Kleidung und Essen passte ich mich an. Wenn mich jemand Fremdes fragte, woher ich kam, sagte ich nur »Asan«. Sollten sie denken, was sie wollten. Ich tat alles, was in meiner Macht stand, um mich von meiner Vergangenheit zu distanzieren. Nie nahm ich Verbindung zu irgendwem auf, der mich in China gekannt hatte. Meine Mutter hielt engen Kontakt zu Sun-hi und Myung-ok, nachdem die beiden sich in Südkorea niedergelassen hatten, aber ich nicht. Mit diesem Teil meines Lebens wollte ich nichts mehr zu tun haben, und schon jetzt kam er mir unwirklich vor, wie etwas aus einem Traum, an den man sich nur halb erinnert.

Meine Mutter erklärte mir, es sei ungesund, immer nur zu Hause zu bleiben und zu lesen. Sie drängte mich, wieder aufs Internat zu gehen, also meldete ich mich im Frühjahr 2010 bei einer weiteren christlichen Schule für Überläufer an, um meinen mittleren Schulabschluss zu machen, dann wechselte ich zum Ableger der Heavenly Dream School in Seoul, um mich dort aufs Highschool-Examen vorzubereiten. Nach wie vor mied ich den Unterricht und arbeitete meist allein. In den Tests schnitt ich dennoch gut ab.

Im April 2011 – nur zwei Jahre nachdem meine Mutter und ich nach Südkorea gekommen waren – meldete ich mich zum Highschool-Examen an und bestand. Es war mir eine unglaubliche Genugtuung. Ich dachte an die vielen Leute, für die ich von vornherein ein hoffnungsloser Fall gewesen war: den Pastor in Qingdao, den Agenten vom südkoreanischen Geheimdienst, der mich verhört, den Schuldirektor, der mich abgewiesen hatte, und die vielen Lehrer, die mir glaubhaft versichert hatten, dass dieser Tag nie kommen würde. Mir anhören zu müssen, dass das, was ich mir wünschte, unmöglich zu erreichen sei, hatte mich angespornt, und als dieser Schulabschluss geschafft war, glaubte ich zum ersten Mal daran, dass es vielleicht doch so etwas wie Gerechtigkeit im Leben gab. Harte Arbeit wurde belohnt.

Meine Mutter konnte gar nicht glauben, dass dieses leicht

begriffsstutzige Kind, das sie in Hyesan aufgezogen hatte, nun einen Highschool-Abschluss besaß. Doch dann erinnerte sie mich an ein nordkoreanisches Sprichwort: »Was alles in einem Kind steckt, weiß man erst, wenn es erwachsen ist.« Es war nicht ihre Art, offen heraus zu sagen, dass sie stolz auf mich war, aber ich merkte es auch so.

Meine Mutter sammelte ihre ganz eigenen Erfahrungen mit dem Leben in Südkorea. Sie übernahm diverse Hilfsjobs, die üblicherweise von nordkoreanischen Überläufern ausgeübt werden. Sie putzte und spülte in einem Café. Dort lernte sie einen Mann kennen, der in einer Sauna arbeitete. Die beiden kamen sich näher, und er vermittelte ihr einen Job im Café der Sauna. Leider entpuppte sich der Mann als gewalttätig. Wie schlimm es stand, wurde mir erst bewusst, als ich eines Nachts in Seoul einen Anruf vom Krankenhaus in Asan bekam.

»Es geht um Ihre Mutter«, sagte die Schwester. »Sie müssen herkommen und sie abholen.«

Ich zog mich eilig an und rannte zur U-Bahn, um den Frühzug nach Asan zu erreichen. Auf dem Weg zum Krankenhaus machte ich an unserer Wohnung Halt. Dort war der ganze Korridor voller Blut, und in unserem Zimmer fand ich eine riesige Blutlache. Unsere Nachbarin erzählte mir, es habe einen schrecklichen Streit gegeben. Der Freund meiner Mutter hatte sie mit einer schweren Eisenpfanne bewusstlos geschlagen und war weggelaufen, weil er glaubte, sie sei tot. Die Nachbarn riefen die Polizei, und man brachte sie ins Krankenhaus.

Meine arme Mutter war in einem furchtbaren Zustand, über und über bandagiert, und sie hatte eine schwere Gehirnerschütterung. Während ich nach Hause ging, um das Blut aufzuwischen, ließ sie sich kurz entschlossen aus dem Krankenhaus entlassen, weil sie den Aufenthalt nicht bezahlen konnte. Sie hatte kein Geld für ein Taxi, und im Bus wäre ihr übel geworden, also lief sie den ganzen Weg allein nach Hause. Es brach mir das Herz, als ich sie zur Tür hereinkommen sah, schwankend und entkräftet. Auch im Süden war das Leben für uns nicht leicht.

Sie hat den Mann nie angezeigt. Die Polizei holte ihn zum Verhör und wollte ihn vor Gericht stellen, aber meine gutherzige Mutter hat ihm verziehen und die Beamten gebeten, ihn gehen zu lassen. Ich denke, nach ihren Erfahrungen mit der nordkoreanischen Polizei wollte sie niemanden einer solchen Tortur aussetzen, nicht mal jemanden, der sie fast umgebracht hätte. Sie wusste nicht, dass man von der Polizei in Südkorea nichts zu befürchten hatte.

Nach dem blutigen Zwischenfall versuchte meine Mutter, sich von diesem Mann zu trennen, aber er stellte ihr nach, tauchte zu jeder Tages- und Nachtzeit in unserer Wohnung auf und drohte ihr. Nach einigen Monaten gab sie den Widerstand auf und tat sich wieder mit ihm zusammen, doch er hörte nicht auf, sie zu misshandeln. Manchmal bekam ich von ihr eine SMS, in der stand: »Wenn ich heute Nacht sterbe, weißt du, wer es war.«

Ich konnte den Gedanken kaum ertragen, dass sie so viel hatte erdulden müssen, um frei zu sein, und nun zwar in Südkorea war, aber trotzdem in Angst leben musste. Nachdem sie sich einmal geweigert hatte, Anzeige zu erstatten, schien die Polizei nichts mehr für ihren Schutz tun zu können.

Es musste doch eine andere Möglichkeit geben. Ich dachte mir, wenn die Polizei sie nicht schützen konnte, dann ja vielleicht ich. Ich dachte daran, mich in das Rechtssystem einzuarbeiten und Polizistin zu werden, oder sogar Staatsanwältin. In Nordkorea waren Polizisten Menschen, die dir das Geld wegnahmen und dich ins Gefängnis warfen. In China erstarrte ich jedes Mal vor Angst, wenn ich eine Uniform sah, weil die Polizei mich dort auf der Stelle verhaftet hätte. Noch nie hatten Polizisten mich vor irgendwas beschützt. In Südkorea stand das allerdings in ihrer Jobbeschreibung. Und so beschloss ich, mich bei denen einzureihen, die ich am meisten fürchtete.

Ich stellte ein paar Recherchen an und fand heraus, dass man an der angesehenen Dongguk University in Seoul einen Abschluss im Fach Polizeimanagement erlangen konnte. Und genau dort wollte ich mich bewerben.

KAPITEL 22

So lernen wir uns kennen

Die Dongguk University liegt auf einem steilen Hügel mitten in Seoul, mit Blick über die Stadt und die bewaldeten Hänge des Namsan Parks. Die Hochschule wurde 1906 von Buddhisten gegründet, und auch wenn Schüler aller Konfessionen zugelassen waren, spiegelte sich dieser Umstand doch in den vier Prinzipien wider:

Pflege einen klaren Verstand.
Handle wahrhaftig und verlässlich.
Behandle die Menschen mit Wohlwollen.
Bewahre die Menschheit vor Leid.

Das waren Grundsätze, hinter denen ich stehen konnte, vor allem der letzte. Die ersten beiden Jahre in Freiheit hatte ich genutzt, um Anschluss an die Welt zu finden. Ich war in Sicherheit, musste aber ständig an meine Familie und Freunde und all die anderen denken, die nach wie vor zu leiden hatten, und an meine Schwester, die immer noch verschollen war. Es musste doch einen Grund haben, wieso mir die Flucht gelungen und ich in Freiheit war, die anderen aber nicht. Vorerst jedoch war das nur so ein Gefühl, das ich nicht recht in Worte fassen konnte.

Meine erste Aufgabe bestand darin, von dieser renommierten Hochschule angenommen zu werden. Als nordkoreanische

Überläuferin hatte ich den Vorteil, dass der Staat die eine Hälfte meiner Studiengebühren übernahm und die Hochschule die andere, vorausgesetzt meine Zensuren waren gut genug. Die Kosten stellten also keine Hürde dar. Allerdings wusste ich, dass mein ungewöhnlicher schulischer Werdegang ein nicht unerhebliches Problem darstellen würde. Wie allen Überläufern wurde auch mir die berüchtigte, achtstündige Prüfung zur Erlangung der Hochschulreife erlassen, doch um an dieser Uni studieren zu dürfen, musste ich mich dennoch anspruchsvollen schriftlichen und mündlichen Tests unterziehen. Alles hing an dem Bewerbungsgespräch, zu dem ich im Frühsommer 2011 geladen wurde.

Ich war dermaßen aufgeregt, dass ich schon um fünf Uhr morgens auf dem Campus ankam. In der kühlen Morgenluft saß ich auf einer Bank und wartete darauf, dass es Zeit wurde für mein Bewerbungsgespräch. Im Innenhof stand eine große Buddha-Statue, und kurz vor meinem Termin stand ich davor und betete.

Obwohl ich den christlichen Glauben – solange ich bei den Missionaren in China war – voll und ganz angenommen hatte, beruhten meine Überzeugungen doch nicht auf einem einzigen Glauben. Ich war ohne Religion aufgewachsen – abgesehen von der Vergötterung unserer Diktatoren –, und meine Seele suchte nach wie vor nach einem Ort, an dem sie Ruhe finden konnte. Trotz aller gegenteiligen Beweise glaubte ich an eine gütige Macht, die das Universum lenkte, eine liebevolle Kraft, die uns dazu trieb, Gutes statt Böses zu tun. Ich glaubte daran, dass Jesus Teil dieser Macht war, genauso wie Buddha und alle spirituellen Wesen, an die wir uns in Zeiten der Not und Verzweiflung wendeten. Auch mein Vater war darunter. Und als ich so vor diesem Buddha stand, legte ich beide Hände auf mein Herz und sprach zu meinem Vater, bat ihn, mir den rechten Weg zu weisen. Ich hatte noch immer eine enge Bindung zu ihm, und ich musste nur darum bitten, dann würde er kommen und mir Kraft geben. An diesem Morgen spürte ich ihn sehr stark.

Ich wusste selbst, dass ich der Uni eigentlich noch nicht gewachsen war, und das wusste auch das kleine Gremium von Professoren. Ich musste sie einfach davon überzeugen, dass ich dennoch eine Chance verdiente.

»Hallo, mein Name ist Yeonmi Park – geboren in Hyesan in Nordkorea. Obwohl ich erst vor kurzer Zeit ohne jede Bildung hierhergekommen bin, habe ich doch in den letzten zwei Jahren viel erreicht. Wenn Sie bereit sind, Vertrauen in mich zu setzen, garantiere ich Ihnen, dass ich Sie nicht enttäuschen werde.«

Ich erschrak vor meinem eigenen Selbstbewusstsein. Auch die Professoren wirkten überrascht.

»Bisher haben Sie sich sehr gut gemacht«, sagte einer von ihnen. »Aber Sie verfügen über keinerlei nennenswerte Schulbildung, und Englisch haben Sie auch nie gelernt, was allerdings Voraussetzung für einen Abschluss wäre.«

Ein anderer sagte: »Wir wissen doch alle, dass die meisten Nordkoreaner das Studium abbrechen. Wie wollen Sie mir garantieren, dass Sie nicht genauso scheitern?«

Ich blickte zu ihnen auf und sagte: »Ja, es stimmt, dass ich nicht dieselben Fähigkeiten besitze wie andere Bewerber, aber das kann ich nachholen. Während andere meines Alters zur Schule gingen, habe ich vom Leben gelernt. Von daher habe ich etwas zu bieten, was ihnen fehlt. Wenn Sie mir eine Chance geben, werde ich es auch schaffen. Sie werden stolz auf mich sein.«

Im August erfuhr ich dann, dass man mich zum Studium zugelassen hatte.

Ich schlug die Hände vors Gesicht und weinte. Endlich glaubte jemand an mich.

Das Schuljahr in Südkorea beginnt Anfang März, also blieben mir noch sieben Monate, bis ich an der Dongguk anfing. Da ich meinen Abschluss an der Heavenly Dream School in Seoul noch nicht offiziell in Händen hielt, wohnte ich weiter in der Schule und nahm hin und wieder am Unterricht teil, während ich mich auf die Uni vorbereitete. Nebenher arbeitete ich in einem Ramschladen und räumte im Hochzeitssaal eines feinen Hotels die Tische ab. Ich glaube kaum, dass ich diese Jobs bekommen hätte, wenn ich wie eine nordkoreanische Überläuferin geklungen oder ausgesehen hätte. Also ließ ich die Leute in dem Glauben, ich käme aus Seoul.

Ich war bereit, meine Vergangenheit zu vergessen und ein neues Leben als südkoreanische Studentin anzufangen. Dann jedoch bekam ich Ende 2011 einen Anruf vom Produzenten einer Reportagereihe beim Kabelsender EBS, dem Bildungsprogramm des öffentlichen Fernsehens. Er suchte nordkoreanische Überläufer, die er interviewen konnte, und hatte meinen Namen im Zusammenhang mit Hanawon genannt bekommen. Ich willigte ein, mich mit ihm zu treffen. Ich erzählte ihm die Geschichte meiner Flucht durch die Wüste und von meiner in China verschollenen Schwester. Am Ende unseres Gespräches erklärte er mir, er sei auf der Suche nach einem redegewandten, jungen Menschen, der aus Nordkorea geflohen und bereit sei, in seiner Sendung aufzutreten. Ob ich Interesse hätte?

Ich spürte, wie Panik in mir hochkam, und sagte sofort: »Nein!«

»Diese Sendung ist sehr beliebt, und man kann sie überall empfangen«, sagte der Produzent und sah mich an. »Vielleicht könnte sie ja dazu beitragen, Ihre Schwester zu finden.«

Diese Möglichkeit hatte ich noch gar nicht in Betracht gezogen. Durch das Internet findet südkoreanisches Fernsehen in ganz China Verbreitung. Wenn ich Eunmis Geschichte im

Fernsehen erzählte, würde sie das vielleicht mitbekommen und versuchen, Kontakt mit uns aufzunehmen. Und dann könnten wir ihr wiederum zur Flucht verhelfen.

Andererseits war es für mich ein großes Risiko, an die Öffentlichkeit zu treten. Mittlerweile lebten nicht nur unsere Freundinnen in Südkorea, sondern auch andere Frauen, die mich von früher kannten und wussten, was ich in China getan hatte, um zu überleben. Alle meine beruflichen Hoffnungen konnten sich zerschlagen, wenn diese Frauen sich zu Wort meldeten und mich bloßstellten.

Ich besprach das Angebot mit meiner Mutter, und wir kamen zu dem Schluss, dass es das Risiko wert war, wenn wir dadurch Eunmi finden konnten.

Es dauerte ein paar Tage, den Beitrag aufzunehmen. Meist filmten sie mich dabei, wie ich gemeinsam mit einem alten Exilanten über Strände und durch Vergnügungsparks spazierte, während ich über die Kluft zwischen der Generation von Nordkoreanern meines Alters, die Zugang zu ausländischen DVDs hatten, und der älteren Generation sprach, die von einer völlig anderen Denkweise geprägt war. Einmal brachten sie mich zu einer Akkordeonschule, die von einem nordkoreanischen Pärchen geleitet wurde, und man filmte mich, während sie Akkordeon spielten und Lieder aus der alten Heimat sangen. Von Trauer überwältigt fing ich vor laufender Kamera an zu weinen. Ich erzählte ihnen, dass Eunmi früher auch Akkordeon gespielt habe, damals als wir kleine Mädchen in Hyesan gewesen waren. Und dass ich sie seit fünf Jahren nicht mehr gesehen hätte und schrecklich vermisste.

Nachdem die Sendung im Januar 2012 im Fernsehen gelaufen war, schreckte ich jedes Mal zusammen, wenn mein Handy eine fremde Nummer anzeigte, weil ich immer hoffte, der Anruf könnte eine Nachricht von Eunmi aus China bringen. Doch die Tage vergingen ohne ein Lebenszeichen meiner Schwester.

Im März 2012 nahm ich mein Studium an der Dongguk auf. Die Universität war für mich wie ein gewaltiges Buffet des Wissens, und ich konnte mir den Teller gar nicht voll genug laden. In meinem ersten Jahr belegte ich neben meinem Hauptfach Polizeimanagement noch Kurse in englischer Grammatik und Konversation, in Kriminologie, Weltgeschichte, chinesischer Kultur, koreanischer und amerikanischer Geschichte, Soziologie und Globalisierung. Ich befasste mich mit der Geschichte des Kalten Krieges und vielem mehr. Nebenher las ich die großen westlichen Philosophen wie Sokrates und Nietzsche. Das alles war so neu für mich.

Endlich konnte ich etwas denken, das über Nahrung und ein sicheres Dach über dem Kopf hinausging, und es gab mir das Gefühl, ein vollständigerer Mensch zu sein. Ich hatte ja nicht geahnt, dass Wissen solche Glücksgefühle auslösen konnte. Als ich klein war, träumte ich davon, eines Tages einen ganzen Haufen Brot essen zu können. Jetzt wurden meine Träume größer.

Leider machten mir die praktischen Anforderungen meines Studiums das Leben schwer. In meiner allerersten Unterrichtsstunde teilte uns der Professor in Gruppen ein, die jeweils selbständig eine Präsentation erstellen sollten. Als ich zu meiner Gruppe stieß, musste ich den anderen gestehen, dass ich weder eine Ahnung hatte, was eine Präsentation war, noch inwiefern ich dazu etwas beitragen konnte. Die anderen setzten sich an die Computer, um PowerPoint hochzuladen, während man mich zur »Recherche« einteilte. Ich war mir nicht sicher, was das bedeuten sollte. Bis dahin hatte ich mir alles mehr oder weniger selbst beigebracht, und mir wurde klar, dass mein akademischer Werdegang in einer Katastrophe enden würde, wenn ich nicht sofort damit anfing, mich sowohl am Computer als auch in der Recherche zu üben. Neben meinen Seminaren und Vorlesungen brachte ich mir auch das noch bei.

Ich hatte mir eine winzige Kellerwohnung in der Nähe der Universität gesucht, war aber nicht oft dort. Während des Schuljahres lebte ich praktisch in der modernen, gläsernen Bibliothek der Dongguk mit ihren Unmengen fesselnder Bücher und einem schnellen Internetzugang. Sie wurde mein Arbeitszimmer, mein Esszimmer und gelegentlich sogar mein Schlafzimmer. Am liebsten war mir die Bibliothek am Abend, wenn ich dort fast allein war und mich niemand ablenkte. Brauchte ich eine Pause, ging ich in einen kleinen Garten, in dem eine Bank stand, von der aus man die ganze Stadt überblicken konnte. Oft kaufte ich mir für ein paar Cent einen Kaffee aus dem Automaten, saß nur da und betrachtete das Meer der Lichter von Seoul. Manchmal wunderte ich mich, wie es sein konnte, dass hier so viel Licht brannte, während gerade mal fünfzig Kilometer entfernt ein ganzes Land im Dunkeln lag. Selbst mitten in der Nacht war die Stadt erfüllt von flimmernden Schildern, blinkenden Sendemasten und hell beleuchteten Straßen. Die Scheinwerfer der Autos sahen aus wie Blutkörperchen, die durch Adern flossen. Alles war miteinander verbunden und doch so fern von mir. Dann fragte ich mich: Wo ist mein Platz da draußen? Bin ich Nordkoreanerin oder Südkoreanerin? Oder keins von beidem?

Seltsamerweise bereitete mir der Kurs »Nordkorea verstehen« die größten Schwierigkeiten. Zum ersten Mal erfuhr ich Details über das politische und wirtschaftliche System, in das ich hineingeboren wurde. Meist war ich damit beschäftigt, meine Kinnlade festzuhalten, damit ich nicht mit offenem Mund dasaß. Ich konnte nicht glauben, dass das öffentliche Verteilungssystem den meisten Bürgern vor der Hungersnot eine Ration von 700 Gramm Getreide *pro Tag* zugestanden hatte. Als ich klein war, wären wir froh gewesen, wenn wir so viel pro Woche für die ganze Familie hätten kaufen können! Es hieß, den Säuberungsaktionen des Großen Führers Kim Il-sung seien bis zu 1,6 Millionen Menschen zum Opfer gefallen. Ich fühlte mich wie unter Schock. Nach wie vor fiel es mir schwer, für bare Münze zu nehmen, was man mir da erzählte, auch wenn vieles inzwischen mehr Sinn ergab als der Glaube daran, dass Kim Jong-il mit seinen Gedanken das Wetter beeinflussen konnte.

Obwohl ich normalerweise im Unterricht am liebsten ganz vorn saß, um mir viele Notizen zu machen und besser Fragen stellen zu können, habe ich mit dem Leiter dieses Seminars nie ein Wort gewechselt. Und ich habe ihm auch nie erzählt, dass ich aus Nordkorea kam.

Ich ging davon aus, dass mich niemand an der Dongguk in dieser EBS-Sendung gesehen hatte, und von selbst gab ich keine Informationen über mich preis. Die Studenten in meinem Hauptfach wussten Bescheid, aber sonst niemand. Nicht einmal alle meine Freunde ahnten etwas über meine Herkunft. Vielleicht hätte ich mein Scheinleben aufrechterhalten können, wenn ich bereit gewesen wäre, meine Suche nach Eunmi aufzugeben. Doch das war mir unmöglich.

Kurz nach der EBS-Sendung rief mich die Produzentin einer neuen Show namens *So lernen wir uns kennen* an, die im Kabelfernsehen lief. Sie wollte, dass ich dort auftrat.

Damals war *So lernen wir uns kennen* eine Talk- und Talentshow, bei der hübsche, junge Frauen mit Prominenten plauderten, sangen, tanzten und in Sketchen auftraten. Was diese Sendung allerdings von anderen unterschied, war die Tatsache, dass diese Frauen allesamt aus Nordkorea stammten. (Später wurden auch Männer und ältere Frauen zugelassen.) Die Show sollte ein größeres Bewusstsein für die Überläufer schaffen und das

Klischee der Nordkoreaner als grimmige, roboterhafte, langweilige Menschen widerlegen. Die Sketche machten sich über das Leben im »Einsiedlerreich« lustig, aber auch über die Vorurteile, mit denen Überläufer im Süden zu kämpfen hatten. Die Produktion der Sendung lag in Händen der Unterhaltungsredaktion, und dementsprechend war der Ton so heiter wie das moderne, farbenfrohe Studio. Die meisten Witze waren albern und die Interviews stark zusammengeschnitten, aber darin lag auch ein Teil des Charmes.

So lernen wir uns kennen erfreute sich schon bald einer großen Anhängerschaft unter den Südkoreanern, die kaum etwas über Nordkorea wussten, und Umfragen zufolge verbesserte sich deren Einstellung zu den Überläufern dadurch enorm. Am Ende der Sendungen bekam eine der nordkoreanischen Frauen Gelegenheit, jemandem, den sie in der Heimat zurückgelassen hatte, eine Botschaft zu senden. Das war jedes Mal ein tränenreicher Moment, der den quälenden Schmerz hinter dem Lächeln all dieser hübschen Frauen überdeutlich machte.

Anfangs lehnte ich das Angebot ab, bei dieser Show aufzutreten. Ich hatte die Hoffnung noch nicht aufgegeben, dass die EBS-Sendung eine Reaktion von Eunmi bringen würde. Als dann jedoch Wochen und Monate ins Land gingen, wurde mir klar, dass ich ein größeres Publikum erreichen musste, um meine Schwester zu finden. *So lernen wir uns kennen* schien mir dafür genau das Richtige zu sein. Noch immer fürchtete ich, dass mich jemand von früher erkennen würde, aber ich verdrängte den Gedanken und machte einfach drauflos – das konnte ich schon immer gut.

Noch vor der ersten Aufzeichnung bat ich darum, meinen richtigen Namen nicht zu verraten, weil ich glaubte, dadurch unerkannt bleiben und meine Verwandten in Nordkorea schützen zu können.

In dem Auswahlgespräch erzählte ich, dass das Leben für mich und meine Familie oft schwer gewesen sei, obwohl wir früher zu den Privilegierteren gehört hätten. Dass ich heimlich südkoreanische Videos angeschaut und Nintendo gespielt hätte, dass mein Vater Parteimitglied gewesen sei und ich sogar nach Pjöngjang hätte reisen dürfen. Die meisten anderen Frauen, die interviewt wurden – es war erst die dritte Show –, stammten aus bitterarmen Familien der nördlichen Provinzen und hatten grauenvolle Geschichten über Hunger und Elend zu erzählen. Im Vergleich dazu schien ich zur Elite zu gehören, und so jemanden brauchten sie als Kontrast.

Da ich selbst kaum noch daran dachte, sah ich keinen Grund, näher darauf einzugehen, wie es uns nach der Verhaftung meines Vaters ergangen war, dass meine Schwester und ich monatelang allein in unserem eiskalten Haus in Hyesan ausgeharrt hatten, mit kaum etwas zu essen und ohne Licht, in drückender Finsternis. Ich wollte nicht erzählen, dass meine Schwester und ich die Hügel nach Essbarem abgesucht hatten, dass wir Blätter gekaut und Libellen geröstet hatten, um etwas in den Magen zu bekommen. Und auch nicht von den Leichen, die wir auf unserem Schulweg am Straßenrand liegen sahen. Und ganz bestimmt nicht von dem, was in China passiert war.

Als man mich für die Sendung vorbereitete, verwandelte man mich in Ye-ju, eine privilegierte Nordkoreanerin. Ich löste meinen mädchenhaften Pferdeschwanz, zog Kleid und Pumps an und ließ mich von den Maskenbildnern in eine nordkoreanische Cinderella verwandeln. Die Gesangs- und Tanznummern lernte ich schnell und war gern bereit, mit Prominenten über alles zu plaudern, was sie hören wollten. Ich hoffte nur, meine Stimme wäre auch in China noch zu hören.

Nach dieser ersten Sendung luden mich die Produzenten wieder ein, und eine Weile war ich regelmäßig dort zu Gast.

Vor jeder Aufnahme mailten die Produzenten und Autoren allen Teilnehmern eine Liste mit Fragen zum Thema der jeweiligen Sendung. Im Studio gingen wir dann gemeinsam das Skript durch, das sich an unseren Antworten orientierte. In einem davon wurde ich als »Paris Hilton« von Nordkorea bezeichnet. Ich musste erst im Internet nachsehen, wer das war. Als meine Mutter später in der Sendung auftrat, zeigte man einige unserer Familienfotos, auf denen sie modisch gekleidet war. »Eigentlich ist meine Mutter die Paris Hilton«, sagte ich. »In Nordkorea hatte sie sogar Chanel-Handtaschen!« Allerdings behielt ich für mich, dass diese Handtaschen Secondhandkopien aus China waren. Und auch, dass unser begütertes Leben nicht von langer Dauer war. Meine Mutter und ich versuchten, Antworten zu geben, die das Publikum vermeintlich von uns hören wollte. Es war so wie damals, als ich nachgeplappert hatte, dass Pink meine Lieblingsfarbe sei, nur um meiner Lehrerin zu gefallen.

Verglichen mit einigen der anderen Frauen aus der Show hatten wir allerdings wirklich ein privilegiertes Leben geführt. Selbst in unseren ärmsten Zeiten waren wir immer noch besser dran als die Straßenkinder, die am Bahnhof betteln mussten, die noch nie ein Stück Seife benutzt oder Fleisch gegessen hatten. Einige der Frauen im Studio hatten genau das und Schlimmeres erlebt. Ich weiß nicht, ob es daran lag, dass ich die Abscheulichkeit der Kims nicht wahrhaben wollte, oder daran, dass ich mich am liebsten von Nordkorea distanziert hätte, aber manchmal dachte ich doch, dass meine »Schwestern« ihre Not hin und wieder etwas übertrieben.

»Sie dachte, die anderen lügen«, erklärte meine Mutter dem Moderator in einer Sendung, für die ich mich bis heute schäme. »Manchmal ruft mich Yeonmi nach einer Folge an und fragt: ›Bin ich wirklich Nordkoreanerin? Mitunter verstehe ich gar nicht, was die anderen da erzählen.‹«

Wir waren beide gefangen in unseren Rollen, und meine Mutter hatte recht, wenn sie sagte, ich wüsste nicht, wie sehr andere Menschen litten. Doch sie hatte auch recht, wenn sie sagte, die Show würde mich verändern, weil ich dort »viel über das wahre Leben in Nordkorea erfuhr«.

Mit der Zeit begann ich, genauer zuzuhören, was die anderen Frauen berichteten. Ihre Geschichten bestätigten das, was ich an der Uni lernte. Wie Zeugen vor Gericht sagten meine Schwestern gegen ein herzloses Regime aus, das Menschen wie Dreck behandelte. Jede dieser Geschichten weckte weitere Erinnerungen in mir und bestärkte mich in meinem Vorhaben. Kim Jong-il, der doch angeblich ewig leben sollte, war 2011 gestorben, und sein pummeliger, kleiner Sohn Kim Jong-un hatte ihn als Diktator beerbt. Die Kims, die ich einst wie Götter angebetet hatte, entpuppten sich nun als Verbrecher. Und Verbrecher mussten bestraft werden.

Leider half diese Fernsehshow nicht, meine Schwester ausfindig zu machen. Unter Tränen hatte ich Eunmi vor laufender Kamera eine Nachricht gesandt und sie angefleht, Kontakt zu uns aufzunehmen, falls sie mich irgendwo hören konnte. Doch erntete ich nur Schweigen.

KAPITEL 23

Glückliche Fügung

Rückblickend mag es verrückt gewesen sein zu glauben, ich könnte im Fernsehen auftreten und trotzdem mein Leben als südkoreanische Studentin von meiner Identität als nordkoreanische Überläuferin trennen. Da mein Name nicht genannt wurde und ich bei den Aufzeichnungen von *So lernen wir uns kennen* stark geschminkt war, hoffte ich, dass man mich nicht erkennen würde. Aber es war letztlich unvermeidbar, dass die meisten meiner Professoren und Freunde an der Dongguk mitbekamen, dass ich in dieser Sendung auftrat, und einige waren schockiert und enttäuscht, dass ich mich ihnen nicht anvertraut hatte. Dabei war ich mir doch selbst weder sicher, wer ich war, noch wer ich eigentlich sein wollte. Gelegentlich wurde ich auf der Straße angesprochen – was mich meist erschreckte. Und ich konnte erst wieder aufatmen, als ich sicher war, dass es sich bei dem Menschen, der da auf mich zukam, um einen Fan aus der Sendung handelte und nicht um einen nordkoreanischen Geheimagenten oder um jemanden, der mich von früher aus China kannte.

Mit der Zeit zehrte es an meinen Kräften, gleichzeitig mit vollem Einsatz zu studieren, in einer Fernsehshow aufzutreten und dazu noch weitere Online-Kurse zu belegen. Ich war so beschäftigt, dass ich kaum schlief und oft zu essen vergaß. In meinem Fachbereich waren sowohl sportliche und militärische Übungen als auch Seminararbeit gefragt, und als das Semester begann, musste ich unter der Woche fast jeden Tag zum Fitnesstraining. Irgendwann wog ich unter vierzig Kilo, und mir war oft schwindlig. Irgendwann war ich der körperlichen Anstrengung nicht länger gewachsen und musste das Training einstellen. Trotzdem verlor ich weiter an Gewicht, und während der Abschlussexamina brach ich zusammen und landete in der Notaufnahme. Die Ärzte erklärten mir, ich litte unter Stress und sei unterernährt. Ich arbeitete mich buchstäblich zu Tode.

Das Training aufgeben zu müssen schränkte meine Möglichkeiten bei den Strafverfolgungsbehörden erheblich ein. Also dachte ich mir, ich könnte doch vielleicht Jura studieren. Je mehr ich über Gerechtigkeit erfuhr, desto besser gefiel sie mir. Allerdings war mir auch klar, dass ich – egal was ich studieren wollte – Englisch sprechen musste, nur kam ich nicht schnell genug voran. In den Semesterferien im Juli und August besuchte ich einen Sprachkurs an einer Englisch-Schule auf der philippinischen Tropeninsel Cebu.

Ich hatte das Geld von meinen Fernsehauftritten gespart, und zum allerersten Mal in meinem Leben tat ich etwas für mich ganz allein. Zuerst wollte ich gar nicht, aber meine Freunde konnten mich dann doch überreden. Ich war so gespannt darauf, mehr von der Welt zu sehen und dabei gleichzeitig etwas zu lernen. Da die Schule jedoch hauptsächlich von Südkoreanern besucht wurde, bekam ich nicht oft Gelegenheit, mich im Englischen zu üben. Ich fand viele Freunde, die mich für eine Südkoreanerin hielten, ich aß Mangos, saß im seichten Wasser und beobachtete, wie die bunten Fische um meine Zehen flitzten. Schwimmen konnte ich immer noch nicht, aber manchmal nahmen mich meine Freunde huckepack mit ins tiefe Wasser, so wie meine Schwester früher im Jalu.

Langsam zweifelte ich daran, ob ich sie jemals wiedersehen würde.

Meine Zensuren für das erste Semester wurden im Internet bereitgestellt. Unter den fast 90 Studenten in meinem Hauptfach lag ich auf Platz 33. Das erstaunte alle – mich eingeschlossen –, denn schließlich war Polizeimanagement das anspruchsvollste Fach der ganzen Hochschule. Meine Leistungen verbesserten sich noch im Laufe des folgenden Jahres, und zum Ende des Frühlingssemesters 2013 lag ich auf dem 14. Platz meines Jahrgangs. Damit bewies ich nicht nur der Schulleitung, dass eine nordkoreanische Überläuferin mit Südkoreanern mithalten konnte – ich bewies es auch mir selbst. Endlich lebte ich ein Leben ohne Grenzen.

Im Sommer 2013 beschloss ich, sowohl den Unterricht als auch die Fernsehshow für eine Weile ruhen zu lassen. Meine Mutter und ich hatten uns damit abgefunden, dass Eunmi möglicherweise sehr lange verschollen bleiben würde, obwohl wir nach wie vor Hoffnung hatten, dass sie noch am Leben war, irgendwo. Meine Mutter hatte einen gutherzigen Mann kennengelernt, der seine eigene kleine Firma besaß, sodass auch endlich ihr gewalttätiger Freund aus unserem Leben verschwand. Da sie nun alles in allem glücklicher und gefestigter war, hatte ich keine Bedenken, sie für einige Monate allein zu lassen.

Ich las die Biografien amerikanischer Helden der Bürgerrechtsbewegung wie Martin Luther King und Rosa Parks, die ihr Leben riskiert hatten, um andere zu befreien. Ihre Geschichten zogen mich magisch an, ebenso wie der Gedanke, dass man sich auf etwas einlassen muss, das größer ist als man selbst, um seinem eigenen Leben einen Sinn zu geben. Das hatte meine Mutter schon immer gewusst. Um glücklich zu sein, sagte sie, müsse man anderen geben, ganz gleich wie viel man selbst zum Leben hat. Wer anderen etwas gibt, gibt damit auch seinem eigenen Leben einen Wert. Abgesehen von dem, was ich für meine

Familie getan hatte, drehte sich mein Leben bis dahin eigentlich nur um mich. Statt mich auf meine eigenen Bedürfnisse zu konzentrieren und Tag und Nacht Wissen in mich hineinzustopfen, wollte ich nun etwas für andere tun.

Damals, an der Heavenly Dream School in Seoul, hatten wir Besuch von »Youth With a Mission«, einer christlichen Jugendgruppe aus Tyler in Texas, bekommen. Die erzählten mir von einem freiwilligen, fünfmonatigen Missionsdienst, zu dem auch zwölf Wochen Bibelstudium in Texas gehörten. Dieser Einsatz gab mir die Möglichkeit, etwas von der gewaltigen Schuld abzutragen, die ich den Missionaren gegenüber empfand, die so viel geopfert hatten, um mir zur Flucht in die Mongolei zu verhelfen. Und außerdem konnte ich so nach Amerika reisen und etwas von der Welt sehen, ohne viel Geld aufbringen oder fließend Englisch sprechen zu müssen. Ich war nach wie vor keine fromme Christin, und doch reizte mich die Herausforderung, mit diesen engagierten jungen Leuten zu arbeiten.

Ich fühlte mich etwas unwohl, als das Flugzeug auf dem George Bush International Airport in Houston landete, wenn auch diesmal nicht, weil mir schwindlig war. Mit einem Mal befand ich mich in Feindesland. Als wir nacheinander aus der Maschine stiegen, war mein Kopf voller Bilder von großnasigen Yankee-Soldaten, die hilflose nordkoreanische Mütter mit ihren Bajonetten aufspießten. Die Propaganda aus meiner Kindheit war noch tief in mein Hirn eingegraben, und die Gefühle, die man mir antrainiert hatte, kamen manchmal ohne jede Vorwarnung hoch. Was machte ich hier? Was wollte ich bei diesen bösen Menschen? Nachdem ich mich jedoch im Flughafen einmal umgesehen hatte, verflüchtigte sich meine Angst. Da waren Eltern, die ihre Kinder bei der Hand führten, Leute aßen Pommes, Pulks von Teenagern in Mannschaftstrikots. Der einzige Unterschied war, dass wir eine andere Sprache sprachen. Ich staunte, wie schnell eine Lüge im Angesicht der Wahrheit ihre Macht verlor. Innerhalb von Minuten löste sich in Luft auf, was ich jahrelang geglaubt hatte.

Ich stieg um und flog nach Tyler, einer kleinen Stadt etwa 150 Kilometer südöstlich von Dallas. Deren Flughafen war insgesamt etwa so groß wie die Wartehalle von Incheon, und im Stillen wunderte ich mich: *Das ist Amerika? Ich dachte, es sei viel größer.* Ein südkoreanischer Missionar holte mich ab und fuhr mit mir meilenweit an Feldern entlang und dann durch das Eingangstor der ehemaligen Ranch, die nun von »Youth With a Mission« genutzt wurde. Wir hielten immer noch nicht an. Schließlich musste ich mir nun doch eingestehen, wie groß Amerika war. Und es kam mir sogar noch größer vor, als mich etwa eine Stunde später ein paar Studenten zum nächsten Walmart Supercenter mitnahmen, um dort Lebensmittel einzukaufen. Ich glaube, es war der nobelste Laden, den ich je gesehen hatte, und ich konnte seine Dimensionen gar nicht fassen. Selbst die Produkte waren gigantisch. Ich nahm eine riesige blaue Packung Haferflocken, auf der ein freundlicher Opa abgebildet war. Und ich musste unbedingt die orangenen Käsemakkaroni probieren, die man in der Mikrowelle zubereiten konnte, was ich irgendwie aufregend fand. Ich kaufte eine Tüte Tortilla-Chips, die fast so groß war wie ich selbst. Und ich kaufte mir ein paar Sachen zum Anziehen und ein Paar Sportschuhe von Adidas, die für mich immer unerschwinglich gewesen waren.

So weit war Amerika wirklich beeindruckend.

Auf der Ranch hatten sich Dutzende von Bibelschülern aus der ganzen Welt, von Thailand bis Südamerika, zusammengefunden, um an verschiedenen Programmen teilzunehmen, wie beispielsweise dem Vorbereitungsprogramm für neue Jünger, in dem wir mehr »über Gott, die Welt und uns selbst« erfahren sollten. Ich verbrachte viel Zeit mit einer anderen nordkoreanischen Überläuferin und einigen südkoreanischen Missionaren. Ich hatte also einige Leute, mit denen ich mich unterhalten konnte – leider nur selten auf Englisch. Deshalb nutzte ich jede sich bietende Gelegenheit, mit Amerikanern zu sprechen. Und dann fand ich heraus, dass ich eigentlich lieber Spanisch hätte lernen sollen. Nach der Einarbeitung würden etwa zwanzig von uns auf eine zweimonatige Mission nach Costa Rica gehen.

Wir landeten in der Hauptstadt San José und fuhren dann mit dem Bus an die Küste in das Fischerstädtchen Golfito. Unsere Aufgabe bestand darin, das Evangelium zu predigen und Menschen zu helfen, die in Not waren. Wir kümmerten uns um Prostituierte und Drogenabhängige, wir sammelten Müll und putzten Unterkünfte und taten ganz allgemein Gutes. Es war Spätsommer, Regenzeit, und die Nächte waren fast so heiß wie die Tage. Manche von uns schliefen auf dem Balkon im Haus des Pastors, das an Sonntagen auch als Kirche genutzt wurde. Wir schliefen auf durchnässten Schlafsäcken, und wenn wir auch unter Moskitonetzen lagen, hatte ich doch in meinem ganzen Leben noch nie so viele Insektenstiche. Meine Beine waren geschwollen und entzündet, und ich fühlte mich so elend, dass ich schon daran dachte, aufzugeben und nach Hause zu fliegen.

Dann jedoch geschah etwas Bemerkenswertes: Trotz meiner Not hörte ich auf, für mich selbst zu beten. Zum ersten Mal in meinem Leben betete ich für andere. Und dadurch wurde mir bewusst, wozu ich auf der Welt war.

Dieses Gefühl wuchs nun schon seit einer Weile in mir heran. Ich hatte ein beeindruckendes Buch gelesen. Es hieß *Schlag niemanden, auch nicht mit Blumen*, geschrieben von einer berühmten koreanischen Schauspielerin namens Kim Hye-ja, die eine Botschafterin für die Hilfsorganisation World Vision International geworden war, nachdem sie in den 1990ern die äthiopischen Hungercamps besucht hatte. Ihr bewegender Bericht über das Elend in Afrika, Indien und anderen Ländern öffnete mir die Augen. Ich begriff, von welch entscheidender Bedeutung Mitgefühl ist.

Bevor ich Kim Hye-jas Buch gelesen hatte, dachte ich, Nordkoreaner seien die Einzigen auf der Welt, die leiden mussten. Und obwohl viele Überläufer offen von Hunger und Brutalität berichteten, gaben doch nur wenige Frauen öffentlich zu, vergewaltigt oder verkauft worden zu sein. Und schon gar nicht, wenn sie damals noch kleine Kinder gewesen waren. Die Schande schien ihnen einfach zu groß. Also dachte ich, ich sei die Einzige, die diese schrecklichen Dinge hatte erleiden müssen. Nun jedoch las ich, dass es Mädchen auf der ganzen Welt so erging. Ich war nicht allein. Es führte mir vor Augen, dass ich zu sehr mit meinem eigenen Schmerz beschäftigt war. Noch immer jedoch brachte ich es nicht fertig, um das Leid eines anderen zu weinen. Nach allem, was ich wusste, war das unmöglich, denn um mich hatte ja auch noch nie ein Fremder geweint.

Ich hatte mir »Youth With a Mission« ausgesucht, weil diese Leute den Ärmsten der Armen halfen, doch wurde mir bald klar, dass ich nicht für andere Menschen dort war, sondern um meiner selbst willen. Diese obdachlosen Männer und Frauen in Costa Rica mochten meinen, ich verteilte den Reis und sammelte den Müll für sie – dabei tat ich es für mich.

Während ich anderen half, wurde mir klar, dass ich offenbar schon immer in der Lage gewesen war, Mitgefühl zu empfinden, ohne jedoch etwas davon zu wissen, geschweige denn, es ausdrücken zu können. Ich begriff, dass ich, wenn ich zum Mitgefühl für andere Menschen fähig war, vielleicht auch irgendwann mir selbst gegenüber etwas nachsichtiger sein konnte. Ich befand mich auf dem Weg der Besserung.

Als unsere Zeit in Costa Rica um war, flogen wir zurück in die Vereinigten Staaten, wo wir in Atlanta zum Einsatz kamen.

Das Obdachlosenheim, in dem wir arbeiteten, kam mir vor wie ein Palast. Den Bewohnern standen Betten, Laptop-Computer und ein Kühlschrank zur Verfügung, in dem sie ihre Getränke kühlen konnten. Es stand ihnen frei, zu kommen und zu gehen, wann sie wollten. Und doch waren sie mutlos und unglücklich. Die Obdachlosen glaubten, sie hätten nichts zu geben. Das fand ich doch erstaunlich.

Unsere Gruppe verteilte Hot Dogs und putzte die Zimmer. Wenn wir damit fertig waren, wurden wir einem Obdachlosen zugeteilt, mit dem wir uns unterhalten sollten. Mein Englisch war nach wie vor sehr beschränkt, also erzählte ich meine Geschichte mit Händen und Füßen. Er verstand, dass ich aus einem Land namens Nordkorea kam und eine wahnwitzige Flucht hinter mir hatte. Pantomimisch stellte ich Hunger und Angst vor der Polizei dar. Als ich zitterte und am Boden kriechend »Sand, Sand, Sand!« sagte, verstand er, dass ich durch die Wüste entkommen war. Nachdem ich meine Geschichte zu Ende erzählt hatte, merkte ich, dass er weinte. Ich sagte ihm, ich wollte nur in Freiheit leben, genau wie die Menschen in Amerika.

Die Reaktion dieses Mannes führte mir vor Augen, dass meine Geschichte andere Menschen berührte. Das gab mir Hoffnung für mein eigenes Leben. Indem ich von meiner Vergangenheit erzählte, hatte auch ich etwas zu geben.

Und noch etwas lernte ich an diesem Tag. Jeder hat seine eigene Wüste. Sie mag ganz anders sein als meine Wüste, und doch muss jeder sie durchqueren, um einen Sinn im Leben zu finden und frei zu sein.

Als unser Programm im November zu Ende ging, lud eine Freundin mich und einen Jungen aus Nordkorea ein, Thanksgiving bei ihren Eltern in Virginia zu verbringen. Esther Choi war eine Amerikanerin mit koreanischen Wurzeln, deren Eltern Südkorea vor etwa dreißig Jahren den Rücken gekehrt hatten. Es war mir eine Ehre, diese Familie besuchen zu dürfen, und ich fühlte mich ihr gleich verbunden. Fern der Heimat halten die Koreaner in Amerika liebevoll an ihren Traditionen fest. Sie glichen eher Nordkoreanern, nicht so sehr den Südkoreanern, die ich kannte. Und sie hatten einen altmodischen Wortschatz, mit dem ich wohlvertraut war.

Es war mein erstes Thanksgiving in Amerika, und mir gefiel die Idee, einen Feiertag zu haben, an dem man dankbar ist für das, was das Jahr gebracht hat. Esthers Mutter wollte einen großen Truthahn zubereiten, und dazu sollte es verschiedene koreanische Gerichte geben, unter anderem auch Kimchi. Ich war ganz aufgeregt, weil ich schon so lange kein Kimchi mehr gegessen hatte, mein absolutes Lieblingsgericht. Einige Tage vor dem Fest war ich mit Esther und ihrer Mutter im Auto unterwegs, um speziellen Kohl aus einem Garten zu holen, den Verwandte von ihnen in der Nähe hatten, als mein Handy klingelte.

Es war meine Mutter in Südkorea. Sie klang hysterisch.

»Yeonmi! Deine Schwester! Ich habe deine Schwester gefunden!«

Mein Herz setzte einen Schlag aus. Dann atmete ich tief durch. Schon früher hatten Leute aus China behauptet, sie hätten Eunmi gefunden, dabei waren sie nur auf die Belohnung aus gewesen. Sie hatten uns Hoffnungen gemacht, die sich dann als Schwindel entpuppten.

»Was soll das heißen, *Umma*? ›Du hast sie gefunden?‹«, fragte ich.

»Sie ist hier in Südkorea. Im National Intelligence Center. Die haben eben angerufen.«

Ich kreischte so laut, dass Esther und ihre Mutter dachten, es sei was Schlimmes passiert. Meine Mutter und ich weinten und redeten gleichzeitig. Wir konnten beide nicht glauben, dass es stimmen sollte, und hofften es doch umso mehr. Meine Mutter meinte, sie hätte Erlaubnis bekommen, Eunmi morgen zu besuchen, in demselben Auffangzentrum, in dem man auch uns anfangs untergebracht hatte. Sie wollte ihr Handy mitnehmen, damit ich mit Eunmi sprechen konnte.

Seit fast sieben Jahren hatte ich von meiner Schwester nichts mehr gehört und gesehen. Plötzlich konnte ich es gar nicht erwarten, schnell genug wieder nach Südkorea zu kommen. Wir fuhren zum Haus zurück, damit ich mein Ticket umbuchen konnte. Eigentlich hatte ich noch ein paar Monate bleiben wollen, um mehr von Amerika zu sehen. Jetzt wollte ich nur noch nach Hause.

In der Nacht konnte ich nicht schlafen. Die Gedanken donnerten durch meinen Kopf wie ein Fluss, dessen Dämme gebrochen waren. Alle Mauern, die ich errichtet hatte, um mich vor dem Schmerz zu schützen, dass ich meine Schwester verloren hatte, waren eingestürzt, und nun brach alles auf mich ein, absolut alles, das Gute wie das Schlechte. Ich wusste nicht, wie ich das überstehen sollte.

Am nächsten Tag bekam ich keinen Bissen herunter, und ich rannte unruhig im Haus auf und ab, bis das Telefon klingelte und ich die Stimme meiner Schwester hörte. Ich war unglaublich erleichtert, wusste aber überhaupt nicht, was ich sagen sollte.

»Ich komme so bald wie möglich«, versprach ich ihr, nachdem eine eher bedrückende Minute vergangen war.

»Ja, bis bald«, sagte sie leise, verunsichert.

Da hörte ich etwas in ihrer Stimme, das mir schier das Herz brach. Sie klang wie mein Vater, nachdem man ihn krank aus dem Lager entlassen hatte. Sie klang wie eine Gefangene. Es war die zögerliche Stimme eines Menschen, der fürchtete, etwas

Falsches zu sagen, der Angst hatte, bestraft zu werden. Ich hörte darin meine eigene Stimme, wie sie durch die Jahre hallte und mir in Erinnerung rief, wie weit mein eigener Weg gewesen war.

Drei Tage brachte ich in Flugzeugen und in den Wartebereichen diverser Flughäfen zu, bis ich endlich wieder zu Hause war. Normalerweise isoliert man Überläufer während der Verhörphase, aber die freundlichen NIS-Agenten machten für mich eine Ausnahme, damit ich Eunmi besuchen konnte, um sie zu »identifizieren«. Man führte mich in einen Besuchsraum, und da saß sie – meine Schwester, von der ich doch geglaubt hatte, dass ich sie nie mehr wiedersehen würde, dasselbe herzförmige Gesicht, dieselben winzigen Hände. Auch diesmal wussten wir kaum, wie wir miteinander sprechen sollten. Wir hielten uns nur bei den Händen und weinten. Ich betete im Stillen zu meinem Vater, der sicher von irgendwo weit oben lächelnd auf uns herabsah. Es war geschafft.

Eunmis Geschichte gehört ihr allein, und ich werde ihre Privatsphäre achten. Sagen möchte ich nur, dass sie während ihrer Zeit in China keinen meiner Fernsehauftritte gesehen hatte. Sie wusste weder, dass wir aus Nordkorea geflohen waren, noch dass wir sie die ganze Zeit über gesucht hatten. Es war zum Verrücktwerden, als wir herausfanden, wie nah wir uns räumlich gewesen waren. Wie vermutet hatte man Eunmi und ihre Freundin in einem der Häuser der Menschenhändler am Stadtrand von Hyesan versteckt, während meine Mutter und ich uns auf die Flucht vorbereiteten und dort nach ihr suchten. Wir hatten nicht gewusst, dass uns an jenem schrecklichen Tag nur eine dünne Wand trennte. Bei einem Vergleich unserer Aufzeichnungen stellten wir fest, dass Eunmi nicht weit von Shenyang gelebt hatte, als meine Mutter und ich dort im Chatroom arbeiteten.

Wir waren uns ganz nah gewesen und doch in einer anderen Welt. Da sich alle vor der Polizei versteckten, gab es kaum Gelegenheit, sich zufällig über den Weg zu laufen.

Schließlich hatte Eunmi von der Fluchtroute durch Südostasien erfahren und es auf diesem Weg ganz allein bis nach Südkorea geschafft. Sie war gar nicht darauf angewiesen, dass wir ihr zur Flucht verhalfen.

Als meine Schwester aus Hanawon entlassen wurde, zog sie zu mir in meine Wohnung nahe der Dongguk. Sie suchte sich einen Halbtagsjob und fing an, für ihren Schulabschluss zu lernen, genau wie ich. Da Eunmi von uns beiden schon immer die bessere Schülerin gewesen war, ging ich davon aus, dass sie noch schneller aufholen würde als ich, und so kam es auch. Nach drei Monaten machte sie ihren mittleren Abschluss und brauchte nur weitere sieben Monate für ihr Highschool-Examen. Doch sehr lange wirkte meine Schwester distanziert und wie gefangen, als wäre in ihrem Herzen kein Platz für mich oder meine Mutter. Wir konnten sie gut verstehen und ließen ihr den Freiraum. Es sollte der Tag kommen, an dem Eunmi uns wieder in ihr Herz schloss – und noch viel mehr.

KAPITEL 24

Heimkehr

Wir Koreaner lieben das Neue Jahr so sehr, dass wir es gleich zweimal feiern, erst mit westlichen Partys und Feuerwerk um Mitternacht, zu Beginn des neuen Sonnenjahres, und dann ein zweites Mal mit noch mehr Feuerwerk und dreitägigen Festivitäten zur Feier des neuen Mondjahres Ende Januar, Anfang Februar. Das ist die Zeit, in der wir mit unseren Familien zusammenkommen und darüber nachdenken, was gewesen ist und was werden soll. Seit unserer Flucht 2007 hatten meine Mutter und ich diese Feste nicht mehr gefeiert, weil es uns nur traurig gestimmt hätte. Das Neujahrsfest 2014 war allerdings alles andere als traurig. Eunmi war in Sicherheit. Und ich hatte große Pläne.

Als Erstes wollte ich wieder zur Uni, um meinen Abschluss zu machen. Ich hatte im Hauptfach Polizeimanagement gewählt, weil ich später zur Polizei gehen wollte, um Frauen wie meine Mutter vor gewalttätigen Männern zu beschützen. Je mehr sich mein Horizont jedoch erweiterte, desto umfassender wurde auch mein Sinn für Gerechtigkeit, und nun wollte ich am liebsten Strafrecht studieren. Ich konnte ja nicht ahnen, dass ich innerhalb eines Jahres zum Sprachrohr für Nordkoreaner werden würde, die keine Stimme und keine Hoffnung hatten – für Menschen wie mich. Und auch nicht, dass ich auf der internationalen Bühne stehen würde, um für Gerechtigkeit auf der ganzen Welt einzutreten. Und auch nicht, dass mich das nordkoreanische Regime als »Menschenrechtsmarionette« denunzieren würde. Und ich hätte auch nie gedacht, dass ich eines Tages preisgeben würde, was mir in China zugestoßen war. Doch bald schon sollte ich feststellen, dass ich, wenn ich wirklich frei sein wollte, mich meiner Vergangenheit ganz und gar stellen musste.

Mein Jahr der Wahrheit begann vor allem mit dem Vorsatz, endlich richtig Englisch zu lernen. Selbst nachdem ich Monate unter Missionaren zugebracht hatte, konnte ich immer noch kein richtiges Gespräch führen. Also schrieb ich mich in Seoul für einen Intensivkurs ein, der nordkoreanische Überläufer mit freiwilligen Muttersprachlern zusammenbrachte. Statt bei nur einem Lehrer meldete ich mich bei allen zehn gleichzeitig an. Sie ließen mich alles Mögliche lesen, von Shakespeare bis Frederick Douglass, dem amerikanischen Exsklaven, der entschlossen gegen die Sklaverei kämpfte. Sein trotziger Brief an seinen ehemaligen Herrn weckte meine Fantasie, was für einen Brief ich wohl Kim Jong-un schreiben würde, wenn ich denn den Mut hätte. Vielleicht würde ich ihm – wie Douglass – schreiben, dass ich ein menschliches Wesen war und ihm nun nicht mehr gehörte. Jetzt gehörte ich mir selbst.

Wenn ich nicht gerade las oder Unterricht hatte, hörte ich englische Hörbücher und TED-Talks – sogar im Schlaf. Ich lud mir alle zehn Staffeln der amerikanischen Fernsehserie *Friends* herunter. Mit Ross und Rachel kenne ich mich nun aus. Nach Ansicht meiner Lehrer hatte das allerdings den Nachteil, dass ich mir einen amerikanischen Akzent angewöhnte und in einem 1980er-Jahre-Slang sprach.

Als im März 2014 das neue Semester an der Dongguk begann, hatte sich mein Englisch enorm verbessert, und meinem Abschluss in Polizeimanagement stand nun nichts mehr im Wege. Hin und wieder trat ich noch bei *So lernen wir uns kennen* auf, doch nachdem Eunmi nun aus China entkommen war, nahm meine Motivation in dieser Hinsicht rapide ab. Außerdem hatte ich eine andere, direktere Möglichkeit gefunden, auf die Lage der Nordkoreaner aufmerksam zu machen.

Mitte Februar 2014 lud man mich ein, vor Studenten und Lehrkräften der Kanadischen Schule in Seoul einen Vortrag über Nordkorea zu halten – auf Englisch. Der Leiter meines Englischkurses meinte, es würde das Vertrauen in meine Sprachkompetenz festigen. Ich war mir da nicht so sicher, dachte mir aber – *wieso nicht?*

Ich band meine Haare zusammen und zog mir ein schlichtes blaues Kleid an, um meine erste echte Rede zu halten. Ich erzählte den Studenten etwas von meinem Leben, von der Gehirnwäsche, vom Mangel an jeglicher Freiheit, von der Angst und dem Hunger. Ich erzählte ihnen, dass ich zu einer neuen Generation von Nordkoreanern gehörte, der sogenannten Schwarzmarkt- oder *jangmadang*-Generation, die nach Kim-il Sungs Tod und dem Zusammenbruch des alten Wirtschaftssystems aufgewachsen war. Langsam, aber sicher bewirkten junge Leute meines Alters eine Veränderung von innen. Diese Veränderung war vielleicht nicht groß, aber doch groß genug, dass sie mir Hoffnung für meine Freunde, meine Familie und die Millionen anderer gab, die ich bei meiner Flucht zurückgelassen hatte.

Danach stellte ich mich eine Stunde lang den Fragen der Schüler. Einer sagte, meine Geschichte habe ihn »inspiriert«. Ich musste das Wort schnell in meinem Handy nachschlagen. Bis dahin hatte ich gar nicht gewusst, dass man von einer Geschichte »inspiriert« werden konnte, aber offenbar war das der Fall.

Bis zum Jahr 2014 kannten die meisten Menschen – einschließlich der Südkoreaner – Nordkorea nur durch seine irrwitzigen Drohungen mit der Atombombe und seine bizarren, bedrohlichen Führer mit den komischen Frisuren. Im Februar 2014 jedoch veröffentlichten die Vereinten Nationen einen Bericht über Menschenrechtsverletzungen in Nordkorea, in dem von Vernichtungslagern, Vergewaltigungen und vorsätzlichem Nahrungsentzug die Rede war. Zum ersten Mal mussten die nordkoreanischen Führer fürchten, sich vor dem Internationalen Strafgerichtshof verantworten zu müssen. Doch die meisten der etwa dreihundert Zeugen, die zu dem Bericht beigetragen hatten, wollten anonym bleiben, anderen fiel es schwer, ihre Geschichten glaubhaft zu vermitteln. Plötzlich waren Überläufer mit Englischkenntnissen gefragt, um den Millionen Nordkoreanern, die hinter einer Mauer des Schweigens und der Unterdrückung gefangen waren, eine Stimme zu geben.

Meine Rede an der Kanadischen Schule zog weitere Einladungen nach sich, die wiederum andere Einladungen und Interviews mit Medien aus der ganzen Welt zur Folge hatten, von Australien bis Amerika. Im Mai schrieb ich gemeinsam mit Casey Lartigue jr. einen Kommentar für die *Washington Post*. Bis dahin war mir gar nicht klar gewesen, was ein Menschenrechtsaktivist eigentlich genau machte. Und nun erklärten mir die Leute, ich sei das Gesicht zum Thema Nordkorea. Zwar wusste ich, dass ich noch nicht so weit war, für andere zu sprechen, schon gar nicht für das nordkoreanische Volk, doch von da an raste mein Leben los wie eine führerlose Lokomotive. Ich konnte unmöglich abspringen, selbst wenn ich gewollt hätte. Vielleicht glaubte ich, wenn ich nur schnell genug wäre, könnte ich meine Vergangenheit abhängen.

Im Juni flog ich zu einer Konferenz nach Los Angeles, musste jedoch schon am nächsten Tag wieder nach Seoul zurück, um meine Jahresabschlussprüfungen abzulegen. Ich hatte nicht mal Zeit, mir Hollywood anzusehen, obwohl ich gehofft hatte, dass mir vielleicht Leonardo DiCaprio über den Weg laufen würde, weil ich ihm unbedingt sagen wollte, wie viel mir *Titanic* bedeutete, seit ich den Film als kleines Mädchen in Nordkorea gesehen hatte.

Zu dieser Zeit etwa bekam ich einen Anruf von dem südkoreanischen Polizisten, der dazu eingeteilt war, meine Mutter und mich im Auge zu behalten. In Südkorea bekommen alle Überläufer in ihren ersten fünf Jahren einen Polizeibeamten zugewiesen, der aufpassen soll, dass die Umsiedlung ungefährdet vonstattengeht. Leider hatte ich mit dem armen Mann, der mir zugeteilt war, nie etwas zu tun haben wollen. Ein paar Mal hatten wir telefoniert, wobei er immer sehr höflich und besorgt gewesen war, aber treffen wollte ich mich nie mit ihm. Manchmal schrieb er mir lange Nachrichten, besonders wenn er mich nichtsahnend im Fernsehen gesehen hatte, doch die ignorierte ich meist.

Diesmal war es anders. Er meinte, er hätte Anweisung bekommen, für meine Sicherheit zu sorgen, da laut geworden war, dass mich die nordkoreanische Regierung ins Visier genommen hatte. Ich stand auf ihrer Abschussliste. Er sagte mir nicht, woher er diese Information hatte, nur dass ich aufpassen sollte, wie ich mich über Kim Jong-un äußerte. Sonst könnte es gefährlich werden.

Wenn er mir damit Angst machen wollte, so war ihm das gelungen. Mir war nie in den Sinn gekommen, dass mich das Regime für wichtig genug erachten könnte, dass ich eine Bedrohung darstellte. Und schon gar nicht, dass sie *mich* bedrohen würden. Der Polizist hatte auch mit meiner Mutter gesprochen und ihr Angst gemacht. Sie wollte, dass ich meine öffentlichen Auftritte auf der Stelle absagte. Warum konnte ich nicht einfach ein ganz normales Leben führen und erst einmal mein Studium zu Ende bringen, bevor ich versuchte, die Welt zu retten? Je länger ich jedoch darüber nachdachte, desto wütender wurde ich. Ich hatte mein Leben riskiert, um aus Nordkorea zu entkommen, aber immer noch versuchten sie, mich zu kontrollieren. Wenn ich das zuließ, würde ich niemals frei sein.

Meine Zensuren im Frühjahrssemester an der Dongguk lagen über dem Durchschnitt, und ich war entschlossen, das Studienjahr zu beenden. Im September 2014 kehrte ich für einige Wochen zum Unterricht zurück, doch wieder machte mir mein Leben einen Strich durch die Rechnung.

Ich hatte für den Oktober einige Einladungen nach Europa angenommen. Unter anderem sollte ich Nordkorea auf dem »One Young World«-Gipfel in Dublin vertreten, einer Art Vereinte Nationen für junge Leute, die sich für die Menschenrechte in ihrem Land einsetzen. Ich sollte James Chau kennenlernen, einen britischen Journalisten, der in ganz Asien als Anchorman von China Central Television bekannt ist. Am Morgen des Auftritts führten wir ein sehr offenes, bewegendes Gespräch, bei dem ich ihm einige Details aus meinem Leben erzählte. Zum ersten Mal wollte ich von den Grausamkeiten des Menschenhandels in China berichten – ohne allerdings preiszugeben, dass ich selbst auch verkauft worden war.

Wir wurden aufgefordert, das traditionelle Kostüm unseres Heimatlandes zu tragen, und so war ich in wallendes Rosa und Weiß gekleidet und trug einen *chosonok*, als ich die Bühne betrat, um meine kurze Rede vor den 1300 Delegierten, Gästen und Vertretern der Konferenz zu halten.

Bevor James mich vorstellte, war ich furchtbar aufgeregt wegen dem, was ich sagen wollte. Ich saß auf dieser Bühne zusammen mit jungen Aktivisten aus Ländern wie der Ukraine oder Südafrika, und ich fürchtete, ich könnte als Rednerin vielleicht nicht überzeugend genug sein, um mein Volk vor diesem Forum zu repräsentieren. Ich lenkte mich damit ab, dass ich im Stillen versuchte, die Worte »international« und »Exekution« in meiner vorbereiteten Rede richtig auszusprechen. Doch als James begann, meine Geschichte zu erzählen, kamen ihm die Tränen. Ich versuchte, ihn zu trösten, doch da musste er nur noch heftiger weinen. Nach seiner Beschreibung, wie meine Mutter sich geopfert hatte, um zu verhindern, dass ich vergewaltigt wurde, und wie ich die Asche meines Vaters auf einem einsamen Berg in China begraben hatte, weinte ich mit ihm.

Mein Leben lang hatte ich schreckliche Angst, die Kontrolle über meine Gefühle zu verlieren. Manchmal bin ich von einem unbändigen Zorn erfüllt und fürchte, dass dieser, wenn er erst aus mir herausbricht, nicht mehr zu bändigen sein wird. Und ich habe Angst, dass ich nicht wieder aufhören kann zu weinen, wenn ich erst mal damit angefangen habe. Also hüte ich mich vor diesen Empfindungen. Wer mich kennenlernt, hält mich für den fröhlichsten, positivsten Menschen, dem er je begegnet ist. Meine Wunden sind gut versteckt. An diesem Tag in Dublin jedoch waren sie nicht zu übersehen. Als ich mit meiner vorbereiteten Rede in der Hand das Podium betrat, bekam ich vor lauter Tränen kein Wort heraus.

Das Publikum hatte sich erhoben, und ich konnte sehen, dass alle im Saal mit mir weinten. Ich konnte mich kaum noch auf den Beinen halten.

Ich verzichtete auf meine Einleitung und wollte eigentlich sagen, dass ich gekommen war, um für mein Volk zu sprechen, nicht für mich, doch mein Englisch ließ mich im Stich, sodass ich tief Luft holen und noch mal von vorn anfangen musste.

»Nordkorea ist ein unbeschreibliches Land …«, begann ich. Ich erzählte den Menschen im Saal, dass man in Nordkorea für ein illegales Auslandstelefonat hingerichtet werden konnte. Ich erzählte, dass meine Mutter mir von klein auf gesagt hatte, ich sollte nicht flüstern, weil mich selbst die Vögel und die Mäuse hören konnten.

»Am Tag unserer Flucht aus Nordkorea musste ich mitansehen, wie meine Mutter von einem chinesischen Fluchthelfer vergewaltigt wurde, der es eigentlich auf mich abgesehen hatte«, sagte ich unter Tränen. Ich erzählte ihnen, wie schutzlos nordkoreanische Flüchtlinge in China waren. »Siebzig Prozent der Frauen und Mädchen werden missbraucht. Manch eine wird für gerade mal zweihundert Dollar verkauft...«

Ich hatte eine Tür aufgestoßen und trat hinaus ins Licht. Ich wusste nicht, wohin mich dieser Weg führen würde, doch sah ich, dass ich nicht allein war.

»Bei meiner Flucht durch die Wüste Gobi hatte ich weniger Angst vor dem Sterben als davor, vergessen zu werden. Ich hatte Angst, dass ich dort in der Wüste starb, ohne dass jemand davon erfuhr, ohne dass sich jemand an mich erinnerte, ohne dass es jemanden interessierte, ob ich gelebt hätte oder nicht. Ihr aber habt mich angehört. Ihr habt Interesse gezeigt.«

Inzwischen war das Publikum wieder aufgestanden und weinte mit mir. Ich sah, dass alle im Saal vom Geist der Gerechtigkeit erfüllt waren. Ich hatte das Gefühl, dass es – zumindest in diesem Augenblick – Hoffnung für uns alle gab.

Doch gab es noch eine letzte Wüste, die ich durchqueren musste.

Nach meiner Rede stand ich mit letzter Kraft noch den Rest des Programms durch, dann zog ich mich auf mein Hotelzimmer zurück und brach zusammen. Als ich später mein Handy zur Hand nahm, hatten sich auf meiner Mailbox Unmengen von Anfragen für Interviews von Medien aus der ganzen Welt angesammelt. Was dann kam, war wie ein Wirbelsturm, doch blieb ich dabei seltsam distanziert, als hätte mein Überlebensinstinkt eingesetzt und mich an einen fernen, sicheren Ort gebracht. Es war, als beobachtete ich mich selbst dabei, wie ich die Auftritte absolvierte.

In meinen drei Wochen in Europa gab ich Dutzende Interviews. Nach einer Weile verlor ich den Überblick. Ich willigte sogar ein, mich von der BBC vor der nordkoreanischen Botschaft in London filmen zu lassen, was mir solche Angst machte, dass ich kaum ein Wort herausbrachte. Ich gab diese Interviews stets ohne Dolmetscher, weil ich gar nicht darauf kam, dass die Journalisten mich möglicherweise falsch verstehen könnten oder ich ihre Fragen vielleicht nicht richtig mitbekam. Ich dachte, wenn ich ein paar Details der Flucht meiner Familie aus China wegließ, könnte ich verheimlichen, dass ich verkauft worden war. Ich dachte mir, wenn ich bei allem anderen aufrichtig wäre, müsste das genügen. Wenn das, was ich erlebt hatte, Tatsache war, dürften Details doch keine Rolle spielen. Größtenteils reagierte ich, improvisierte wie ein Jazzmusiker, spielte dieselbe kleine Melodie jedes Mal ein wenig anders, ohne zu bedenken, dass manche Leute vielleicht mitschrieben.

Kaum einen Monat nach meiner Rede in Dublin begann ich mit der Arbeit an diesen Memoiren. Es ist etwas seltsam, wenn jemand mit einundzwanzig die Geschichte seines Lebens aufschreibt, besonders wenn dieser Jemand seit Jahren eigentlich darauf bedacht ist, ein dunkles Geheimnis zu wahren. Doch schon nachdem ich die ersten Zeilen geschrieben hatte, wusste ich, dass ich nichts mehr verheimlichen durfte. Wie konnte ich von den Menschen verlangen, der Wahrheit über Nordkorea ins Gesicht zu sehen, der Wahrheit darüber, was mit den Frauen geschieht, die nach China entkommen und Menschenhändlern und Vergewaltigern in die Hände fallen, wenn ich selbst dieser Wahrheit nicht ins Gesicht sehen konnte?

Im November war ich wieder in Seoul. Meine Mutter, meine Schwester und ich saßen die ganze Nacht zusammen und überlegten, wie wir vorgehen wollten. In China war einiges geschehen, was meine Mutter und ich Eunmi nie erzählt hatten. Nicht einmal untereinander hatten wir darüber gesprochen. Jetzt würde es die ganze Welt erfahren. War es das wert? Ich war mir sicher, dass man mich mit anderen Augen betrachten würde, wenn bekannt wurde, was mir zugestoßen war und was ich alles getan hatte, um zu überleben. Trotz seiner Hochgeschwindigkeitszüge, seiner modernen Architektur und seinem K-Pop ist Südkorea immer noch ein sehr konservatives Land, in dem altmodische Vorstellungen von weiblicher Tugend herrschen. Ich bezweifelte, dass ich noch hierherpasste, wenn meine Geschichte erst öffentlich wurde. Und würde ich damit überhaupt etwas bewegen? Würde mir überhaupt jemand zuhören? Würde jemand Interesse zeigen und versuchen, etwas zu verändern?

Meine Mutter, meine Schwester und ich redeten die ganze Nacht. Meine Mutter, die doch eigentlich gehofft hatte, ich würde zur Besinnung kommen und meinen Aktivismus aufgeben, hatte ihre Meinung mit der Zeit geändert. Inzwischen erkannte sie die Chancen, die sich aus unserer Geschichte ergaben.

»Du musst der Welt erzählen, dass Nordkorea ein einziges großes Gefängnis ist«, sagte sie. Sie wollte, dass die Menschen erfuhren, warum wir fliehen mussten und wie es nordkoreanischen Frauen erging, die in China verkauft wurden. »Wenn du nicht für sie sprichst, Yeonmi-ya, wer dann?«, sagte sie. Meine Schwester gab ihr recht.

Am nächsten Morgen traf ich eine Entscheidung. Ich wollte meine Geschichte ganz und gar erzählen und nichts auslassen. Wenn ich irgendwas bewegen wollte, hatte ich keine andere Wahl.

Sobald ich mich entschlossen hatte, mein Geheimnis preiszugeben, fühlte ich mich zum ersten Mal in meinem Leben wirklich frei. Es war, als hätten mich schwere, dunkle Wolken niedergedrückt, doch nun klarte der Himmel auf, und ich konnte endlich wieder atmen.

Einige Monate nachdem ich mit der Arbeit an diesem Buch begonnen hatte, stieß ich im Internet auf ein YouTube-Video der nordkoreanischen Propaganda. Während die beiden Nachrichtensprecher des Staatsfernsehens abwechselnd in die Kamera sprachen, erschien auf dem Bildschirm hinter ihnen ein großes Foto von meinem Gesicht. Dazu lief bedrohliche Musik wie aus einem Horrorfilm, und dann erschienen die Worte: »Der Giftpilz, der aus dem Müll wuchs.« Im Westen lacht man über die haarsträubenden Lügen und Drohungen in den nordkoreanischen Medien, und diese Beleidigung mochte sogar lustig klingen – nur war sie todernst gemeint und richtete sich gegen mich und meine Familie.

Der Polizist, der mich beschützen sollte, hatte recht gehabt – die nordkoreanische Regierung ließ mich nicht aus den Augen. Anfang 2015 veröffentlichte das Regime zwei verschiedene Videos, in denen man mich als Lügnerin und »Menschenrechtsmarionette« beschimpfte.

Sie hatten sich meine Interviews angehört und warfen mir Ungereimtheiten in meinen Aussagen vor. Wenn sie nicht widerlegen konnten, was ich gesagt hatte, erfanden sie Lügen über mich und meine Familie. Sie beschuldigten meine Mutter, lasterhaft zu sein, und behaupteten, mein Vater sei ein Menschenhändler gewesen, weil er unseren Nachbarn zur Flucht nach China verholfen hatte. Unter anderem versuchten sie sogar zu beweisen, dass ich gelogen hatte, was den Tod meines Vaters anging, und sie führten einen Arzt vor, der aussagte, mein Vater sei nicht in China, sondern in einem Krankenhaus in Nordkorea an Krebs gestorben.

Am schlimmsten aber war, dass sie meine Verwandten und

früheren Freunde zwangen, mich und meine Familie zu denunzieren. Ich hatte Onkel Jin, meine Tanten und Kusinen acht lange Jahre nicht gesehen, und es war schrecklich, miterleben zu müssen, wie sie vor laufender Kamera befragt wurden. Die Propagandaleute des Regimes trieben sogar Kim Jong-ae auf, unsere nette Nachbarin aus Hyesan, die mir und meiner Schwester geholfen hatte, als wir allein und verzweifelt gewesen waren. Es tat so weh, mit anzuhören, wie sie alle schlecht über uns sprachen, aber wenigstens wussten wir, dass sie noch am Leben waren.

Anfang 2015 verbrachte ich ein paar Monate in New York, wo ich am Barnard College an einem Seminar über Menschenrechtsfragen teilnehmen durfte. Eines Nachmittags überflog ich die zahllosen Freundschaftsanfragen, die sich auf meiner öffentlichen Facebook-Seite angesammelt hatten, als ich unvermutet auf ein vertrautes Lächeln stieß … und da war sie, Yong-ja! Als kleine Mädchen waren wir in Hyesan beste Freundinnen gewesen. Seit ich nach China aufgebrochen war, hatte ich jedoch nichts mehr von ihr gehört.

»Ist das die Yeonmi Park, die ich kenne?«, begann die Facebook-Nachricht. Meine Hände zitterten so sehr, dass ich das Display kaum noch erkennen konnte. *Ja! Ich bin's!*, schrieb ich sofort zurück, und sie schickte mir eine Nummer, unter der ich sie erreichen konnte. Sie war nach China entkommen und wie Eunmi über Südostasien nach Südkorea gelangt. Dass ich noch am Leben war, erfuhr sie im National Intelligence Center, und später konnte sie mich dann durch die sozialen Medien aufspüren. Es tat so gut, ihre Stimme zu hören. Wir waren sofort wieder wie früher, und jetzt chatten wir immerzu.

Ich hoffe sehr, dass noch mehr Freunde aus Nordkorea ihren Weg in die Freiheit finden. Meine Mutter mochte Chun-guen immer so gern, den Jungen, der mich in Hyesan heiraten wollte, und sie hat sogar versucht, ihn aufzuspüren, um ihm zur Flucht zu verhelfen. Was wir jedoch zu hören bekamen, war eine traurige Geschichte. Etwa ein Jahr nachdem wir Nordkorea verlassen hatten, verschwand Chun-guens gesamte Familie. In Hyesan hieß es, das Regime würde seinem Vater, einem Agrarexperten, die Schuld an der schlechten Ernte geben und hatte ihn dafür in eines dieser brutalen Lager für politische Gefangene gesperrt. Chun-guen und seine Mutter waren in die Verbannung geschickt worden. Es hieß, sie lebten in einem kleinen Ort weit oben in den nördlichen Provinzen.

Chun-guen hatte mir versprochen, dass er acht Jahre warten wollte, dann würde er mich suchen. Während ich diese Worte schreibe, sind acht Jahre vergangen. Ich frage mich, wo er wohl sein mag, ob er noch lebt, ob er sich überhaupt noch an mich erinnert. Auch wenn ich inzwischen nicht mehr auf ihn warte, hoffe ich doch, dass er es eines Tages nach Südkorea schafft. Chun-guen hat es verdient, frei zu sein, genau wie die anderen 25 Millionen Menschen, die ich hinter mir zurückgelassen habe.

Im Frühjahr 2015 reiste meine Mutter mit ihrem Lebensgefährten nach China, um die sterblichen Überreste meines Vaters zu holen.

Nachdem sie stundenlang die Hügel oberhalb von Yangshanzhen abgesucht hatten, fanden sie die Stelle, zu der ich die Asche meines Vaters gebracht hatte, in dunkler Nacht, acht Jahre zuvor. Jemand hatte das Grab meines Vaters gepflegt und dort sogar einen Baum gepflanzt, der aussah, als wachte er über das Grab. Hongwei hatte sein Versprechen gehalten.

Meine Mutter brachte die Asche meines Vaters mit nach Südkorea. Nun ist er endlich wieder bei seiner Familie. Ich hoffe, dass ich meinem Vater eines Tages seinen Wunsch erfüllen kann, ihn zurück nach Hyesan zu bringen, damit er dort neben seinem

Vater und seinem Großvater auf dem Hügel oben über dem Jalu seine letzte Ruhe findet. Und wenn dieser Tag gekommen ist, werde ich auch das Grab meiner Großmutter besuchen, um ihr die freudige Nachricht zu überbringen, dass Chosun nun wieder eins ist.

Maryanne Vollers, ohne dich gäbe es dieses Buch nicht. Du hast mich nicht nur an deiner Intelligenz und deiner Güte teilhaben lassen, sondern bist auch von einer tiefen und aufrichtigen Liebe für das nordkoreanische Volk und die gesamte Menschheit erfüllt. Es war mir eine große Ehre und ein Privileg, mit dir zu arbeiten und dich als Freundin erachten zu dürfen.

Unendlich dankbar bin ich auch dem fantastischen Verlagsteam bei Penguin Books: in Großbritannien Juliet Annan und Anna Ridley bei Fig Tree, in den USA Ann Godoff und Sarah Hutson bei Penguin Press.

Mein besonderer Dank gilt Karolina Sutton, Amanda Urban, Matthew J. Hiltzik und Carlton Sedgeley.

Thor Halvorssen Mendoza, du bist der große Bruder, den ich in dieser neuen Welt gefunden habe. Du bist das beste Beispiel dafür, wie man sich gegen Ungerechtigkeit wehrt und die Tyrannei auf der ganzen Welt bekämpft. Vielen Dank dafür, dass du mein Mentor bist und mir so viele neue Wörter beibringst. Meine Bewunderung für dich kennt keine Grenzen.

Dank auch den Mitarbeitern bei der Human Rights Foundation: Alex Gladstein, Sarah Wasserman, Ben Paluba und John Lechner.

Sowie meinen Freunden und Förderern bei »Liberty in North Korea«: Hannah Song, Sokeel J. Park, Justin Wheeler, Blaine Vess, Kira Wheeler, Tony Sasso. Als ich euch am dringendsten brauchte, habt ihr mir geholfen, diese neue Welt zu verstehen, und ihr habt mir gezeigt, was es bedeutet, im Namen des nordkoreanischen Volkes zu sprechen. Eure Ratschläge haben mir geholfen, ein besserer Mensch und eine bessere Anwältin für die Freiheit zu werden.

Ich danke Casey Lartigue jr. für seinen Zuspruch und seine Unterstützung von Anfang an, und allen meinen Englischlehrern, die meine Welt auf den Kopf gestellt haben.

Vielen Dank an Jang Jin-sung, meinen Freund und Berater, der mir geholfen hat, das Leben auf der anderen Seite der Finsternis zu begreifen und es zu bestehen; vielen Dank auch an Henry Song, Shirley Lee und meiner Familie von nordkoreanischen Überläufern und Freiheitskämpfern, die mir ihre Freundschaft und neue Impulse schenken: Joseph Kim, Seong Ho-ji, Park Sang-hak, Jihyun Park und so viele andere.

James Chau – ich danke dir, dass du mit mir um mein Volk geweint hast. Deine ermutigenden Worte in schweren Zeiten bedeuteten mir alles. Ohne deine Unterstützung und dein Vertrauen wäre ich nicht, wer ich heute bin.

Joshua Bedell: Deine Großzügigkeit und Güte sind unermesslich. Danke, dass du mich so geduldig unterrichtet hast.

Meine englische Familie: Charlotte, Adam, Clemency, Madison und Lucien Calkin – und mein guter Freund Jai J. Smith. Vielen Dank an Bill Campbell und den Rest meiner Montana-Familie.

Meine guten Freunde Alexander Lloyd, Cameron Colby Thomson, Daniel Pincus, Jonathan Cain, Daniel Barcay, Gayle Karen Young, Sam Potolicchio, Dylan Kaplan, Sam Corcos, Parker Liautaud, Axel Halvorssen, Uri Lopatin, Peter Prosol, Masih Alinejad, Tommy Sungmin Choi, Matthew Jun Suk Ha, Wolf von Laer, Ola Ahlvarsson, Ken Schoolland, Jennifer Victoria Fong Chearvanont, Malibongwe Xaba und Li Schoolland.

One Young World: Kate Robertson, David Johns, Ella Robertson, Melanie York, Mathew Belshaw und alle OYW-Botschafter. Ich fühle mich geehrt, dass ihr mich in eure wundervolle Gemeinschaft aufgenommen habt. Eure Unterstützung und aufrichtige Sorge um das nordkoreanische Volk stärken meine Hoffnung und den Mut, der Tyrannei unbeirrt entgegenzutreten. Eure harte Arbeit macht diese Welt jeden Tag ein Stück weit besser.

Von »Women in the World«: Tina Brown, Karen Compton und alle Frauen, die mich bei der Konferenz inspiriert haben, unerschrocken für Gerechtigkeit, Freiheit und Gleichheit zu kämpfen.

Von »Renaissance Weekend«: Philip Lader, Lina LeSourd Lader, Dustin Farivar, Eric O'Neill, Christine Mikolajuk, Kerry Halferty Hardy, Frank Kilpatrick, Linda Hendricks Kilpatrick, Yan Wang, Justin Dski, Ben Nelson, Mark A. Herschberg, Katherine Khor, Stephanie A. Yoshida und Janice S. Lintz.

Dank den Produzenten und Mitarbeitern von *So lernen wir uns kennen.* Sowie meinen Professoren an der Dongguk University, meinen Freunden im Fachbereich Polizeimanagement, die mir stets geholfen und mich ermutigt haben, wenn ich Probleme hatte, und natürlich auch allen nordkoreanischen Lehrern und freiwilligen Helfern.

Mein besonderer Dank gilt Judd Weiss, Suleiman Bakhit, Todd Huffman, Katy Pelton, der Barnard-College-Präsidentin Debora Spar, Dekanin Jennifer G. Fondiller, Sue Mi Terry, David Hawk, Greg Scarlatiou, Curtis Castrapel, Beowulf Sheehan, Esther Choi und ihrer bezaubernden Familie, Christian Thurston, Daniel Moroz, Cat Cleveland, Eunkoo Lee, Ryung Suh, Justice Suh, Madison Suh, Diane Rhim, Joshua Stanton, Sunhee Kim, Jieun Baek, Felicity Sachiko, Paul Lindley von Ella's Kitchen, CJ Adams von Google Idea, Austin Wright,

John Fund, Mary Kissel und Michael Lai von Minerva Schools KGI.

Andrew Moroz: Ich habe in meinem Leben so einige Wunder erlebt, und du bist eines davon. Durch dich habe ich den Glauben an die Liebe wiedergefunden.

Es gibt da einige Leute, deren Namen ich verändert habe, aus Respekt vor ihrer Privatsphäre und aus Sorge um ihre Sicherheit, darunter auch meine liebe Freundin »Yong-ja«, der ich in Liebe und Dank verbunden bin. Auch möchte ich den Missionaren in China danken, dem südkoreanischen Pastor und all jenen, deren Namen in diesem Buch nicht genannt werden dürfen. In meinem Herzen sind sie notiert.

Kim-sook Byeon, meine Mutter: Dein Kind zu sein ist der größte Segen und die größte Ehre meines Lebens. Ohne deine Liebe und deine Hingabe würde es mich heute nicht geben. Wir haben gemeinsam den zugefrorenen Fluss und die eisige Wüste überstanden, und du bist der einzige Mensch auf der Welt, der mich so gut kennt, dass ich meine Gefühle für dich nicht erst in Worte fassen muss. Deinetwegen wollte ich leben, als ich gefangen war, und deinetwegen will ich leben, seit ich frei bin. Du beflügelst mich und gibst mir die Kraft, für Veränderungen in unserem Heimatland zu kämpfen.

Eunmi Park, meine Schwester: Du bist mein Ein und Alles, das größte Wunder und die größte Freude, die ich kenne. Ich bin so dankbar für dein unendlich großes Herz, für all die Opfer, die du für mich gebracht hast, als wir Kinder waren, und für deinen Schutz und Trost während dieser langen Monate, in denen wir nur einander hatten. Du warst mir Mutter und beste Freundin zugleich. Große Schwester, ich danke dir von ganzem Herzen, dass du nach sieben langen Jahren zu uns zurückgekehrt bist und wir alle wieder glücklich sein können. Ich bin so stolz auf dich. Du bist mein Licht, und ich liebe dich mehr als mein Leben.

Park Jin-sik, mein Vater: Du bist mein Held, und ich wünschte, du könntest hier sein und mit mir diese Freiheit genießen. Aber du bist immer bei mir, und so muss ich hier nichts weiter sagen, als dass ich dich liebe und dich schrecklich vermisse.

Woo-yang Mang, der Lebensgefährte meiner Mutter, und Lee Hong-ki, der wunderbare Freund meiner Schwester: Ich danke euch beiden – ihr seid ein Segen für meine Familie.

Allen meinen Verwandten, die noch in Nordkorea leben und erbarmungslos unterdrückt werden: Ich habe große Schuld auf mich geladen, indem ich euch alle in Gefahr bringe, aber ich hoffe, dass ihr eines Tages verstehen werdet, warum ich meine Stimme erheben musste. Ich verspreche, dass ich unermüdlich darauf hinwirken werde, all das Unrecht zu beenden, das ihr tagtäglich zu erdulden habt. Ich hoffe, der Tag wird kommen, an dem ich meine Heimat wieder besuchen und euch alle wiedersehen kann.

Allen Unterstützern auf der Welt, die mir über die sozialen Netzwerke ermutigende und bewegende Nachrichten schicken: Leider habe ich hier nicht genug Platz, euch alle in gebührender Weise zu würdigen, aber ihr wisst selbst, wer gemeint ist. Jedes Lächeln, jede kleine Geste, jede Träne, die ihr mit mir vergossen habt, machte mir Mut, eine Geschichte zu erzählen, von der ich niemals geglaubt hätte, dass ich sie je irgendwem anvertrauen würde. Danke, dass ihr an mich glaubt. Es gab Zeiten, da hatte ich meinen Glauben an die Menschheit schon verloren, doch ihr habt mir bereitwillig zugehört. Ihr nehmt Anteil. Und damit beginnen wir – gemeinsam –, diese Welt zu verändern.

Yeonmis Eltern an ihrem Hochzeitstag in Pjöngjang,
der Hauptstadt Nordkoreas

Oben:
Yeonmi an ihrem ersten Geburtstag

Unten:
Bei ihrer 100-Tage-Feier

Yeonmi im Alter von zwei Jahren

Yeonmi (rechts), ihr Großvater väterlicherseits (Mitte)
und ihre ältere Schwester Eunmi (links)

Oben:
Yeonmi (zwei Jahre)
und Eunmi (vier Jahre)
beim Schlittenfahren

Unten:
Yeonmi im Alter
von zwei, drei Jahren,
in warmer
Winterkleidung

Yeonmi und Eunmi sind für Kälte und Schnee gerüstet

Yeonmi als Dreijährige (rechts) und Eunmi als Fünfjährige (links)

Oben:
Ein Familienfoto aus dem Jahr 1996. Yeonmi war damals drei Jahre alt, Eunmi fünf.

Unten:
Yeonmi und ihre Familie in Hyesan. Die nordkoreanische Stadt liegt an der Grenze zu China.

Yeonmi mit vier Jahren

Yeonmi und Eunmi in warmer Winterkleidung

Oben:
Mit ihrer Familie in Hyesan

Unten:
Yeonmi und Eunmi sind gleich angezogen.

Yeonmi (3. Reihe, 2.v.l.) und Eunmi (2. Reihe, l.)
bei einer Familienhochzeit auf dem Land

Yeonmi mit acht Jahren in Pjöngjang

Oben:
Yeonmis Vater in Pjöngjang
vor seiner Verhaftung

Unten:
Yeonmi und ihr Vater,
bevor er ins Straflager kam

Das letzte Bild des Vaters, aufgenommen kurz vor seinem Tod

Wieder vereint: Eunmi, die Mutter der Mädchen und Yeonmi (Seoul 2015)